Becoming a Technical Leader
테크니컬 리더

Becoming a Technical Leader
by Gerald M. Weinberg

Copyright ⓒ 1986 by Gerald M. Weinberg. Published in the original in the English language by Dorset House Publishing Co., Inc. (www.dorsethouse.com), New York, NY 10027.
Korean translation arranged for by Agency-One. All rights reserved.

이 책의 한국어판 저작권은 에이전시 원을 통해 저작권자와의 독점 계약으로 인사이트 출판사에 있습니다. 저작권법에 의해 한국 내에서 보호를 받는 저작물이므로 무단전재와 무단복제를 금합니다.

테크니컬 리더: 혁신, 동기부여, 조직화를 통한 문제 해결 리더십

초판 1쇄 발행 2013년 1월 25일 4쇄 발행 2021년 1월 7일 지은이 제럴드 M. 와인버그 옮긴이 조승빈 펴낸이 한기성 펴낸곳 인사이트 편집 이은순, 조은별 제작·관리 신승준, 박미경 용지 에이페이퍼 인쇄 현문인쇄 후가공 이지앤비 제본 자현제책 등록번호 제2002-000049호 등록일자 2002년 2월 19일 주소 서울시 마포구 연남로5길 19-5 전화 02-322-5143 팩스 02-3143-5579 블로그 http://blog.insightbook.co.kr 이메일 insight@insightbook.co.kr ISBN 978-89-6626-065-2 책값은 뒤표지에 있습니다. 잘못 만들어진 책은 바꾸어 드립니다. 이 책의 정오표는 http://blog.insightbook.co.kr/에서 확인하실 수 있습니다. 이 도서의 국립중앙도서관 출판예정도서목록(CIP)은 서지정보유통지원시스템 홈페이지(http://seoji.nl.go.kr)와 국가자료종합목록 구축시스템(http://kolis-net.nl.go.kr)에서 이용하실 수 있습니다.(CIP제어번호: CIP2013000269)

테크니컬 리더

제럴드 와인버그 지음 | 조승빈 옮김

인사이트

YYYY를 입력해 본 적이 있는
우리 모두에게 바칩니다.

소중한 한국 독자들에게

이 책이 한국어로 출간된다는 소식을 듣게 되어 무척 기쁘게 생각합니다. 나는 오랜 세월 동안 수많은 한국 독자들이 영어로 쓰여진 내 책을 읽고서 보내주신 유익한 피드백을 영광으로 여겨 왔습니다. 그중 몇 권이 한국어로 출간되면서, 그 피드백을 다시 돌려드리는 방식으로 조금이나마 그 열정에 보답할 수 있게 되었습니다. 큰 도움에 감사 드리며, 여러분도 자신이 선택한 직업에 도움이 될 만한 유익한 내용을 이 책에서 찾을 수 있길 바랍니다.

2012년 7월
뉴멕시코 주 코랄레스에서
평화와 우정을 담아
제럴드 M. 와인버그

추천사

나에게는 『Becoming a Technical Leader』 책이 두 권 있다. 나는 실수가 아니면 같은 책을 두 권 이상 사는 일이 드물다. 이 책도 그렇다. 한 권은 2001년도에 내 돈으로 아마존에 주문해 샀고, 다른 한 권은 선물 받았다. 덕분에 한 권은 집에 두고, 나머지 하나는 사무실에 두고 다닌다.

이 책을 선물해 준 사람은 누굴까. 저자 제럴드 와인버그이다. 언제? 2010년 여름. 어디에서? PSL^{Problem Solving Leadership} 워크숍 마지막 날. 왜? 워크숍에서 배운 내용을 심화하라고.

나는 와인버그를 예전부터 존경하고 그의 책을 통해 많은 가르침을 얻고 있었다. 그러면서 늘 마음속에 꿈꾸던 것이 하나 있었으니 와인버그가 진행하는 워크숍^{PSL}이나 컨퍼런스^{AYE, Amplifying Your Effectiveness}에 참석해보는 것이었다. 그러다가 2009년 와인버그의 시한생명 선고 소식을 듣게 된다. 나 자신을 원망했다. 왜 이제까지 용기를 내어 빨리 참석하지 않고 미뤘냐고. 그러면서 한 가지 다짐을 한다. 만나고 싶은 사람은 기회가 있을 때 꼭 만나자, 그리고 그분이 만든 행사가 어떻게든 지속

된다면 그분이 있건 없건 무조건 내년에 참석하자고.

그러다가 그다음 해에 PSL이 먼저 열리게 되어 참석하게 되었고, 기적적으로 와인버그는 그때까지 돌아가시지 않고 PSL을 진행하셨다. 물론 방사선, 화학적 치료를 받는 중이라 무척 힘들어 했고(낮에는 낮잠을 몇 시간 주무셔야 했다), 그 여리고 뭉툭한 말소리는 온 신경을 다 세워야 간신히 알아들을 정도였다.

PSL은 1974년 와인버그가 시작한 유서 깊은 워크숍이다. 원래 출발은 테크니컬 리더(기술적 능력-특히 컴퓨터 프로그래밍-이 있으면서 리더십을 발휘하는 사람)를 대상으로 했으나 이 워크숍이 더 다양한 사람들에게 도움을 줄 수 있겠다는 생각에 대상을 확대했고 이름도 문제 해결 리더십으로 바꾸었다.

내가 PSL 워크숍에 도착한 날 이미 식당에서는 저녁 환영파티가 열리고 있었다. 한국인, 아니 아시아인은 나 혼자였다. 부담감을 갖고 조심스럽게 식당에 들어섰다. 빈자리를 찾아 테이블에 앉고 서로 소개를 했다. 흥미롭게도 생화학 연구자가 그 테이블에 있었다. 왜? 이해가 안됐다. 남편이 추천했다고 한다. 남편이 과거 PSL에 참석했다나. 나중에 알게 되었지만 PSL은 거의 입소문 하나에 의존해 홍보되고 있었다. 다녀온 사람들이 주변 사람들에게 추천해 준다. 하지만 PSL의 특성상 많은 설명을 해줄 수 없다(너무 자세히 해주면 학습기회를 뺏게 되고, 설사 해줘도 그만큼 감흥이 없다). "가보면 알게 될 거야." 이게 거의 해줄 수 있는 전부다.

나는 6일간 이 PSL에 참석하면서 무엇보다 나에 대해 많은 걸 배울 수 있었다. 내가 무시하고 인정하기 싫었던 나의 약점을 직면하게 되었다. 내가 힘들어 하는 것이 무엇인가. 그걸 이겨낼 수 있는가. 많은 고민과 숙고를 하게 되었다. 참가자 중 나에게 화내는 사람도 있었고

나 때문에 위로 받는 사람도 있었고 나에게 실망한 사람도 있었다. 정말 밀도 높은 경험이었다. 나는 이 경험을 통해 리더십에 대해 더 다양한 시각을 갖게 되었으며, 이 경험이 무엇보다 '더 나은 김창준'이 되는 촉매 작용을 했다고 믿는다.

내가 이 책 추천사에 PSL 경험담을 쓰는 이유는? 이 책은 PSL 워크숍의 교과서이다. 와인버그가 PSL 워크숍을 진행해 오면서 만든 책이다. PSL의 사례도 종종 등장한다. 사실 PSL 워크숍을 간접적으로 경험할 수 있는 책이다. 참가비만 400만원에 가까운 비싼 워크숍을 이 책을 통해 경험할 수 있다.

내가 위에서 PSL에 대해 한 이야기가 거의 대부분 이 책에도 적용된다. 테크니컬 리더가 아닌 사람에게도 도움이 될 수 있다. 켄 오어가 추천사에 썼듯이, 남에게 관리 받거나, 남을 관리하거나, 혹은 앞의 두 가지 경우에 해당하는 사람들과 섞여 사는 사람에게 이 책을 추천할 수 있다. 본인이 봐서 좋다면 배우자에게도 권하게 될 것이다. 또 이 책을 통해 독자 자신에 대해 배우게 될 것이다. 하지만 그 과정이 즐겁지만은 않을 것이고 또 그리 쉽지도 않을 것이다(예컨대 이 책의 가장 간단하고 기본적인 연습 문제가 뭔지 아는가? 해보라. 절대 쉽지 않다). 하지만 그럴 가치는 있다. 그 과정을 통해 리더십에 대한 폭넓은 이해와 자신의 성장을 얻을 수 있기 때문이다.

단, 여기에 조건이 붙는다. 이 책은 읽는 책이 아니고 경험하는 책이다(PSL이 듣는 워크숍이 아니고 경험하는 워크숍이듯이). 매 장 끝에 나오는 질문들 하나하나를 귀중히 여겨 고민해 보고 직접 종이에 답을 쓰고, 믿을 만한 사람들과 그 답을 공유하고 토론하고(PSL은 참가자와의 인터랙션에서 많은 것을 배운다), 또 해보라는 실험은 모조리 해보도록 노력하라.

그렇게 한다면 아마 여러분은 나와는 매우 다른, 그러나 매우 유사한 어떤 경험을 하게 될 것이고, 이 책에게 그리고 와인버그에게 매우 고마워하게 될 것이다.

나는 이 책과 PSL을 통해 더 성장하게 되었으며, 지금은 이 책보다 더 크고 더 다양한 렌즈들을 갖게 되었다. 하지만 소중한 것은 이 책이 아니다. 이 책을 통해 내가 겪은 경험들이다. 여러분도 그런 경험을 하길 기대하며, 멋진 여정이 되길!

마지막으로 역자에 대해 한마디. 역자 조승빈 님은 내가 2009년 시작한 AC2(http://ac2.kr)라는 교육 과정을 통해 알게 되었다. 그때 이후로 성장을 위해 많은 노력을 하셨다. MBTI 강사 자격을 갖고 계시고, 한국 사티어 연구소에서 상담 교육을 받으셨다. 마침 이 책에는 MBTI와 사티어에 대한 내용이 많이 나온다. 이 책을 제대로 번역하기 위해서는 역자 스스로가 기술적 배경과 동시에 그런 소프트한 면에 대해 이해가 필요한데, 조승빈 님이 그런 면에서 적임이지 않나 생각이 들고 안심이 든다.

이 책을 통해 와인버그의 평생의 작업들이 더 널리 이해받기를, 또 이를 통해 우리들이 더 성장할 수 있기를 기원한다.

애자일컨설팅 대표, PSL 졸업생 김창준

옮긴이 서문

지금까지 10여 년 동안 소프트웨어를 개발하면서, 항상 스스로에게 던지는 질문이 하나 있습니다. "지금 하는 방법이 최선일까? 더 좋은 방법은 없을까?" 끊임없이 더 좋은 방법을 찾아서 여기저기를 헤매 왔습니다. 그러나 프로그래밍 실력을 갈고닦아도, 좋은 도구를 사용해도, 개발 프로세스를 정리하려고 노력해 봐도 마음 한곳에는 여전히 채워지지 않는 허전한 무언가가 남아 있었습니다.

그러던 중 애자일 소프트웨어 개발을 만나게 되었습니다. 고품질의 소프트웨어를 빠르게 개발할 수 있다고 말하는 이 방법은 단숨에 제 마음을 사로잡았습니다. 주먹구구식 개발, 습관적으로 반복되는 야근과 철야, 일정에 대한 압박, 그리고 만족스럽지 못한 품질까지 한 방에 해결해 줄 수 있는 구세주로 보였습니다.

하지만 말처럼 쉽지 않더군요. 애자일을 주변에 전파하는 것은 물론이고, 스스로 실천하는 것도 쉽지 않은 일이었습니다. 애자일에 대한 나름의 확신이 있었음에도 무엇이 문제이기에 애자일을 적용하는 일이 그토록 어려운지 이해할 수 없었습니다. 좋은 방법이 있어도 제대로 활용하지 못하는 나 자신이 한심했고, 잘 따라주지 않는 주변 사람들에게 섭섭함을 느낀 적도 많았습니다.

고민은 아직도 진행 중이지만, 이제는 어렴풋이 알 것 같습니다. 근본적인 가치를 이해하지 못한 채 겉모습만 따라 하는 것은 큰 의미가 없다는 것을. 이 책을 통해 익스트림 프로그래밍XP의 다섯 가지 가치, 즉 의사소통, 단순성, 피드백, 존중, 용기가 왜 중요한지 알게 되었고, 스크럼Scrum의 핵심인 자기 주도 관리self-managing가 의미하는 바를 깨달았습니다.

사실, 이 책이 다루고 있는 내용은 소프트웨어 개발이라는 영역을 훌쩍 뛰어넘어, 자신의 변화를 통해 주변에 긍정적인 영향을 미치려는 사람이라면 누구나 가슴속에 깊이 새겨둘 만한 교훈으로 가득합니다. 번역을 하면서 인간과 기술을 바라보는 와인버그의 통찰력에 모든 페이지마다 감탄을 멈출 수 없었습니다.

살다 보면 일이 마음대로 풀리지 않고, 가슴속에 품고 있는 비전이 멀게만 느껴질 때가 있습니다. 주변 사람들을 비난하거나, 스스로를 하찮게 여기거나, 어쩔 수 없었다고 자신을 합리화하고 싶은 마음이 들 때, 스스로에게 이렇게 말해보세요. "이런 상황에서 그런 감정이 드는 것은 당연한 일이야. 하지만, 난 이 상황을 이겨낼 수 있어!" 우리 모두에게는 아직 겉으로 드러나지 않은 힘이 있고, 이 책을 통해 여러분이 (그리고 저도) 그런 힘을 키울 수 있게 되길 바랍니다.

마지막으로 이 책이 나오게 되기까지 많은 도움을 주신 분들께 감사의 말씀을 드리고 싶습니다. 제일 먼저, 제럴드 와인버그와 버지니아 사티어라는 빨간 알약을 전해주신 나의 모피어스 김창준 님께 진심으로 고마움을 전합니다. 그리고 바쁜 상황에서도 리뷰 과정에 기꺼이 참여해 준 나의 친구 안랩의 김일용 박사와 정문식, 박정수, 윤지

현, 장혜경 님, 번역 리뷰에 대해 좋은 조언을 해주셨던 박민수 님, 좋은 기회를 주신 인사이트의 한기성 사장님, 그 외에 제게 항상 많은 지지와 자극을 주시는 AC2 도반 분들 정말 고맙습니다. 벌써 2년 가까이『Quality Software Management』시리즈를 함께 번역하고 있는 박계홍, 조현길 님도 빼놓을 수가 없네요. 특히, 힘든 상황에서도 작업에 집중할 수 있도록 많은 배려를 아끼지 않았던 아내에게 사랑한다는 말을 전하고 싶습니다.

2012년 8월
조승빈

차례

소중한 한국 독자들에게 5
추천사(김창준) 6
옮긴이 서문 10
서문 21
추천사(켄 오어) 25

1부 정의   29

1장 리더십이란 무엇인가?   31
마지못해 리더가 되었던 이야기 32
리더십 문제와 정면으로 마주 서다 34
리더십을 바라보는 전통적이지만 그릇된 시각 35
세상을 바라보는 두 가지 모델 37
리더십의 유기적 정의 42
질문 45

2장 리더십 스타일 모델   47
동기부여 48
아이디어 50
조직화 51
MOI 리더십 모델 52
테크니컬 리더가 하는 일 54
더 좋은 방법이 존재한다는 믿음 56
질문 58

차례   13

3장	문제 해결 스타일	59
	문제에 대한 이해	60
	아이디어의 흐름 관리	63
	품질 제어	69
	질문	72

4장	리더는 어떻게 만들어지는가?	73
	연습을 통해 완벽해진다	74
	큰 도약	76
	협곡으로 추락	77
	현실에서의 성장	79
	성장의 느낌	81
	메타사이클	83
	질문	86

5장	하지만 나는...	87
	나는 관리자가 아니다	88
	나는 리더 유형이 아니다	92
	기술력을 잃을 것이다	94
	성장이 너무 고통스럽다	95
	그렇게 큰 힘을 원하지 않는다	97
	질문	99

2부	혁신	103

6장	혁신을 방해하는 세 가지 큰 장애물	105
	디저트로 무엇을 먹었는지 알고 있는가?	106
	자신에 대한 무지: 첫 번째 장애물	109
	'문제 없어요' 증후군: 두 번째 장애물	110

단 하나의 해결책만이 존재한다는 믿음: 세 번째 장애물 ········ 116
　　　정리 ··· 119
　　　질문 ··· 121

7장　자기 인식을 높이는 방법　123
　　　동기부여 테스트 ·· 124
　　　첫 반응 ·· 125
　　　일기 ··· 126
　　　질문 ··· 133

8장　아이디어의 힘 키우기　135
　　　문제 해결형 리더의 정설 ·· 136
　　　창조적 오류 ··· 137
　　　훔친 아이디어 ··· 138
　　　훔친 아이디어의 변형 ·· 140
　　　결합 ··· 141
　　　왜 아이디어를 만드는 것이 나쁜 일처럼 보일까 ················ 142
　　　질문 ··· 145

9장　비전　147
　　　이력선 ·· 148
　　　중요한 것은 사건이 아니다 ·· 151
　　　성공이 실패로 이어질 수 있는가? ·· 152
　　　비전의 중심 역할 ··· 153
　　　왜 비전이 혁신가를 만드는가 ··· 155
　　　자신에게서 비전을 찾는다 ·· 157
　　　질문 ··· 159

3부 동기부여 — 161

10장 동기부여의 첫 번째 장애물 — 163
- 자기 테스트 — 164
- 상호작용 모델 — 166
- 상호작용에서 겉으로 드러나 있는 부분 — 167
- 상호작용에서 숨겨져 있는 부분 — 168
- 사티어 상호작용 모델 — 169
- 왜 의사소통에 실패할까 — 176
- 원활한 의사소통을 시작하는 방법 — 177
- 질문 — 180

11장 동기부여의 두 번째 장애물 — 183
- 즐겁지 않은 일 — 185
- 와인버그의 목표 — 189
- 계획과 미래 — 189
- 두 번째 장애물 — 191
- 리더도 사람이다 — 193
- 질문 — 196

12장 다른 사람들을 돕는 문제 — 197
- 도움을 줄 수 있는 능력은 타고나는 것이다 — 198
- 도움을 주려는 노력·실습 — 199
- 도움에 대한 교훈 — 204
- 도움과 자존감 — 209
- 질문 — 212

13장 동기부여를 잘할 수 있는 사람이 되려면 — 215
- 항상 진실하라 (진심이든 아니든) — 216
- 생존 규칙 — 217
- 메타 규칙 — 219

규칙을 지침으로 바꾸기	220
다른 사람들에 대한 순수한 관심	226
왜, 언제 데일 카네기의 책을 읽어야 할까?	228
질문	230

14장 힘은 어디에서 오는가 … 231

- 관계의 힘 … 232
- 기술의 힘 … 233
- 전문성의 힘 … 236
- 힘의 유지 … 238
- 질문 … 241

15장 힘, 불완전, 일치성 … 243

- 기계적 문제 … 244
- 행동 성숙 패턴 … 247
- 자신의 기계적 문제 처리 … 248
- 일치성이 주는 이득 … 255
- 질문 … 259

4부 조직화 … 261

16장 조직화의 힘을 얻기 … 263

- 힘의 전환 … 264
- 힘의 사용 … 272
- 질문 … 273

17상 문제 해결형 팀의 효과적 조직화 … 275

- 여러 가지 조직 형태 … 277
- 조직 형태 혼합 … 282
- 형태는 기능을 따른다 … 284

　　　　부록: 순위 점수 계산 ·· 286
　　　　질문 ·· 287

18장　**효과적 조직화의 장애물** ··· **289**
　　　　첫 번째 장애물: 빅게임 ··· 290
　　　　두 번째 장애물: 사람들을 기계처럼 조직한다 ················ 292
　　　　세 번째 장애물: 직접 처리 ······································· 294
　　　　네 번째 장애물: 비효과적 조직화에 대한 보상 ··············· 296
　　　　유기적 조직화 ··· 297
　　　　질문 ·· 299

19장　**조직가가 되는 방법 배우기** ····································· **301**
　　　　연습 ·· 302
　　　　관찰과 실험 ·· 304
　　　　비일치 찾기: 그들은 최선을 다하고 있다 ····················· 305
　　　　잘못된 연결 찾기 ··· 307
　　　　차이의 인정 ·· 309
　　　　스스로를 팀의 모델로 사용하기 ································· 310
　　　　성공에 따른 변화 ··· 311
　　　　질문 ·· 313

5부　변화　　　　　　　　　　　　　　　　　　　　　　　315

20장　**리더를 어떻게 평가하는가** ····································· **317**
　　　　교수님의 새 학기 첫날 ·· 318
　　　　발전 전략 ··· 322
　　　　가르치는 일이나 이끄는 일을 배울 수 있는가? ············· 323
　　　　새 학기 첫날 평가 ·· 324
　　　　가능한 해결책 ··· 325
　　　　질문 ·· 329

21장 자신에 대한 리더십 테스트를 통과하려면 ········ **331**
    최고경영자 테스트 ········ 332
    테스트를 이겨 내는 능력 ········ 333
    침입자를 다루는 방법 ········ 334
    올바른 방법은 무엇인가? ········ 340
    올바른 테스트와 잘못된 테스트 ········ 341
    질문 ········ 343

22장 변화 계획 ········ **345**
    실험 ········ 346
    변화에 대한 마음가짐 ········ 347
    개인적 달성 계획 ········ 348
    실습이 차이를 만들 수 있는가? ········ 352
    계획의 요소 ········ 352
    질문 ········ 355

23장 변화를 위한 시간 ········ **357**
    목표에 집중하기 ········ 359
    동시에 두 가지 일 하기 ········ 362
    가장 저렴한 강의 ········ 365
    질문 ········ 368

24장 변화를 위한 도움 찾기 ········ **369**
    지원 시스템 ········ 370
    기술 자원에 대한 도움 ········ 372
    비판을 통한 도움 ········ 373
    성장을 위한 도움 ········ 374
    회복을 위한 도움 ········ 376
    정서적 도움 ········ 378
    영적 도움 ········ 379
    리더십을 유지하기 위한 도움 ········ 379
    질문 ········ 382

에필로그 — **383**
　로지의 반응 — 384
　데이브의 전환 — 386
　자산과 부채의 목록 — 388
　자신의 강박을 다루는 방법 — 390

참고 도서 — **393**

부록 Experiential Learning — **403**
　조직화 교육 — 405
　조직 발견의 적용 — 412

　찾아보기 — 420

서문

> 반잔(蕃山) 스님이 시장통을 걷다가 우연히 푸줏간 주인과 손님의 대화를 듣게 되었다.
>
> 손님이 말했다. "이 집에서 최고로 좋은 고기를 주세요."
>
> 그러자 푸줏간 주인이 대답했다. "우리 가게에 있는 고기는 전부 좋은 고기입니다. 단 한 점이라도 최고가 아닌 고기는 못 찾으실 겁니다."
>
> 이 말을 듣고 반잔 스님은 깨달음을 얻었다.
>
> ― 폴 렙스(Paul Reps), '모든 것이 최고(Everything Is Best)'「선의 살, 선의 뼈(Zen Flesh, Zen Bones)」중에서

이 책은 깨달음에 대한 책이다. 그 깨달음은 나의 깨달음이기도 하고 여러분의 깨달음이기도 하다. 나의 깨달음은 아직 미완성이지만, 그래도 지금까지 시장통을 걷는 것보다는 오랜 세월을 노력해 왔다. 일례로, 이 책은 최소한 15년 이상 노력한 결과물이다.

이 책은 1970년 도널드 고즈(Don Gause)와 아내인 대니 와인버그(Dani Weinberg), 그리고 내가 스위스에서 여름을 보내고 있었을 때 시작되었다. 도널드와 나는 문제 해결을 주제로 책(대체 뭐가 문제야(Are Your Lights On?))을 쓰고 있었고, 대니는 스위스 농촌을 대상으로 인류학 연구를 진행하고 있었다. 더 자세히 말하면, 도널드와 나는 수 년간 다양한 문제 해결 활동, 특히 컴퓨터 프로젝트 분야의 문제 해결 활동을 연구하고 있었고, 대니는 농촌 공동체에 새로운 기술이 도입된 방법을 연구 중이었다. 우리는 서로의 연구를 비교해 보면서, 새로운 기술 조직에

영향력을 최대로 발휘하는 방법을 성공적으로 도입하는 워크숍을 꿈꾸고 있었다. 한데 그 영향력은 어디에서 나올까?

 시스템의 성공과 실패 사례를 비교해 본 결과, 대부분의 성공이 소수 뛰어난 기술직 종사자들의 성과 덕분이라는 사실을 어렵지 않게 알 수 있었다. 몇몇은 혁신적 아이디어가 끊임없이 샘솟는 원천이었으며, 또 어떤 이들은 다른 사람들의 아이디어를 훌륭하게 해석해 내는 능력이 있었다. 어떤 이들은 발명가였고, 협상가, 교육가, 팀 리더이기도 했다. 이들은 다른 평범한 사람들과는 다르게, 드물게도 기술 전문성과 리더십 능력을 겸비하고 있었다. 그리고, 뛰어난 혁신뿐만 아니라 아이디어를 효과적으로 만드는 충분한 동기부여 기술 및 조직화 능력까지 지니고 있었다.

 이러한 리더들은 공과나 이과 대학에서 배출된 순수한 기술자들도 아니었으며, 경영학을 전공한 전통적 의미의 리더도 아니었다. 그들은 다른 유형의 리더였고, 하이브리드hybrid형 리더였다. 그들의 공통 관심사는 아이디어의 품질이었으며, 푸줏간 주인처럼 가게에 있는 모든 것이 최고이기를 원했다. 우리는 그들을 '테크니컬 리더Technical Leader'라고 불렀다.

 도널드, 대니, 나는 '컴퓨터 프로그래밍에서의 테크니컬 리더십'이라는 새로운 리더십 워크숍을 만들었고, 데니스 데이비Dennis Davie의 초청으로 호주에서 첫 번째 워크숍을 진행했다. 15명의 참가자 중 14명은 "가장 심오한 교육적 경험"이라고 평가했으며, 나머지 한 명도 "가장 심오한 교육적 경험 중 하나"라고 평가했다. 우리는 마침내 꿈꾸던 것을 발견했음을 깨달았다.

 그 후 여러 해 동안 대니얼 프리드먼Daniel Freedman과 그 외에도 여러 명이 우리 팀에 합류했고, 테크니컬 리더가 되고자 하는 전 세계 많은 사람들이 우리 워크숍에 참가했다. 전기공학 및 기계공학 전문가 몇 명도 강사로 참여했다. 새로 참가한 사람들은, 몇 가지 기술 분야의 주제를 제외하면 워크숍에서 다루는 모든 내용을 자신의 업무에도 직접 적용할 수 있다는 사실을 깨달았다. 그래서 우리는 서서히 기술 분야의 주제를 줄이면서 참가 대상을 확대해 갔다. 아울러 우리가 처음에 생각했던 비전도 함께 확대하였다.

우선, 우리는 이러한 테크니컬 리더십 스타일을 기술 분야와는 전혀 상관 없는 다양한 문제에 적용할 수 있다는 사실을 알게 되었고, 워크숍 참가자들로부터 기술 분야가 아닌 상황에 이 리더십 스타일을 적용했다는 경험담을 듣기 시작했다.

이 사람들은 평범한 기술 관리자에서 무언가를 실현할 수 있는 힘을 가진 문제 해결형 리더로 스스로 변화해 갔다. 대부분은 자신의 변화를 이해하지 못했다. 마치 시장통을 걷던 반잔 스님처럼, 어제까지만 해도 관리자였던 사람이 오늘은 갑자기 리더가 된 것처럼 보였다. 그러나 리더십이 갑작스럽고 신비로운 깨달음으로만 얻을 수 있다면, 과연 어느 누가 테크니컬 리더가 되는 법을 배울 수 있겠는가?

수년간의 워크숍을 통해 우리가 배운 가장 큰 교훈은, 무슨 일이 일어나서 리더가 되는 것이 아니라 무언가를 행해서 리더가 된다는 점이다. 워크숍 도중 가끔 갑작스러운 깨달음을 얻은 것처럼 보이는 사람도 있었지만, 우리가 할 수 있는 일은 반잔 스님이 일생의 변화를 완성한 순간에 푸줏간 주인이 했던 한마디 말 정도와 다를 바 없다. 우리는 워크숍에서 사람들에게 리더가 되는 방법을 가르쳐 주지 않는다. 단지 각자가 갖고 있는 자기 개발에 대한 고유한 경험에 약간의 힘을 보태줄 뿐이다. 이 책도 마찬가지다. 이 책을 여러분을 위한 개인 리더십 워크숍으로 생각해 주었으면 좋겠다.

시스템이라는 주제를 연구해 오면서, 나는 변화 과정이 항상 유기적이라는 사실을 알게 되었다. 한 번에 단 하나씩 변화하는 것은 절대 불가능하다. 지금의 내 행동 하나하나는 과거에 경험했던 문제의 해결책이 지금도 남아 있는 것이며, 나는 이러한 가치 있는 기존 행동에 학습을 통한 새로운 행동을 더하게 된다. 그렇지만 나는 마치 씨앗처럼 성장에 필요한 모든 행동을 내면에 이미 갖추고 있으며, 단지 그 행동을 선택하여 키우기만 하면 된다.

리더십이란 다른 사람의 인생을 책임지는 것이 아니라 일종의 양육 과정이라고 생각하기 때문에, 이 책은 여러분이 스스로 자기 개발을 책임질 수 있도록 안내하고 있다. 나는 이 책을 우리 워크숍처럼 유기적이며, 바로 여러분이라는 유일무이한 시스템에 적합하도록 친절하고, 현실적이며, 재미있게 구성하였다.

그렇지만 변화 과정이 항상 즐겁지만은 않다. 변화란 보통 어려운 일이기 때문에, 정서에도 도움을 줄 수 있도록 이 책을 만들었다. 리더십 모델을 통해 앞을 가로막는 기존의 잘못된 믿음을 버릴 수 있게 되고, 변화 모델을 통해 기존 아이디어를 버릴 때 일어나는 일을 더욱 잘 이해하게 될 것이다. 또한 테크니컬 리더가 되는 과정에 대한 다른 사람들의 느낌을 통해, 혼자가 아니라는 사실을 알게 될 것이다. 나는 여러분이 자신만의 깨달음을 발견하리라 확신하며, 이 책이 시작통을 걷는 여러분에게 좋은 친구가 되기를 바란다.

1986년 4월
네브래스카 주 링컨에서
제럴드 M. 와인버그

추천사

제리 와인버그가 내게 한 천문학자가 가든 클럽[1]에서 했던 이야기를 들려주었다. 그 천문학자는 우주의 기원에 대한 빅뱅 이론을 설명하고 있었다. 이야기가 끝났을 때, 방 뒤편에 있던 한 할머니가 이렇게 말했다. "젊은이, 그렇지 않아요. 세상은 큰 거북이 등 위에 있답니다."

 천문학자는 색다른 이론에도 어느 정도 개방적인 사람이었기 때문에 할머니에게 조용히 되물었다. "그러면 그 거북이는 어디 위에 있는 걸까요?" 할머니도 역시 차분히 대답했다. "당연히 다른 거북이 위에 있지요." 그 대답을 듣자 천문학자는 자신이 유리한 입장에 섰다고 확신했다. "그 거북이는 또 어디 위에 있는 거죠? 가르쳐 주세요." 할머니는 온화하게 미소 지으며 자신 있게 말했다. "그런 바보 같은 질문이 어디 있어요? 끝까지 계속 거북이가 이어지는 거죠."

 제리 와인버그의 책은 그가 들려준 이야기와 비슷한 구조로 되어 있어서 한 번에 읽기 어렵다. 각 장마다 위 거북이 이야기처럼 복합적

---

[1] 정원을 꾸미거나 식물을 가꾸는 데 관심이 있는 사람들의 모임.

인 의미를 담고 있기 때문이다. 몇 번이나 읽다가 멈추고 깊이 생각하도록 만든다. 와인버그가 한 이야기, 와인버그가 한 이야기에 대한 나의 생각, 그리고 나의 생각에 대해 다시 내가 무슨 생각을 하고 있는지 생각하도록 한다. 그래서 진지한 생각을 이끌어내는 것이 와인버그의 방식이라고 이 책을 읽는 사람들에게 미리 이야기해 주고 싶다.

『테크니컬 리더』는 매우 실용적인 안내서이자 깊은 인상을 남기는 이야기로 가득한 우화집이다. 핀볼, 팅커토이, 전기담요 등을 이용해서 관리 방법을 가르치고 있으며, 이 책은 또한 기술 분야 프로젝트 관리에 대한 철학과 심리학을 다룬다.

내가 이 책을 좋아하긴 하지만 약간 아쉬운 점도 있다. 첫째로, 내용이 너무 길다는 점이다. 와인버그는 각 장마다 사고와 관리에 대한 다양한 아이디어와 법칙을 담아 놓았다. 내가 추천의 글을 쓸 때와 마찬가지로, 여러분이 이 책을 빨리 읽고 싶다고 해도 그렇게 쉽지는 않을 것이다. 두 번째는 내용이 너무 짧다는 점이다. 세상에 존재하는 해결하기 어려운 문제의 처리 방법을 와인버그가 이야기해 주리라고 기대했다면, 이 책을 다 읽고 난 후에 사실은 와인버그가 여러분 스스로 생각해 볼 것을 권하고 있음을 알게 될 것이다.

다시 생각해 보니, 이 책 제목에 살짝 속은 것 같기도 하다. 여러분은 이 책을 테크니컬 리더가 되는 방법을 다룬 책이라고 생각할 수도 있지만, 사실 이 책은 결국 와인버그의 다른 책들과 같은 주제를 담고 있다. 그 주제란 바로 '어떻게 생각해야 하는가' 그리고 '자신의 생각에 대해 어떻게 생각해야 하는가'이다. 거북이 위에 있는 거북이처럼, 와인버그는 사람들을 관리하고 사람들과 함께 일하는 현실 문제에서 분명한 해결책은 대부분 실패하기 쉽다고 말한다. 그래서 우리 모두가 알고 있다고 생각하는 사실을 바라보는 단순하지만 근본적으로 다른 방법을 제시한다.

우리에게는 다행스럽게도, 제리 와인버그는 일생 동안 기술과 관리라는 복잡한 문제, 특히 현대 조직에서 그 두 가지가 복잡하게 얽혀 있는 문제를 해결하려고 노력해왔다. 와인버그의 말 한마디 한마디가 아픈 곳을 찌른다. 나는 이 책을 읽으면서 크게 웃으면서도 계속 당혹스러웠다.

마지막으로 한마디. 어떤 사람들이 이 책을 읽는 것이 좋을지 언급해야 제대로 된 추천의 글이라고 할 수 있다. 그래서 누가 이 책을 읽으면 좋을지 생각해 보았다. 고민 끝에 이 책을 진심으로 추천하고 싶은 사람은, (A) 다른 사람들을 관리하고 있거나, (B) 다른 사람에 의해 관리되고 있는 사람들, 또는 (C) A나 B에 속하는 사람들 근처에 있거나, 그 사람들을 알고 지내는 사람들이라는 결론을 내렸다. 만약 여러분이 운명적으로 A나 B 또는 C에 속하는 사람이라면, 이 책은 바로 여러분을 위한 것이다.

1986년 6월
캔자스 주 토피카에서
켄 오어(Ken Orr)

1부
정의

리더십은 익숙한 주제지만 사람들의 이해는 그다지 깊지 않다. 만약 익숙하지 않은 주제였다면 리더십에 대한 잘못된 믿음이 그토록 널리 퍼져 있지는 않았을 것이고, 이해가 깊었다면 그렇게 많은 오해가 존재하지 않았을 것이다. 1부의 주요 목적은 리더십에 대한 잘못된 믿음과 오해를 깨끗하게 정리하는 것이다.

테크니컬 리더가 되려면 꼭 필요한 것이 무엇인지 설명하는 모델도 만들어 보려고 한다. 이 모델은 일반적 리더십과 테크니컬 리더의 특성이 담긴 특별한 리더십 스타일, 그리고 리더가 되는 과정을 설명한다. 이 책의 2부 이후 구성은 이 모델의 구조에 맞추어져 있다.

5장에서는 자신은 리더가 될 수 없다고, 또는 되고 싶지 않다고 말하는 사람들이 가장 흔히 대는 구실들을 다룬다. 먼저 이 구실들을 정리해야만 '테크니컬 리더'로 가는 길을 솔직하게 이야기할 준비가 된 것이다.

1장

리더십이란 무엇인가?

모름지기 좋은 지도자라면
말을 아낄 줄 알아야 한다.
주어진 일을 끝마치고
마침내 목표를 달성했을 때
사람들은 이렇게 말하리라.
"우리 힘으로 해냈다."

― 노자(老子)

리더십은 섹스와 비슷한 점이 많다. 많은 사람들이 그 주제에 대해 말하기를 꺼려하지만, 항상 강렬한 관심과 감정을 불러일으킨다. 리더십이라는 주제에 대해 말하기를 꺼려한다면, 이 책은 바로 여러분을 위한 것이다. 모두가 섹스는 즐겨야 한다고 이야기하지만, 말처럼 쉽지 않을 때는 누구와 의논할 수 있을까? 리더십이 골치 아프고, 난처하고, 때로는 고통스럽다는 사실을 알게 되었더라도(그렇지 않다고 생각할 수도 있지만) 여러분은 혼자가 아니다.

이 책을 읽다 보면 이해와 도움, 그리고 공감을 얻을 수 있다. 정말로 섹시하게 보이는 사람이 실전에서는 실망스러운 경우가 흔히 있는데, 리더처럼 보이는 사람도 마찬가지이다. 리더로 보이는 사람들은 자기가 연습을 통해서나 책을 읽어서가 아니라, 원래 타고났기 때문에 리더 역할을 한다고 믿는다. 리더로서 자신의 능력에 실망하고 있다면, 이 책을 통해 희망의 메시지를 전해 주려고 한다. 꼭 타고나는 방법만이 다가 아니라고.

마지못해 리더가 되었던 이야기

프로이트Freud는 성에 대한 우리의 고정관념이 유년기에 형성된다고 했다. 나는 리더십에 대한 감정도 마찬가지라고 생각한다. 만일 한 사람이 나른 사람에게 이런저런 일을 지시하는 것이 이색하다고 느껴왔다면, 아마도 나와 비슷한 유년기를 보낸 것일 수도 있다.

중학생 시절에 나는 꽤 머리가 좋은 아이였다. 그 때문에 선생님들은 나를 주도적 학생으로 생각했지만, 덕분에 친구들은 나를 꼴 보기 싫은 놈으로 여겼다. 선생님들이 교실에서 나를 칭찬할 때마다 친구들은 쉬는 시간에 나를 괴롭히기 일쑤였다. 그나마 그건 운이 좋을 때 이야기이고 친구들이 아예 놀아주지 않을 때도 있었다. 이런 경험을 통해서 리더가 된다는 것이 얼마나 위험한 일인지 알게 되었다.

교실에서는 좋은 시민이란 주도적 역할을 해야 할 의무가 있다고 배웠지만, 학교 운동장에서는 주도적 역할을 하고자 하는 어떠한 욕구도 부끄러운 일이라고 배웠다. 나는 리더가 되지 않으려고 노력하는 방법을 배웠던 것이다. 리더 역할을 떠맡게 될 때마다 언제나 단호하게 거부했고, 가능하다면 리더십 문제가 마치 존재하지 않는 것처럼 행동했다. 그리고 리더십 문제를 겪지 않으려고 컴퓨터 소프트웨어 분야의 직업을 선택했다.

하지만 일이 내 뜻대로 되지는 않았다. 업무를 훌륭하게 처리할 때마다 동료들은 나를 조금씩 우러러보았다. 동료들은 나를 존경했기 때문에 조언을 해줄 사람, 즉 리더십이 필요하면 나를 찾아오곤 했다. 내가 조금 더 영리한 사람이었다면 동료들을 거부하고 정보를 주고받지 않았을 것이다. 하지만 나는 순진했고, 게다가 질문 받는 것을 좋아했다.

가끔 강의를 요청 받는 일이 있었는데, 이것도 일종의 리더십이었다. 기술 리뷰 모임에 참석해 달라는 요청을 받는 경우도 있었는데, 이것 역시 리더십이었다. 나는 프로젝트 팀을 책임지게 되었고 점점 더 큰 팀을 맡게 되었다. 사무실 그 이상의 사람들과 공유하고 싶은 아이디어가 있으면 논문이나 책을 썼다. 이것 또한 리더십이었다. 나는 무슨 일이 일어나고 있는지 깨달을 때마다 뒷걸음질쳤고, 때로는 완강하게 저항해 보기도 했다.

그러나 아무도 나를 리더로 만들려고 한 것은 아니었기 때문에 역설의 함정에 빠져 버렸다. 리더가 되지 않으려고 하면 할수록 더욱 방향이 확실해졌고, 점점 더 리더가 되어 가고 있었다. 결국, 리더란 다른 사람이 정해준 방향에 만족하지 못하는 사람이지 않은가?

나는 몇 년 동안 이 역설을 해결하기 위해 다른 사람들에게 리더십을 발휘하는 상황을 최대한 피하려고 했다. 마치 섹스에 대한 문제가 존재하지 않는 것처럼 대처하는 것과 비슷했다. 리더십은 여전히 존재하고 있었지만, 내가 리더십의 방향을 결정하지는 않았다. 그 방향이 무작위인 경우도 있었지만, 대부분 누군가를 조종하는 데 능한 사람들은 나를 쉬운 먹잇감으로 생각했다. 결국에는 얼마나 난처한지와 상관 없이 리더십 문제와 정면으로 마주 서야 했다.

리더십 문제와 정면으로 마주 서다

나는 어려운 문제를 다룰 때 특별한 방법을 사용한다. 어떤 주제를 학습하고 싶다면, 그 주제로 강의를 준비한다. 그 과정을 다 가르치고 충분히 학습한 다음에는, 그 주제로 책을 쓴다.

20여 년간 리더십 워크숍을 진행한 후, 리더십에 대해 책을 쓸 수 있을 만큼 충분히 학습했다고 생각했다. 여전히 답을 알 수 없는 문제들이 많지만 나는 혼자가 아니라는 사실도 알게 되었다. 세상에는 다음과 같은 리더십 문제로 고통 받고 있는 사람들이 많다.

- 리더들이 어리석은 행동을 보여주는 경우도 있는데, 그들이 정말로 어리석기 때문일까?
- 이런 사람들처럼 되지 않으면서 리더가 될 수 있을까?
- 어떻게 하면 기술력을 유지하면서 리더가 될 수 있을까?
- 첨단 기술 사회에서 기술 배경 없이 시작한 리더가 가능할까?
- 기술 전문성을 얼마나 희생해야 할까?
- 그 희생의 대가로 무엇을 얻을 수 있을까?
- 만약 리더가 된다면, 사람들을 좌지우지해야만 할까?

- 책을 통해서 리더십을 배울 수 있을까?
- 리더십을 배우려면 책 외에 어떤 방법이 있을까?
- 그렇게 생각하지 않는데, 왜 사람들은 나를 리더로 볼까?
- 꽤 능력이 있다고 생각하는데, 왜 사람들은 나를 리더로 보지 않을까?
- 리더십과 관련된 책임을 지고 싶지 않다면 어떻게 될까?
- 결국, 리더십이란 무엇인가?

모두 어려운 문제다. 아마도 마지막 문제가 제일 어려울 것이다. 결국, 리더십이란 무엇인가?

리더십을 바라보는 전통적이지만 그릇된 시각
심리학자들과 경영 이론가들은 수많은 리더십 모델을 제시해 왔으며, 그들이 쓴 글은 대부분 이런 주장을 하고 있다.

조직의 리더를 찾아내는 방법에는 크게 두 가지가 있다.
1. 구성원들에게 조직의 방향을 정하는 데 가장 영향력이 있다고 생각하는 사람이 누구인지 물어보거나
2. 관찰자로 하여금 가장 영향력 있는 구성원을 지목하게 하거나, 실질적으로 영향을 미치는 행동의 빈도를 기록하게 하는 것이다.

이러한 모델은 일견 과학적으로 보이지만, 구성원들과 관찰자의 의견을 기반으로 하고 있으며, 관찰자에게 '실질적으로 영향을 미치는 행동'을 관찰하는 능력이 있다는 가정을 전제로 하고 있다. 몇 년간 나는 이 방식에 일부 결함이 있다는 사실을 깨달았다.

한 가지 사례를 들어보자. 최근 한 회사가 컴퓨터 프로그래머들의 문제 해결 능력을 개선하기 위해서 나를 고용했다. 그 회사는 소프트웨어 제품의 미묘한 오류 때문에 매일 수천 달러의 판매 손실을 보고 있었고, 프로그래머들이 그 오류를 찾아낼 때까지 해당 제품은 아무 짝에도 쓸모가 없었다. 나는 프로그래머들에게 도움을 주기 위해, 그들이 오류를 찾아내려고 노력하는 모습을 비디오로 촬영하였다.

한 시간 동안 관찰한 결과, 네 명의 프로그래머가 보여준 '실질적으로 영향을 미치는 행동'의 횟수는 다음과 같았다.

아니   112회
필리스   52회
웨버   23회
마사   0회

마사의 행동은 기록하기 쉬웠다. 한 시간 내내 좀비처럼 앉아서 오류가 발생한 프로그램의 출력을 조사하고 있었다. 한마디도 하지 않았고, 어떤 몸짓도 하지 않았으며, 심지어 아무런 표정도 짓지 않았다. 분명히 마사는 다른 프로그래머들에게 어떠한 영향도 미치지 않았다.

실질적으로 영향을 미치는 행동을 서로 주고받으면서 한 시간을 보낸 후에도 프로그래머들은 문제 해결에 한 걸음도 다가서지 못하고 있었다. 그러던 중 갑자기 마사가 목록에서 눈을 떼고 손가락으로 어느 행을 가리키면서 조용히 말했다. "이 부분은 '87AB0022'가 아니라 '87AB0023'이어야 해요." 그 말을 듣고 아니, 필리스, 웨버는 다시 활발하게 논의를 시작했다. 그들은 10분 후에 마사가 옳다는 결론을 내리면서 회의를 마무리 지었다.

　가장 영향력이 있는 구성원이 누구인지 물어보았을 때, 모두 '아니'를 지목했다. 나는 촬영한 비디오를 보여주면서 문제가 해결된 방법을 특별히 주목해서 봐달라고 부탁했다. 비디오를 본 후 아니, 필리스, 웨버는 자신들의 대답을 '마샤'로 바꾸었다. 왜일까? 문제 해결 관점에서 보면, 실질적으로 영향을 미치는 행동의 횟수는 다음과 같다.

아니　　0회
필리스　0회
웨버　　0회
마샤　　1회

마샤가 없었다면 회의는 어떤 결론도 내리지 못했을 것이며, 프로그래밍 경험이 없는 심리학자들은 아마도 마샤의 역할을 완전히 간과했을 것이다. 기술 분야를 잘 알지 못하는 심리학자들이 우리가 진행하는 워크숍을 관찰하면, 기술 문제를 해결하는 팀의 역동을 보고 완전히 당황하게 된다. 마치 겉보기에는 문화나 언어가 우리와 비슷하지만 사실은 전혀 다른 외계인을 관찰하는 것이나 마찬가지이다.

세상을 바라보는 두 가지 모델

한 조직의 리더십을 인식하려면 어떤 형태로든 해당 조직 문화에 적합한 모델이 필요하다. 예를 들어 조직의 '문제 해결' 모델이 너무 단순하면, 심리학자들은 기술 환경의 리더십을 이해하기 어렵다. 모든 문제에는 단 하나의 올바른 해답만이 존재한다고 보는 것이 강단 심리학계 academic psychology의 정설이며, 강단 심리학자들은 그렇게 믿고 있다고 누군가 말했다. 단순한 모델을 믿는 심리학자는 현실 상황에 적합한 리더십을 정의하기 어렵고, 분명히 마사를 리더로 생각하지 않을 것이다.

사람이 세상을 살아가면서 행동하는 방법을 설명하는 수많은 모델이 있다. 심리학 분야만 보더라도, 주요 모델만 10여 가지가 있으며 거기에서 파생된 모델은 수백 가지에 이른다. 심리학 모델 외에 사회학 관점에서 본 모델이 있고 인류학, 경제학, 경영학, 관리학 모델도 있다. 이렇게 수많은 모델이 존재하는 이유는 각각 모두 유용하기 때문인데, 다만 특정 상황에서만 그렇다. 상황에 맞지 않은 모델을 적용하려고 하면 문제가 발생한다.

이 책에서 우리가 '리더십'이라고 부르는, 파악하기 힘든 현상을 이해하기 위해 많은 모델을 사용하고 만들어 볼 예정이다. 훌륭한 리더가 되려면 자유자재로 사용할 수 있는 다양한 모델이 필요하고, 그 모델을 상황에 따라 적절히 바꿔서 사용할 수 있어야 한다. 내가 선호하는 모델 대다수는 유기적^{organic} 모델로 볼 수 있는 것이며, 선형^{linear} 모델과는 대조적이다. 그러나 때로는 선형 모델을 사용하기에 더 적합한 상황도 있다.

유기적 모델은 사건에 대한 설명, 사람에 대한 정의, 관계에 대한 정의, 변화를 대하는 태도 등 여러 가지 관점에서 선형 모델과 대조적이다. 이러한 각각의 관점에서 두 모델을 비교해 본 다음, 그 관점이 리더십의 정의에 어떤 영향을 미치는지 알아보자.

사건에 대한 설명

선형 모델이라는 이름은 사건이 선형 관계에 있다는 가정에서 유래한다. 즉, 하나의 결과는 하나의 원인으로부터 발생하며, 하나의 원인은 하나의 결과를 낳는다고 생각한다. 반면에 유기적 모델은 시스템 사고Systems Thinking가 특징이다. 사건은 시간의 경과를 포함한 수많은 요소로 인한 결과라고 보는 것이 시스템 사고이다.

많은 사건을 하나의 원인으로 쉽게 이해할 수 있는 것이 선형 모델의 강점이다. 하지만 사건이 복잡해지면 선형 모델의 약점이 드러나는데, 사람이 연관된 중요한 사건은 안타깝게도 대부분 복잡하다.

선형 모델 중에서 도덕이라는 요소를 가미한 것이 바로 위협과 보상threat/reward 모델이다. 단 하나의 정답만이 존재하며, 그 사실을 모르는 사람은 어리석은 사람이거나 나쁜 사람으로 간주하는 것이다. 이 모델을 사용하는 경우, 쉽게 이해하기 어려운 사건을 만났을 때 스스로를 어리석게 여기거나 부끄럽게 생각하기 쉽다.

이와 반대로 완전히 이해할 수 없는 복잡한 상황에서도 편안한 느낌을 가질 수 있는 것이 유기적 모델의 강점이다. 유기적 모델을 사용하면, 적절한 선택을 할 수 있을 만큼 충분한 정보를 얻을 때까지 다양한 가능성(이들 중 상당수는 동시에 옳은 답일 수 있다)에 대해 마음을 열 수 있다.

유기적 모델의 약점은 어쨌든 실행을 막을 수 있다는 점이다. 훌륭한 리더란 때로는 가능한 모든 요소를 이해하지 못하더라도 행동해야만 할 때가 있다. 유기적 모델을 사용하려면 때때로 생기는 오류 가능성을 받아들일 수 있어야 한다.

사람에 대한 정의

선형 모델은 사람을 분류하려는 경향이 있다. 반면에 유기적 모델은 유일성, 즉 같은 점과 다른 점을 전부 고려하여 사람을 정의한다.

선형 모델은 사람들을 빠르고 효율적으로 다룰 수 있다는 점에서 유용하다. 우리는 아침에 커피 한 잔을 주문하면서 웨이터 개인의 특성을 전부 고려할 필요는 없다.

유기적 모델에서는 서로 다른 성향을 가진 사람들이 함께 일하기 위한 공통의 기반을 찾아낼 수 있다. 유기적 모델을 따르는 이들은 다른 사람을 바라볼 때, 각 개인의 유일성 속에 동등한 생명력, 동등한 정신적 기반, 동등한 종류의 관계를 공유한다고 생각한다. 어떤 표준으로 비교하지 않기 때문에, 사람을 이상적 이미지로 만들고 싶은 유혹에 빠지지 않는다. 그들은 사람들이 스스로 내면의 조화와 접촉하도록 하는 것이 리더의 역할이라고 생각한다.

해야 할 일이라는 측면에서는 사람에 대한 정의를 빠뜨리면 선형 모델은 아무런 쓸모가 없다. 사람들은 자신의 사고, 감정, 행동 등이 기대와 다르면 그 크기를 줄이거나 키우려고 한다. 위협과 보상 모델은 사람들이 위협이나 보상에 의해서 행동한다고 가정하는 선형 모델이다. 위협과 보상 모델에 따라서 행동하면, 위협을 가하거나 보상을 베푸는 것이 리더의 역할이라고 생각하기 쉽다.

이 경우 자신이나 다른 사람의 가치에 대해 무력한 감정을 갖기 쉽다. '나는 노력하지 않고 있어', '나는 말이 너무 많아', '나는 뚱뚱해', '나는 사람들을 생각하는 대로 움직이게 할 수가 없어' 등과 같은 메시지를 자신에게 보내는 것이다. 이러한 메시지는 죄설이나 분노 또는 무력감을 불러오며, 무엇보다 이러한 감정에 거부감이 들 것이다.

관계에 대한 정의

선형 모델은 보통 사람보다는 역할로 관계를 정의한다. 예를 들어, 실제로 영향력을 발휘하는 사람보다는 책임 있는 자리에 있는 사람에게 집중하는 것이다. 유기적 모델은 유일한 한 사람에게서 또 다른 유일한 사람이라는 관점으로 관계를 정의한다.

선형 모델에서는 각각의 관계를 전부 고려하는 것이 불가능한 상황에서도 대규모 계획을 수립할 수 있다. 그러나 선형 모델을 일대일 관계에 적용하는 것은 그다지 유용하지 않다. 그 상황에서는 상호작용을 이해하는 데 개인의 특성이 대단히 중요하기 때문이다.

위협과 보상 모델을 따르는 사람은 관계보다 역할에 힘이 있다고 믿기 때문에 관계를 정의할 때 직함을 매우 중요하게 여긴다. 어려움에 빠지면 자신의 권위를 앞세우거나, 아니면 다른 사람의 권위에 굴복하는 경우가 많다. 힘을 바라보는 이런 시각이 비록 통계적으로는 유용할 수 있지만, 일대일 상황에 적용하기는 어렵다. 연애, 교육, 리더십 같은 분야에서는, 한 사람이 위에 있고 다른 사람은 아래에 존재한다는 생각은 별로 도움이 되지 않는다. 이런 식의 사고방식은 다른 사람들에 대해서 두려움, 분노, 공격성, 죄책감, 시기 등의 감정을 불러일으킨다.

유기적 모델은 일대일 상황에서 그 장점이 분명히 드러난다. 현재 역할과 상관 없이 두 사람이 동등한 삶의 의미를 지닌 존재라고 간주하는 것이다. 유기적 모델은 모든 사람이 이익을 보는 형태로 문제를 해결한다. 우리가 다른 사람들에게 이런 방식으로 행동할 때 느낄 수 있는 가장 큰 감정은 발견의 기쁨이다. 그러나 때로는 이러한 기쁨에 휩싸여서 해야 할 일을 제대로 하지 못하는 경우도 있다.

변화를 대하는 태도

변화의 과정에 대해서 선형 모델과 유기적 모델은 완전히 반대 입장에 서 있다. 선형 모델은 변화가 한 번에 하나씩 순서대로 일어나는 것이라고 본다. 반대로 유기적 모델은 '한 번에 단 하나씩 변화하는 것은 불가능하다'고 생각하는 시스템 사고를 바탕으로 한다. 선형 모델은 상대적으로 안정된 상황에서 효과가 있지만, 막상 변화가 시작되면 어려움에 처한다.

이러한 어려움 중 하나는 변화가 모델과 맞지 않을 때, 우리는 그 변화를 중지하려 한다는 것이다. 변화에 직면했을 때 움츠러들고 무력감을 느낄 수 있다. 유기적 모델을 따르는 사람들도 다른 사람들만큼 안정감이 중요하지만, 이들은 위험을 감수하고 불확실성을 인내하면서 안정감을 얻는다.

위협과 보상 모델의 영향력 아래에서는 모든 사람과의 관계를 영원히 같은 상태로 유지하려고 노력해서 안정감을 보장 받으려 한다. 변화의 필요성을 느끼면 보통 다른 사람에게 변화를 지시한다. 그리고 그 사람들의 '나쁜' 행동을 '제거'하는 방식으로 변화를 시도한다.

유기적 모델은 변화를 세상의 정상적인 일부분으로 기대하고 받아들인다. 더 나아가서 어떤 유기적 모델은 변화를 미지의 세계로 들어가서 성장할 수 있는 기회로 보고 환영한다. 유기적 모델에서는 성장이란 잠재력을 훌륭하게 실현하는 자연스러운 과정이라고 믿으며, 이는 씨앗이 자라 꽃이라는 잠재력을 실현하는 이치와 마찬가지다. 이러한 유기적 모델을 씨앗seed 모델이라고 부르기도 한다.

리더십의 유기적 정의

지금까지 대략적으로 선형 모델과 유기적 모델의 차이점을 살펴보았고, 앞으로 더욱 자세하게 알아볼 것이다. 당연히 두 모델 중 한 가지만 100퍼센트 사용하는 사람은 없으며, 그렇기 때문에 리더십을 확실하게 정의하기 어렵다.

선형 모델과 유기적 모델은 무엇이 리더십을 구성하고 있는지 다르게 생각한다. 극단적으로 보면 위협과 보상 모델의 리더십은 '강요'와 '판단'이라는 단어로 표현할 수 있으며, 유기적 모델에서는 '선택'과 '발견'이라는 단어로 표현할 수 있다. 유기적 모델은 리더십을 다음과 같이 정의한다.

리더십이란 사람들이 능력을 발휘할 수 있는 환경을 만들어 내는 과정이다.

예를 들어, 마사가 오류의 원인을 발견하기 전까지 아니, 필리스, 웨버의 문제 해결 방법은 아무런 도움을 주지 못했다. 마사가 오류를 발견한 이후 환경이 변화하였고 그래서 그들의 방법이 힘을 발휘하기 시작한 것이다.

그러나 아니, 필리스, 웨버 또한 마사가 자신에게 맞는 스타일로 자유롭게 일할 수 있는 환경을 만들어 줌으로써 훌륭한 리더십을 발휘하고 있었다. 말을 많이 한다는 의미의 '참여'를 꺼려하는 조직 구성원을 참지 못하는 사람들이 있다. 말을 많이 하는 것은 마사의 스타일이 아니고, 다른 사람들도 마사의 스타일을 알고 있었기 때문에 그냥 내버려 둔 것이다. 이것 또한 리더십이다.

위협과 보상 모델은 사람을 이끄는 반면에 유기적 리더십은 과정을 이끈다. 사람을 이끈다는 것은 대상이 되는 사람들이 자신의 삶에 대한 통제를 포기하는 것이 필요하다. 반면에 과정을 이끄는 것은 사람들에게 선택권을 주고 스스로를 통제할 수 있도록 하는 것이다. 정원사가 씨앗이 꽃을 피우는 능력을 발휘할 수 있게끔 하는 것처럼, 사람들이 능력을 발휘할 수 있게 만드는 것이다. 성장하도록 강요하는 것이 아니라, 내부에 잠들어 있는 힘을 일깨운다.

다른 사람을 통한 창조와 생산이 씨앗의 의미를 통해 본 리더십이며, 이것이 리더십의 유기적 정의이다. 리더십이란 특정한 결과를 불러오는 특정 상황에서 위협이나 보상 같은 몇몇 행동으로 리더십을 제한하는 것이 아니라, 환경을 창조하는 것이기 때문이다.

선형 모델을 따르는 사람들은 이러한 유기적 리더십 모델이 모호하고 분명하지 않다고 생각할 수도 있지만, 사실 전통적 모델보다 더욱 정밀한 수량화가 가능하다. 유기적 모델은 특히 기술 분야에서 유용한데, 선형 모델과는 달리 혁신을 고려할 수 있기 때문이다.

혁신은 업무 그 자체 또는 업무를 진행하는 방법을 재정의하는 것이다. 리더십의 선형적 정의는 관찰자가 업무를 완벽하게 이해하고 있다고 가정한다. 그렇게 정의하면 관찰자는 자신이 경험해 본 일이 없거나 이해하기 어려운 혁신을 제외하게 된다. 이러한 관찰자는 분명히 혁신을 고려한 리더십의 가능성을 볼 수 없다. 첨단 기술과 발견의 시대에 그러한 제한적 정의는 사실상 아무런 쓸모가 없다.

유기적 리더십 모델은 모든 일에 적용할 수 있으며, 특히 첨단 기술 분야에 적합하다. 기술직 종사자들의 감정에 상처를 주지 않으면서, 마사와 같은 혁신적 기여를 측정하는 데 현실적으로 이용할 수 있다. 강단 심리학자들은 내 방식에 동의하지 않을지도 모르지만, 이것이 테크니컬 리더와 테크니컬 팀을 설명하는 현실적인 방법이라고 생각한다.

1장 질문

1. 리더라고 생각하는 사람을 관찰해 보자. 그 사람의 생활은 당신의 생활과 어떻게 다른가? 그 차이점 중 어떤 것이 리더이기 때문에 생긴 것일까? 또 어떤 것이 그 사람을 리더로 만들었을까?
2. 만약 리더십 능력을 높이면, 인생에서 어떤 점이 더 나아지리라고 기대하는가? 그 중에서 행동 변화에 의한 것은 어떤 것이며, 변화된 행동을 다른 사람들이 인식해서 일어날 수 있는 것은 어떤 것인가?
3. 만약 리더십 능력이 높아지면, 인생에서 어떤 부분이 더 나빠질까? 이러한 변화가 가치 있는 보상일까? 변화가 나쁜 영향을 미치지 않도록 하려면, 어떻게 변화하는 것이 좋을까?
4. 당신이 다른 사람들의 생산성을 높이는 상황을 목록으로 만들어 보자. 그 목록 옆에 생산성을 낮추는 상황도 기록해 보자. 둘 사이의 차이점은 무엇일까?(예를 들어, 잘 알고 있는 사람들과 함께 일할 때, 또는 새로운 문제나 지금까지와 다른 문제를 다룰 때 생산성이 증가하는 것 같다고 기록할 수 있고, 이와 반대일 수도 있다.) 목록은 당신 자신과 당신이 능력을 발휘할 수 있는 환경에 대해 무엇을 말해 주는가?
5. 4번에서 작성한 두 목록으로 판단할 때 당신은 통계상 조직에 이익을 주는 존재인가, 아니면 손해를 끼치는 존재인가? 자신의 리더십이 긍정적으로 작용한 상황을 더 많이 찾을 수 있는가, 아니면 더 잘할 수 있었지만 그렇게 하지 못한 상황을 더 많이 찾을 수 있는가? 이 상황에서 실제로 무언가 배웠는가, 아니면 똑같은 행동을 그냥 반복만 하고 있는가?

2장

리더십 스타일 모델

만약 특정 행동이 해당 문화에서 중요하다고 여겨진다면, 거의 모든 평범한 사람들이 놀랄만한 능력을 발휘할 수 있다.

― 하워드 가드너(Howard Gardner), 『마음의 틀(Frames of Mind)』

유기적 모델에서 리더십이란 사람들이 능력을 발휘할 수 있는 환경을 만들어 내는 과정이라고 정의한다. 능력을 발휘할 수 있을 때 사람들은 자유롭게 보고, 듣고, 느끼고, 말하게 된다. 또한 자유롭게 이동하고, 행동하고, 원하는 것을 요청하고, 창의적으로 행동하고, 선택을 할 수 있게 되는 것이다.

또한 모든 사람이 유일한 존재이며, 따라서 다양한 리더십 스타일이 존재한다고 여긴다. 내 말을 믿지 못하겠다면, 한 조직 안에 있는 두 명의 인물을 딱 10분만 관찰해 보자. 개인적으로 그리고 기술적으로 수십 가지 다른 리더십 행동을 찾아볼 수 있을 것이다. 그렇다면 각자의 리더십 스타일을 키워나가는 데 도움이 될 만한, 일반적인 리더십에 대한 이야기를 어떻게 풀어나갈 수 있을까?

이 장에서는 내가 MOI라고 부르는 모델을 구성해 볼 것이다. 이 모델은 다른 사람들과 함께 일하면서 나타나는 자신의 고유한 스타일을 이해하는 데 도움이 된다. 모델에 현실성을 부여하기 위해서 나의 경험담으로 이야기를 시작하려고 한다. 하지만 다른 사람들과 마찬가지로 나도 내 리더십이 어디에서 왔는지 명확하게 알지 못하기 때문에 대신 핀볼 이야기를 하려고 한다. 핀볼 이야기라면 어렵지 않게 아주 오래 전 일까지 기억할 수 있기 때문이다.

동기부여

어렸을 때 내 핀볼 실력은 몇 안 되는 자랑거리 중 하나였지만, 어머니는 내가 핀볼을 하는 것을 그리 좋아하지 않으셨다. 비디오 게임 같은 것이 없었던 시절, 핀볼 머신은 주로 당구장이나 볼링장 같이 어린이들에게 어울리지 않는 곳에 있었다. 그런 곳에 드나들면 너무 빨리 어른이 되어 버릴 수 있는 위험을 감수해야만 했다. 그래서 아버지는 내가 당분간 집에서 안전하게 머무를 수 있도록, 5-10-20이라는 이름의 핀볼 머신을 우리 집 지하실에 가져다 놓으셨다.

당연히 공짜로 핀볼을 할 수 있으리라 기대하고 좋아했지만, 부모님은 그렇게 해주면 내가 돈의 가치를 제대로 배우지 못하게 될까봐 걱정하셨다. 그래서 아버지는 5센트를 낸 다음 핀볼을 할 수 있게 했다. 공 5개에 5센트였다. 나는 집에서 핀볼을 하기도 했고, 가끔은 당구장에 가기도 했다.

당시 이웃에 오몬드라는 아이가 있었는데, 그 아이 역시 집에 핀볼 머신이 있었지만, 오몬드의 부모님은 별로 자식 걱정을 하지 않는 분들이었다. 오몬드는 친구들에게는 5센트씩 받았지만, 자기는 하루 종일 공짜로 핀볼을 했다. 나는 오몬드가 매우 싫었다. 그 녀석이 너무 부러웠다. 오몬드에게 5센트를 내야 했지만, 오몬드의 핀볼 머신으로 자주 그 녀석을 이겼다는 사실에 큰 만족을 느꼈다.

오몬드를 이기기는 쉬웠다. 오몬드의 핀볼 실력은 우리 동네에서 제일 형편없었다. 지금 생각해 보면, 오몬드가 공짜로 핀볼을 할 수 있었던 것이 그 원인이었던 것 같다. 왜냐하면, 오몬드는 핀볼을 더 잘 하고 싶다는 동기, 즉 압박감이 부족했기 때문이다. 게임이 잘 풀리지 않으면, 그냥 핀볼 머신을 껐다가 다시 켜고 게임을 새로 시작하면 그만이었다. 반면에 나는 매 게임마다 5센트를 투자해야 했기 때문에, 모든 공마다 1센트 값어치를 충분히 얻어내야겠다고 결심했었다.

내가 더 나이가 들고 주머니 사정이 넉넉해지자 내 핀볼 실력은 여러 해 동안 같은 수준에 머물러 있었다. 오후 한나절의 즐거움을 위해 5센트를 쓰든 5달러를 쓰든 더 이상 개의치 않았기 때문에 실력 향상에 대한 압박감이 없었다. 그러던 중 갑자기 핀볼의 사회적 이미지가 좋아지기 시작했고, 더 이상 집에서 몰래 핀볼을 할 필요가 없었다.

핀볼은 건전한 게임이 되어서, 대회에서 트로피를 받을 가능성도 생겼다. 나는 트로피를 갖고 싶었고, 그러자 다시 내 핀볼 실력은 갑자기 좋아지기 시작했다.

내 핀볼 실력이 나아진 데에는 자부심과 돈이라는 두 가지 다른 이유가 있었지만, 그 이유들은 사실 동전의 양면과 같은 것이었다. 내가 대회에서 우승하는 법을 터득했거나 돈 문제를 신경 쓰지 않아도 되는 상황이었다면, 즉 밀거나 당기는 압박이 없었다면, 응석받이 오몬드처럼 되었을 것이고 내게는 아무런 변화도 일어나지 않았을 것이다.

아이디어

핀볼 실력이 좋아진 결과, 핀볼 피트나 레드 바론 같은 오락실에 모이는 아이들 사이에서 나는 일종의 영웅이 되었다. 그 아이들은 미숙한 기술과 어린 열정은 있었지만, 왜 애늙은이 같은 내가 항상 핀볼에서 승리하는지 이해하지 못했다.

아이들에게 선망의 대상이 된다는 것은 기분 좋은 일이다. 그것은 마치 내가 신입 프로그래머 시절에 느꼈던 기분과 비슷했다. 능력이 뛰어나면 리더가 될 수 있었던 것이다. 아이들은 부모님이 하는 말은 듣지 않아도, 내가 하는 말은 잘 들었다. 아이들은 내 비밀을 알고 싶어 했고, 나는 곧 비공식 교습소를 운영하게 되었다.

나는 코치로서 쉽사리 성공을 거두었다. 아이들은 진정으로 핀볼을 배우고 싶어 했고, 빠른 손놀림이 가능했으며, 대부분은 안경을 쓰지 않고도 공을 잘 볼 수 있을 만큼 시력도 좋았다. 내가 한 일이라고는 아이들을 잠시 지켜본 다음, 다른 방식을 시도해 보도록 약간의 아이디어를 주는 것이 전부였다. 마치 새로 꾸민 잔디밭에 민들레 씨앗을 떨어뜨리는 일과 같았다.

　물론 가장 큰 비밀은 바로 어른들은 핀볼을 할 때 아이들보다 더 머리를 쓴다는 사실이었다. 내 시력은 별로 좋지 않았고, 다리에 힘도 별로 없었으며, 손은 다른 아이들보다 더 느렸다. 만약 아이디어가 없었다면 내가 승리할 가능성은 없었을 것이다.

조직화

하지만 몇몇 아이들은 무엇을 해야 하는지 분명히 이야기해 줬는데도 실력이 늘지 않았다. 예를 들면, 허비가 그런 아이였다. 허비는 지적을 해줘도 번번이 머신에서 한 손을 떼고 머리칼을 쓸어 올리는 습관이 있었다. 그래서 세 번 중 한 번은 플리퍼를 조작하지 못하고 공을 놓쳐 버렸다.

　플리퍼 두 개를 차례대로 움직여서 공을 쳐내는 것이 핀볼의 가장 기본 기술이지만, 본은 수백 번을 이야기해줘도 흥분해서 언제나 두 플리퍼를 동시에 움직였다.

　또 알프레드의 경우를 보면, 핀볼 머신을 강하게 때리지 않으면 게임을 이길 수 없는 불리한 상황이 종종 있는데, 소심한 알프레드는 너무 마음이 약해서 공짜로 핀볼을 시켜줘도 머신을 강하게 때리지 못했다.

　반면에 알프레드의 여동생인 웬디는 핀볼 머신을 이기려면 냉정함을 유지할 필요가 있었다. 이 원칙을 웬디에게 설명했지만, 게임이 잘 안 풀리면 불만을 참지 못하고, 있는 힘껏 핀볼 머신을 때렸다. 게다가 핀볼 머신에만 불만을 표현한 것이 아니었다. 게임을 하고 나서 웬디는 공중전화 부스에도 발길질을 해댔다. 처음에는 그 발길질이 별로 위력적이지 않았지만, 발레 교습을 받기 시작하자 더 높이 찰 수 있게 되었다. 특히 낮은 점수를 받았던 날, 웬디는 핀볼 머신 뒤편 유리를 부순 후 여자로서는 전무후무하게 핀볼 피트에서 영구 출입 금지 조치를 받았다.

완벽하게 코칭했지만 허비, 본, 알프레드, 웬디는 실력이 향상되지 않았다. 그들은 모두 더 나은 게임을 할 수 있는 질서 있는 기초가 부족했다. 압박감이 부족하지도 않았고, 핀볼을 더 잘하고 싶은 마음도 있었다. 다만 많은 노력이 필요한 무언가를 배우기에는 인생이 충분히 조직화되어 있지 않았을 뿐이다.

MOI 리더십 모델

변화를 만들어 내려면 환경은 반드시 다음 세 가지 구성 요소를 포함해야 한다.

- M: 동기부여motivation — 위협하거나 보상하거나, 밀거나 당겨서 관련 있는 사람을 움직이도록 만드는 일
- O: 조직화organization — 아이디어 실현이 가능하도록 만드는 구조
- I : 아이디어ideas 또는 혁신innovation — 씨앗, 실현될 것의 이미지

때론 변화를 서지하는 것도 리더십이라고 할 수 있다. 변화가 일어나는 것을 멈추게 하고 싶다면, 환경에 다음 세 가지 중 한 가지를 하면 된다.

- M: 동기 제거 — 사람들에게 변화를 일으켜도 인정받을 수 없다고 느끼도록 만든다. 스스로 무언가를 할 필요를 느끼지 않도록, 자발적 동기를 통해 즐길 수 있는 모든 의욕을 꺾는다.

- O: 혼란 조성 – 협력을 생각할 수 없을 만큼 심한 경쟁을 부추긴다. 자원은 최소한보다 아주 조금 부족한 상태를 유지한다. 보편적 가치가 있는 정보를 제한하거나, 의미 없는 말과 문서에 파묻히도록 한다.
- I : 아이디어 흐름 억제 – 비판할 수 있는 상황이라면 다른 사람의 말을 듣지 않는다. 자신의 아이디어를 제일 큰 소리로 먼저 말하고, 의견을 제시하는 사람에게 불이익을 준다. 사람들이 함께 일하지 못하게 하고, 무엇보다도 웃음을 허용하지 않는다.

변화를 추구하는 경우에도, 반대로 변화를 저지하는 경우에도, MOI 모델은 리더십 스타일을 전반적으로 설명하는 모델이다. moi는 프랑스어로 '나^{me}'라는 뜻이며, 구체적 상황에서 어떤 인물의 행동을 동기부여, 조직화, 혁신의 세 가지로 분류하여 그 인물이 리더십에 접근하는 방식의 특징을 나타낸다.

평소 대부분의 행동이 동기부여와 관련이 있는 사람이라면 어떤 아이디어라도 팔 수 있는 최고의 영업 사원이나 카리스마 넘치는 정치인이 될 수도 있다. 다만, 팔 것이 있을 경우에만 그렇다. 거의 모든 행동이 조직화와 관련이 있는 사람은, 모든 것을 훌륭하게 조직화하는 놀라울 정도로 효율적인 사무 관리자가 될 수도 있다. 하지만, 작년의 직원들과 작년의 문제에 대해서만 능력을 발휘할 수 있다. 행동의 방향이 혁신으로 향하고 있는 사람은 아이디어가 넘치는 천재가 될 수 있다. 그러나 다른 사람과 함께 일하거나 다른 사람을 위해 일을 조직화하는 것은 어려워할 수 있다.

리더십 스타일을 효과적으로 발휘하려면 동기부여, 조직화, 혁신 사이에 균형이 있어야 한다. MOI 모델은 모든 사람에게 리더십 구성 요소가 전부 존재한다고 강조하기 때문에, 나는 이 모델을 좋아한다. 우리는 모두 다른 사람에 비해 비교적 잘 발달해 있는 부분이 있으며, 누구든지 가장 약한 요소를 강점으로 개발한다면 리더로서의 자질을 높일 수 있다. 미스터 유니버스라고 해서 나보다 더 근육이 많은 것은 아니며, 단지 더 잘 발달시켰을 뿐이다.

테크니컬 리더가 하는 일

컨설턴트로서 업무를 수행하거나 워크숍을 진행하면서 대니와 나는 프로그래머, 운영자, 엔지니어, 여행업자, 간호사, 디자이너, 건축업자, 의사, 시스템 분석가, 설계자, 건축가, 기타 등등 문제를 해결하고자 하는 수많은 기술직 종사자들을 관찰해 왔다. 사람들에게 문제 해결 능력을 발휘할 수 있는 환경을 만들어 주려고 하는 많은 리더들을 관찰해 온 것이다.

이러한 리더들 중 몇몇은 동기부여에는 뛰어났지만, 개가 고양이를 쫓아가도록 만드는 것조차 어려워하는 사람도 있었다. 또 훌륭한 조직화 능력이 있지만, 반면에 아침에 양말 두 짝을 제대로 맞추어 신지 못하는 사람도 있었다. 가장 성공적이라고 꼽을 수 있는 테크니컬 리더는 모두 혁신, 즉 더 좋은 방법으로 무언가를 한다는 가치를 통해 사람들이 능력을 발휘할 수 있도록 했다.

테크니컬 리더가 혁신을 강조하는 방법을 더 자세히 살펴보면, 다음 세 가지에 특히 노력한다는 사실을 알 수 있다.

· 문제를 이해하기
· 아이디어의 흐름을 관리하기
· 품질을 유지하기

이 세 가지가 문제 해결형 리더십의 특징적 구성 요소이며 이것이 바로 훌륭한 테크니컬 리더의 특징이다.

물론, 리더는 이 세 가지를 자신의 동기부여, 조직화, 혁신 능력에 따라 각자 서로 다른 방법으로 달성한다. 품질 향상을 목적으로 새로운 측정 도구를 도입하고자 하는 상황에서, 도구를 만드는 방법 이 있고(I-전략), 도구를 사용하는 방법을 사람들에게 가르치고 사용하도록 설득하는 방법도 있으며(M-전략), 도구를 사용하는 사람들을 지원하는 체계를 만드는 방법도 있다(O-전략).

아이디어의 흐름을 증가시키기 위해 브레인스토밍을 하는 경우에도, 훌륭한 브레인스토밍 방안을 선택하는 방법이 있고(I-전략), 시간과 장소 그리고 참석자를 확보하는 방법이 있으며(O-전략), 그러한 기술을 가르치고 경우에 따라서 실제로 회의를 촉진하는 방법도 있다(M-전략).

모든 요리사마다 자신이 선호하는 요리법이 있는 것처럼, 여러분도 분명히 선호하는 방법이 있을 것이다. 문제 해결형 리더가 되기 위해서 자신의 강점을 버릴 필요는 없다. 사실 그런 일은 생각해 볼 가치도 없다. 사람들은 기존 행동 방식을 버리는 것이 아니라, 새로운 행동 방식을 더함으로써 자신의 성과를 향상시킨다.

문제 해결형 리더가 되기 위해서 갑자기 개종 수준의 변화가 필요한 것은 아니다. 단지 자신에게 어떤 전략이 부족한지 MOI의 목적과 수단을 조합하여 살펴본 다음[1], 한 번에 하나씩 부족한 부분을 채우면 된다. 새로운 방식에 각각 익숙해지면 또 다른 선택을 할 수 있게 되고, 문제 해결을 위해 환경에 긍정적 영향을 미칠 수 있는 기회가 늘어난다. 그리고 결국에는 팀이 더 생산적으로 바뀌는 놀라운 모습을 볼 수 있을 것이다.

---

1 부록의 MOI(J) 매트릭스 참조.

더 좋은 방법이 존재한다는 믿음

스타일은 다양하더라도 문제 해결형 리더는 공통적으로 한 가지를 더 갖추고 있다. 그것은 바로 언제나 더 좋은 방법이 존재한다는 믿음이다.

그러한 믿음은 어디에서 온 것일까? 버트런드 러셀[2]은 믿음이란 증명할 수 없는 무언가에 대한 신념이라고 말했다. 문제 해결형 리더가 논리적인 사람이더라도, 그러한 자신의 믿음을 논리적으로 설명할 수는 없을 것이다. 아마도 그 믿음은 어린 시절에 경험한 성공 때문일 가능성이 있다. 뛰어난 아이디어로 유쾌하지 못한 상황을 행복한 상황으로 바꿀 수 있었던 한 아이를 생각해 보자. 이 성공은 아이디어에 대한 아이의 믿음을 강하게 만든다. 이 믿음을 통해, 그 아이는 다음에 부딪힌 문제도 좋은 아이디어를 통해 해결하려고 할 가능성이 높다. 연습은 완벽함을 만들고, 성공은 더 큰 성공을 낳으며, 이를 통해 새로운 문제 해결형 리더가 탄생하게 된다.

그러나 이러한 자기 강화의 선순환이 모든 사람에게 일어나는 것은 아니다. 많은 아이들이 자신의 아이디어를 문제 해결에 활용하는 것은 고사하고, 누군가 그 아이디어에 귀 기울여 주는 기쁨을 느껴 보지도 못한다. 이렇게 되면 그 아이는 더 이상 아이디어를 생각하지 않게 되고, 어떤 아이들은 나쁜 사람이 아이디어를 생각하지 못하게 만들기도 한다.

위협과 보상 모델에서는 세상의 아이디어는 한정되어 있으므로, 한 명의 문제 해결형 리더가 성공하려면 수백 명의 다른 이들은 실패할 수밖에 없다고 주장한다. 한 명이 꼭대기에 서기 위해서, 많은 사람

---

2 Bertrand Russel, 1872~1970. 영국의 수학자, 철학자이자 사회 비평가. 인본주의와 양심의 자유를 대표하는 다양하고 중요한 저술의 공로를 인정받아 1950년에 노벨 문학상을 수상하였다.

이 그 밑에 있어야 한다는 것이다. 그것이 아마도 첨단 기술의 위험성을 많은 사람들이 경고하는 이유일 수 있다. 혁신을 통한 진보가 오직 다수를 희생시킨 소수의 전유물이라고 한다면, 문제 해결형 리더십은 사회에 권장할 만한 모델이라고 하기 어렵다.

다른 사람에게 상처를 주지 않으면서 배우고 실천할 수 있는, 더 좋은 방법이 정말로 존재한다는 것이 나의 신념이다. 또한 모든 사람이 문제 해결형 리더십 스타일을 익힐 수 있다고 믿으며, 어린 시절 또는 어른이 되고 난 후에 의지를 잃은 사람들 역시 그렇다고 믿는다. 그것이 내가 다루고 있는 문제이고, 이 책을 쓴 이유이기도 하다.

2장 질문

1. MOI의 관점에서 당신의 특징은 어떠한가? 5년 전에는 어땠는가?
2. 자신의 MOI를 변화시키기 위해 어떤 일을 할 생각인가? 향후 5년간 무엇을 할 계획인가? 내년에는 무엇을 할 것인가? 내일은 무슨일을 할 것인가? 바로 오늘은 무슨 일을 할 수 있을까?
3. 자신의 MOI가 좋은 변화를 만든 구체적 사건을 떠올릴 수 있는가? 그 사건들에는 어떤 공통점이 있는가? 그런 사건이 자주 일어나도록 하려면 무엇을 해야 할까?
4. 직장에서의 MOI와 직장 밖에서의 MOI에 차이가 있는가? 이것이 자신에 대해 무엇을 말해주는가?
5. 현재 리더십 스타일이 자신을 행복하게 하는가? 주변 사람의 행복에는 어떤 영향을 주는가? 모두를 위해 더 나은 세상을 만드는 데에는 어떤 영향을 주는가?
6. 현재 변화의 주된 동기가 보상의 약속이나 처벌의 두려움으로부터 오는가? 그것이 최선인가? 그렇지 않다면, 다른 동기를 더 얻기 위해 무엇을 할 수 있을까? 자존감의 증가와 같은 완전히 다른 종류의 동기는 어떨까?

3장
문제 해결 스타일

"여기서 어느 길로 가야 하는지 알려 줄래?"
"그건 네가 어디로 가고 싶은지에 달렸지."라고 고양이가 말했다.
"어디로 가고 싶은지는 생각해 보지 않았는데." 앨리스가 말했다.
"그럼 어느 길로 가든 상관 없겠네."라고 고양이가 말했다.
"내가 어딘가로 갈 수만 있다면……" 앨리스는 설명을 덧붙였다.
"오, 그렇게 될 거야. 꾸준히 걷기만 한다면 말이지." 고양이가 말했다.

― 루이스 캐롤(Lewis Carroll), 『이상한 나라의 앨리스』

성공적인 테크니컬 리더는 우리가 문제 해결형 리더십이라고 부르는 종합적인 접근 방식을 활용한다. 그들은 혁신 과정에 집중하며, 그때 다음 세 가지 방법을 주로 사용한다.

- 문제를 이해하기
- 아이디어의 흐름을 관리하기
- 품질을 유지하기

이 장에서는 이 세 가지 방법에 속하는 행동들을 각각 살펴보고, 리더가 목적을 달성하기 위해 동기부여, 조직화, 정보를 다루는 방법, 마지막으로 문제를 해결하는 더 좋은 방법을 어떻게 사용하는지 알아볼 것이다.

문제에 대한 이해

마치 이상한 나라의 앨리스처럼, 기술직 종사자들 중 많은 이가 여기저기 헤매며 돌아다니는 것을 즐기고, 어딘가로 갈 수만 있다면 목적지는 별로 신경 쓰지 않는 경우가 많다. 컴퓨터 프로그래머들은 이 과정을 해킹hacking이라고 부른다.

수는 아이디어에 푹 빠져 있는 기술직 종사자이시만, 자신의 일과 바깥 세상 사이의 연결 감각이 부족했다. 특히 눈앞에 닥친 문제를 이해하고 싶어 하지 않았으며, 유일한 목표는 흥미로운 것을 탐색하는 일이었다. 만약 수가 한참 동안 해킹을 하고 있다면, 아마도 무언가 흥미로운 것을 찾은 것이다.

모든 구성원이 스스로 목표를 분명하게 이해하는 환경이라면, 수 같은 해커는 문제 해결형 팀에서 최고의 팀원이 될 수 있다. 그러나 환경적인 제한이 없다면 해킹만 이루어질 뿐이고, 일은 우연에 의해서만 이루어질 것이다. 모든 사람이 문제를 이해하는 환경을 만드는 데 도움을 주는 행동 중에서 우리가 흔히 볼 수 있는 것들은 구체적으로 다음과 같다.

명세서를 매우 주의 깊게 읽는다. 성공과 실패가 사소한 문제 정의의 차이에 달려 있는 경우가 많다. 문제의 전체 개요를 파악할 필요도 있지만, 때로는 중요한 세부 사항 하나로 인해 큰 그림이 뒤바뀌기도 한다. 문제 해결형 리더는 이 사실을 잘 알기 때문에 세부 사항에 주의를 기울인다. 이와 반대로, 해커는 괜찮은 해결책을 찾아내자마자 지루해하며 바로 다른 일을 하고 싶어 한다. 최악의 해커는 해결책의 최종 사용자를 단지 골칫거리로 생각할 뿐이다.

99.9% 가용성이라는 충족하기 어렵고 비용이 많이 드는 요구사항을 내세웠던 컴퓨터 시스템 입찰 사례가 있었다. 그러나 설계 엔지니어 중 한 명이 고객의 '가용성' 정의가 엔지니어들이 생각하고 있는 가용성과 다른 의미라는 것을 알아차렸다. 적어도 한 시간 전에 미리 통보를 받을 수만 있다면, 시스템이 다운되더라도 고객에게는 큰 문제가 아니라는 사실이 드러난 것이다. 그 결과 엔지니어들은 오류를 예방하는 방식이 아니라 오류를 검출하는 방식으로 시스템을 설계할 수 있게 되었다. 그 차이는 400만 달러의 가치가 있었지만, 엔지니어 중 두 명은 기술적으로 더 흥미롭다는 이유로 여전히 오류 예방 방식으로 시스템을 구축하고 싶어 했다. 그 두 사람은 400만 달러의 추가 비용을 누가 지불하는지 몰랐고, 관심도 없었다.

팀 동료들이 명세서를 매우 주의 깊게 읽도록 권장한다. 명세서를 읽는 것은 분명히 MOI 모델에서 I와 관련된 리더십이지만, 다른 사람들이 명세서를 읽도록 권장하는 것은 동기부여와 관련된 리더십이다. 단어 몇 개가 400만 달러의 차이를 만들어 낼 때는 한 사람의 눈으로 충분하지 않다. 우리는 기술 리뷰(기술적 오류를 찾아낼 목적으로 조직된 특별한 회의)에 대한 연구를 통해 효과적인 공동 작업으로 명세서에서 수많은 오류를 찾아낼 수 있다는 사실을 알게 되었다. 효과적인 문제 해결형 리더는 모든 사람의 눈이 최대한의 힘을 발휘할 수 있는 환경을 조직하는 방법을 알고 있다.

원래 문제를 다시 참고함으로써 논쟁을 해결한다. 모든 팀원이 문제에 대한 이해를 공유하기 전까지 해결을 시도하는 것은 에너지 낭비일 뿐이다. 논쟁이 길어지는 이유는 대부분 서로 내세우는 해결책의 상대적인 가치가 다르기 때문이 아니라, 문제에 대한 이해가 지나치게 다르기 때문이다. 문제 해결형 리더는 논쟁이 문제 정의의 차이점 때문인지 아니면 해결 방법의 차이점 때문인지 보여주는 신호를 읽을 수 있다.

고객에게 명세서에 대한 설명과 추가 정보를 요청한다. 어떤 훌륭한 프로젝트라도 완벽하고 올바른 설명을 제시하는 경우는 없으며, 문서의 경우도 마찬가지다. 그러나 다른 사람들과 상호작용을 하지 않고 현재 알고 있는 사실에 빠져서 허우적대는 사람들이 있다. 때로는 사소한 상호작용이 정말 큰 차이를 만들기도 한다. 지난주에 한 여행사 직원이 내게 전화를 해서 여행 일정이 매우 복잡한 상황인데 정말로 꼭 그 시간에 출발해야 하는지 물어본 일이 있다. 그 직원은 질문하는 데 1분을 사용하는 것을 망설이지 않았고, 그 결과 특별 요금을 적용해서 내 여행 경비를 450달러 넘게 줄여 주었다.

작업이 어느 정도 진행된 후 요구사항의 의미가 더욱 분명해졌을 때 명세서를 다시 참조한다. 복잡한 문제를 처음부터 제대로 이해하는 경우는 거의 없지만, 이해하고 있다고 착각하는 경우는 많으며 그 착각은 재앙으로 가는 확실한 길이다. 그렇기 때문에 사람들에게 문제에 대해 끊임없이 다양한 가정을 하도록 권장해야 한다.

어떤 건설업자는 마감재 명세서에 있는 '동급'이라는 단어에 주목함으로써 아파트 건설 경비 3만 3천 달러를 절감할 수 있었다. 한 의사는 건강검진 기록을 재검토한 후 당시에는 관계가 없다고 생각했던 증상에 주목하여 한 생명을 구할 수 있었다. 훌륭한 리더는 자신이 업무를 제대로 이해하고 있는지 계속해서 테스트할 수 있는 방법을 만든다. 그들은 자신만만하지만 스스로의 지적 한계에 대해서는 현실적으로 판단한다.

아이디어의 흐름 관리

아이디어는 문제 해결형 리더십의 핵심이며, 문제 정의에서 출발해 수준 높은 해결책에 도달하는 방법이다. 아이디어가 너무 적으면 해결책을 얻을 수 없고, 반대로 너무 많으면 혼란이 발생한다. 아이디어의 흐름을 관리하는 리더십이 없는 경우, 같은 공간에 두 명의 기술 전문가가 모이면 논쟁을 하고, 세 명이 모이면 오합지졸이 되며, 네 명이 모이면 난장판이 된다. 아이디어를 효과적으로 관리하면, 몇 명이 모이든 성공하는 문제 해결형 팀이 될 수 있다. 다음은 문제 해결형 리더가 아이디어의 흐름을 관리하기 위해 사용하는 12가지 대표적 행동이다.

팀에 좋은 아이디어를 제공한다. 새로운 아이디어가 치명적 결과를 초래하는 경우도 있긴 하지만, 좋은 아이디어를 제공하는 것은 가장 확실한 리더십 행동이다. 그러나 사실, 정말로 새로운 아이디어는 매우 드물다. 수천 년 전에 아리스토텔레스는 "세상에는 똑같은 아이디어가 한두 번이 아니라 수도 없이 여러 번 나타난다."고 말했다. 첨단 기술 조직들과 함께 일한 30여 년간 정말로 독창성 있는 아이디어를 본 것은 채 열 번이 안 된다. 예를 들자면, 컴퓨터 소프트웨어 분야에서 새로운 아이디어 대부분은 찰스 배비지[1]가 이미 100여 년 전에 제시한 것들이다. 좋은 아이디어보다 더 중요한 것은 문제 해결에 적합한 아이디어가 등장했을 때 그 아이디어를 인식할 수 있는 환경을 만드는 일이다.

유용한 아이디어를 모방하도록 권장한다. 인정하기 싫은 사람도 있겠지만 문제 해결형 리더는 상습 모방자이다. 그중에서도 최고로 뛰어난 사람은 자신이 모방자라는 사실을 인정할 뿐 아니라 모방을 예술의 경지까지 끌어올린다. 아리스토텔레스가 말한 것처럼 대부분의 '새로운' 아이디어는 사실상 다른 분야에 이미 존재하고 있던 아이디어를 모방한 것이며, 문제 해결형 리더는 항상 사용할 만한 아이디어를 찾기 위해 다른 분야를 탐색한다. 최고의 교사는 다른 동료 교사들의 교과서, 강의, 실습 등에 대해 연구하는 것을 멈추지 않으며, 최고의 프로그래머는 새로운 작업에 이전 결과물을 사용할 수 있다면 새 프로그램을 개발하지 않는다. 또 최고의 회로 설계자는 어떤 설계가 이미 존재하는지, 다른 상황에도 적용 가능한지 알고 있다. 문제 해결

---

[1] Charles Babbage, 1791~1871. 영국의 수학자이자 발명가. 기계공학자로서 프로그램이 가능한 컴퓨터라는 개념의 창시자이다. '컴퓨터의 아버지'로 불린다.

형 리더는 자신이나 누군가 다른 사람이 이미 훌륭하게 해낸 일을 단순히 반복하는 일에는 별로 관심이 없다.

팀 동료의 아이디어를 발전시킨다. 처음부터 완벽한 아이디어는 존재하지 않는다. 심지어 모방한 아이디어라고 해도 새로운 환경에 맞게 조정해야 한다. 대부분의 문제 해결형 리더는 아이디어를 제시할 때보다 아이디어를 완벽하게 다듬는 데 100배는 더 많은 에너지를 사용한다. 에디슨이 "천재는 1%의 영감과 99%의 노력으로 이루어진다."라고 말한 것은 그러한 의미이다.

팀이 추구하는 아이디어를 위해 누군가의 아이디어를 포기한다. 다만, 모든 사람이 이해하기 전에는 어떤 아이디어도 포기하지 말아야 한다. 이것은 복잡한 문제를 해결하는 음양의 조화에 대한 이야기이다. 규모가 큰 문제를 해결하려면 많은 사람들이 조화롭게 노력해야 한다. 그러나 팀워크의 필요성을 강조하다 보면 다수의 의견에 동의해야만 하는 강력한 압박이 발생하며, 다수가 잘못된 아이디어를 떨쳐 버리지 못한다면 재앙이 될 수 있다.

  자신의 아이디어를 모두 포기하거나 하나도 포기하지 않는 것은 상대적으로 쉽다. 어려운 것은 균형을 잡는 것이다. 즉, 자기 주장을 고집하다 그 아이디어를 포기하거나, 다른 사람들이 치명적 실수를 할 것 같은 상황에서 자신의 아이디어를 고수하는 것은 쉬운 일이 아니다.

  특별히 한 조경사가 기억나는데, 그는 어떤 팀의 일원이었다. 그는 자신이 선호하는 놀이터 설계 개념이 프로젝트의 다른 부분과 어울리지 않는다는 것을 알았을 때, 자신의 아이디어를 선뜻 포기했다. 그 사람에 대한 첫인상은 나약하고 우유부단하다는 것이었지만, 그 사람이 나중에 특정 미끄럼틀을 반대한 일이 있었다. 그는 일곱 명을 상대해야 하는 상황에서도 그 미끄럼틀이 아이들에게 왜 위험할 수 있는지 다른 사람들이 이해할 때까지 자신의 주장을 굽히지 않았다.

시간의 압박에 굴복하지 않고, 다른 사람의 아이디어에 귀를 기울이는 시간을 갖는다. 조경사의 팀 동료들은 칭찬 받을 만한 자격이 있다. 왜 그 미끄럼틀에 안전 문제가 있는지 이해하려고 시간을 들여 노력했기 때문이다. 시간의 압박을 받는 경우에는 대부분의 아이디어를 제대로 이해하기도 전에 포기한다. 비록 그 아이디어들 중 일부는 별 볼 일 없는 것이라서 이해하는 데 드는 많은 시간을 절약할 수 있기도 하다. 그렇더라도 사람들은 자신의 아이디어가 부당하게 버려지면 열의를 잃어버리기 마련이다. 아이디어를 적용할 수 없다는 사실이 밝혀져도, 사람들이 모든 아이디어에 귀 기울이는 환경에서 프로젝트는 결과적으로 더 빠르게 진행된다.

다른 사람들의 아이디어를 테스트한다. 특정 상황만 고려한다면, 대부분의 아이디어는 유용하지 못할 것이다. 과연 유용한 아이디어란 무엇일까? IBM이나 제네럴 일렉트릭 같은 첨단 기술 회사들은 큰 연구소를 운영하고 있지만 연구소 자체 연구를 통해 탄생된 제품은 거의 없다. 연구원들의 중요한 업무는 자기 분야의 신 개발품을 지속적으로 연구해서, 어떤 개발이 회사에 잠재적 이익을 가져다 줄 것인지 비판적으로 분석하는 것이다. 좋은 아이디어가 나오면, 그들은 그 아이디어를 재빠르게 포착해 더 발전시킬 준비가 되어 있다.

아이디어의 흐름을 유지하기 위해 팀 동료의 아이디어를 즉각 비판하

지 않는다. 아이디어를 테스트하는 것은 중요한 일이지만, 고민할 만한 가치가 없는 아이디어는 없다. 아이디어를 비판하는 것과 즉각 비판하는 것은 전혀 다른 문제이다. 최첨단 회사는 더 작은 회사가 실제로 적용할 수 있다는 것을 증명할 때까지 중요한 아이디어를 여러 차례 받아들이지 않는 일이 흔하다. 예를 들어, 1948년에 IBM은 시장이 너무 작다는 이유로 컴퓨터 사업에 진출하지 않기로 결정했다. 나중에 컴퓨터 사업에서 IBM이 시장을 지배하게 된 것은 최초로 진출했기 때문이 아니라, 다른 이들이 그 아이디어가 성공할 수 있다는 것을 증명한 후 초기 판단을 다시 고려했기 때문이다.

아이디어를 비판할 때는, 그 아이디어를 제시한 사람이 아니라 아이디어 자체를 비판하고 있다는 것을 명확히 한다. 문제 해결형 리더는 모든 아이디어가 모든 문제에 유용한 것은 아니라는 사실을 잘 알고 있지만, 사람은 모두가 유용한 존재라는 사실을 더욱 잘 알고 있다. "그건 바보 같은 생각이야."라거나 "절대 믿을 수 없어." 같은 말을 하면 사람들이 더 이상 아이디어를 내지 않게 된다는 것을 알고 있기 때문에, 비판을 할 때 신중한 방법을 사용한다. 이것은 단어 선택에 주의를 기울여서, 사람이 아닌 아이디어에 대해서만 비판한다는 것을 의미한다.

자신의 아이디어를 팀에 제시하기 전에 먼저 테스트한다. 문제 해결형 리더라고 할 때 사람들이 흔히 떠올리는 이미지는, 영리한 젊은이가 분당 200단어 속도로 똑똑하고 신선한 아이디어를 마구 쏟아내는 모습일 것이다. '영향을 주는 행동'을 세어 점수를 매겨서 리더십을 측정한다면 그런 사람들이 높은 점수를 받을 수 있겠지만, 그들이 진짜 문제 해결형 리더인 경우는 드물다. 오히려 그와 반대인 경우가 많다. 왜 그렇게 말을 많이 하는지 물어보면, 이 수다쟁이들은 이렇게 이야기하곤 한다. "글쎄요. 다른 사람들이 아무 아이디어도 내지 않고 있거든요." 이 말은 헛소리다. 좋은 아이디어를 전부 혼자 낼 만큼 똑똑한 사람은 없으며, 자신의 경솔한 아이디어를 끊임없이 내뱉는 것은 다른 사람들의 아이디어를 억누르는 효과적인 방법이다.

시간과 인력이 부족해지면, 새로운 아이디어를 멈추고 행동에 옮긴다. 모든 프로젝트는 언젠가 실제로 일을 시작해야 하는 때가 온다. 그때까지 아이디어가 충분하지 않더라도, 어쨌든 프로젝트는 완료해야 하기 때문이다. 리더가 되기를 원하는 사람들 중 일부는 단순하게 구현하는 일 따위는 할 수 없다고 스스로를 과대평가한다. 그러나 하나님조차도 천지창조 6일 후에는 새로운 생명체를 생각해 내는 일을 그만두었다.

팀 구성원들에게 예전에는 성공을 거두었지만 새로운 상황에는 맞지 않는 아이디어를 버리도록 권장한다. 나쁜 아이디어라도 포기하기란 어려운 일이다. 하물며 좋은 아이디어를 버린다는 것은 더욱 어려운 일이다. 하지만 대단한 아이디어라고 하더라도 한계가 있기 마련이니, 바나나 크림 파이도 매일 세 번씩 먹어야 한다면 싫증 날 것이다.

포기한 아이디어라 하더라도 나중에 다른 문제를 해결하는 데 가치가 있다면 다시 활용한다. 사실 나쁜 아이디어는 없다. 단지 적합하지 않은 아이디어가 있을 뿐이다. 범선은 증기선에 밀려 자취를 감추었지만 에너지 비용이 증가하자 다시 제작되고 있다. 옛 아이디어가 사라져 버리는 것은 아니다. 문제 해결형 리더는 기억력이 뛰어나지만 적기를 포착하는 능력은 더 뛰어나다.

품질 제어

고양이는 앨리스에게 꾸준히 걷기만 한다면 어딘가로 갈 수 있을 것이라고 말했다. 그것은 목표가 없기 때문에 품질을 측정할 수 없는 해커와 같다. 그러나 문제 해결형 리더는 '어딘가'만으로는 만족할 수 없다. 일단 목표를 정의하고 받아들이면, 문제 해결형 리더는 결함이 있는 해결책을 받아들이려 하지 않을 것이다. 다음과 같은 행동을 통해 품질을 위한 환경을 제어한다.

프로젝트를 진행하면서 품질을 측정한다. 명세서를 재검토하는 능력이 품질에 대해 타협하는 능력을 의미하지는 않는다. 문제를 이해하는 능력은 실제로 명세서에 정의된 내용을 구현하는 데 도움이 될 뿐이다. 위대한 요리사들은 요리를 만들면서 맛을 보고, 효과적인 문제 해결형 리더는 결코 품질에 대해 타협하지 않는다. 주어진 문제가 해결할 필요가 없다면 문제가 중요하지 않다는 사실을 인식한다.

해결책을 만들어 내기 위해 품질을 측정하는 도구와 프로세스를 설계한다. 제조업에서는 일정이나 명세서가 우연히 충족되지 않는다. 사람들에게 더 열심히 일하라고 이야기해서 충족되는 것도 아니다. 첨단 기술 산업에서는 구현 프로세스가 첨단 기술 제품 그 자체라고 할 수 있으며, 최고의 문제 해결형 리더십이 요구된다. 프로젝트를 진행하는 동안 실제 진행 상황과 품질을 측정하는 일이 때로는 낭비로 여겨지기도 하지만, 좋은 도구는 자연스럽게 품질을 제어할 수 있는 환경을 만들어 낸다.

구현 속도를 측정하고 일정과 비교하여 해결 방법의 변경을 대비한다. 업무를 완수하는 시간은 항상 명세서의 일부이며 원래 명세서 대비 실제 진행 상황을 항상 비교해야 한다. 몇 달 늦게 시장에 진입했기 때문에 사업에 실패한 첨단 기술 회사가 무수히 많다.

프로젝트에서 한 걸음 물러나서 실행 가능성을 새로운 관점에서 바라보고 평가한다. 때로는 지금 하고 있는 일을 새로운 관점으로 바라보는 것이 제일 좋은 측정 도구가 되기도 한다. 소프트웨어 업계에서는 구현이 시작된 모든 프로젝트의 반 이상이 제품을 출시하지 못한 채 취소된다. 불운한 프로젝트를 더 일찍 취소할수록 더 많은 비용을 절약할 수 있다. 문제 해결형 리더는 프로젝트가 가망이 없다는 것을 알아차리는 것뿐만 아니라 다른 사람들이 희망 없는 명분에 더 많은 노력을 쏟기 전에 그 사실을 받아들이도록 설득할 수 있어야 한다.

아이디어를 구현하기 전에 고객과 함께 검토한다. 문제 해결형 리더의 대중적인 이미지는 고독한 천재이지만, 진짜 리더는 성공을 만들어 내는 것을 더 선호한다. 고객이 항상 옳지는 않지만 비용을 지불하는 사람은 고객이며, 리더는 고객이 비용을 지불하지 않는다면 그것은 성공이 아니라는 것을 잘 알고 있다. 만약 리더가 고객과 함께 계속해서 아이디어를 검토할 수 있는 방법을 마련한다면 프로젝트를 취소하는 비율은 훨씬 더 줄어들 것이다.

아이디어가 실패했을 때에도 의욕을 잃지 않는다. 문제 해결형 리더는 실패를 쉽게 받아들이지 않으며 차질이 빚어진 경우에도 일이 멈추지 않도록 하는 방법을 알고 있다. 특히 헌신적인 동료가 그 차질을 개인적 비극으로 생각할 때 더욱 그러하다. 하지만 훌륭한 리더는 실패를 아무런 성과도 없는 아이디어의 속박으로부터 풀려나도록 하며, 아이디어의 순환을 새롭게 하고, 프로세스를 이전보다 더욱 생산적으로 만드는 계기로 삼는다.

3장 질문

1. 리더라고 생각하는 사람을 한 명 관찰해 보자. 그 사람이 다른 사람들과 함께 일하고 있을 때의 행동을 목록으로 만들어 그 행동 중 문제에 대한 이해, 아이디어의 흐름 관리, 품질 제어에 각각 몇 가지가 속하는지 살펴보자. 목록에 있는 행동들 중에서 당신이 하지 않는 행동이 있는가? 왜 당신은 그 행동을 하지 않는가?
2. 리더가 아니라고 생각하는 사람을 한 명 관찰해 보자. 리더십을 발휘하기 쉬운 기회임에도 그 사람이 놓치고 있는 경우를 목록으로 만들어 보자. 자신도 똑같은 기회를 놓치고 있는 것은 아닌가? 왜 그럴까?
3. 다른 사람들이 당신의 아이디어를 주목하지 않는다고 느낀 적이 있는가? 당신은 다른 사람들의 아이디어에 어떻게 반응하는가?
4. 조직에 속해서 일하는 경우, 자신의 업무에 대한 균형감을 얻고 싶을 때 어떤 방법을 사용하는가? 혼자서 일할 때는 어떠한가? 자기 자신의 행동을 관찰하는 능력을 향상시키려면 어떻게 하는 것이 좋을까?
5. 다음 번에 조직에 속해서 일을 하게 되면, 자신이 리더십을 발휘하고 있는 방식들을 모두 목록으로 만들어 보자. 항목이 10개 미만이라면, 한 가지 활동의 범위 밖에서 10가지를 찾아낼 때까지 반복해 보자. 목록을 작성한 다음 각각의 항목들을 문제에 대한 이해, 아이디어의 흐름 관리, 품질 제어로 분류해보자. 자신의 스타일이 한 가지에 치우쳐 있는가? 자신의 행동 중에서 이 세 가지 분류 중 어디에도 속하지 않는 행동에는 어떤 것이 있는가?
6. 전반적으로, 문제 해결형 리더로서 자신의 스타일을 강화하려면 어떤 새로운 행동을 연습할 필요가 있을까?

4장

리더는 어떻게 만들어지는가?

해마다 해마다 침묵의 고통 속에서
그의 빛나는 소용돌이는 퍼져 나갔다.
하지만 점점 자라나면서
지난해에 살던 집을 버리고
빛나는 아치 길을 부드럽게 빠져나가
사용하지 않는 문을 닫고
새로운 집에 맞춰서
낡은 집을 잊고 떠났다.

오 나의 영혼이여, 좀 더 넓은 집을 짓자.
빠르게 뒤바뀌는 계절을 따라
저 낮은 천장의 과거로부터 떠나자.
좁은 천장 밀실에서 뛰어나와
날마다 새로운 나의 성전을 짓고 보다 고상한 꿈을 키우자.
그래서 완전히 자유로워질 때까지
그대의 좁은 껍데기에서 나와 쉬지 않고 움직이는 저 넓은 바다로 가자!

— 올리버 웬들 홈스[1], 『앵무조개(The Chambered Nautilus)』

---

[1] Oliver Wendell Holmes, 1809~1894. 미국의 의학자, 시인, 수필가, 평론가.

리더는 변화를 이끌어 가는 사람이다. 그 변화는 다른 사람의 변화일 수도 있고, 팀의 변화일 수도 있으며, 조직 전체의 변화일 수도 있다. 그러나 무엇보다 우선, 리더는 자기 자신의 변화를 이끌어 가는 사람이다. 리더가 되기 위해서는 변화가 일어나는 방식을 이해해야 한다. 하나 자신의 변화를 이해한다는 것은 어려운 일이다. 어떤 일을 하는 사람이 리더인지 이해할 수 있는 모델을 살펴보았으니, 이번에는 리더가 어떻게 만들어지는지 설명하는 모델에 대해 알아 보자.

이 모델은 반복되는 두 개의 주요 단계로 이루어져 있는데, 느린 성장과 빠른 성장이 바로 그것이며 이것들을 각각 고원plateau과 협곡ravine이라고 부른다. 이 단계들은 사이클을 형성하기 때문에, 어떤 것이 먼저라고 말하기 어렵다. 임의의 어떤 지점을 선택하더라도 그곳으로부터 설명을 시작할 수 있다. 홈스처럼 앵무조개를 통해서 생물학으로 그 과정을 설명할 수도 있고, 노틸러스[2] 사의 헬스 장비에 대한 이야기를 이용해서 생리학으로 설명할 수도 있다. 그러나 나는 보디빌딩 같은 것보다는 핀볼에 더 자신 있기 때문에, 계속해서 핀볼을 예로 들어 설명하기로 한다. 그러면 이 시점에 적당한 질문은 아마 다음과 같을 것이다. 어떻게 하면 핀볼 실력을 향상시킬 수 있을까?

연습을 통해 완벽해진다

아버지와 당구를 칠 때는 늘 아버지가 이겼지만, 핀볼에서는 내가 더 유리했다. 나는 항상 아버지의 당구 실력이 놀라웠고, 반면에 아버지는 핀볼만 하면 왜 항상 내가 이기는지 의아해 하셨다. 나는 지금도 여전히 핀볼 실력이 꽤 괜찮고 내 아이들보다도 더 낫다. 그러나 비디

---

[2] 노틸러스는 본래 라틴어에서 온 말로, 앵무조개를 뜻한다.

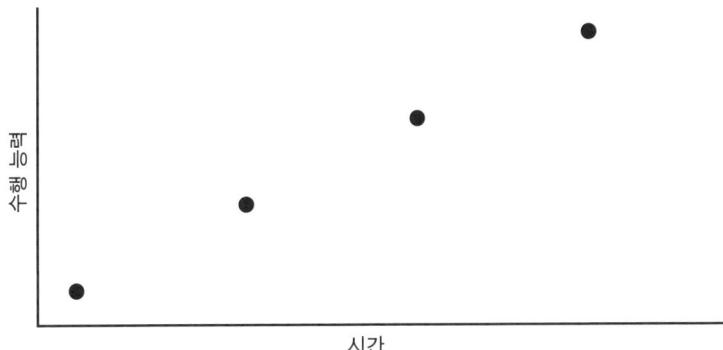

그림 4.1 40여 년간 나의 핀볼 실력

오 게임에서는 절대 아이들을 따라잡을 수가 없다. 아이들은 나 같은 늙은이가 어떻게 은색 공의 마법사가 될 수 있었는지 궁금해 했고, 나도 고프^{Gorf}나 스너그^{Snerg} 같은 비디오 게임에서 아이들을 이기지 못하면 무척 당황스럽다.

그림 4.1은 과거 40년 동안 꾸준히 나의 핀볼 실력을 기록해 왔다고 가정한 그래프다. 점들을 선으로 연결해 보면 꽤 꾸준하게 발전한 모양새가 나타날 것이다. 기억을 더듬어봐도 어느 날 갑자기 실력이 늘어난 시점이 특별히 기억나지는 않는다. 따라서 이런 관점에서 보면, 어떻게 하면 핀볼 실력을 향상시킬 수 있을까라는 질문의 답은 아마도 이럴 것이다. 40년간 매일 연습하면 핀볼 실력은 꾸준히 나아진다.

이것은 나처럼 오랫동안 핀볼을 즐겨온 사람들에게는 멋진 답이다. 지금의 훌륭한 실력은 젊은 시절 시간을 아낌없이 투자한 결과이기 때문에, 어린 애송이들이 절대로 따라잡지 못할 것이라는 뜻을 담고 있기 때문이다. 하지만 때로는 몇 년 전에 나에게서 시 챔피언 칭호를 빼앗은 열두 살짜리 꼬마처럼 그 애송이들 중 하나가 따라잡기도 한다. 따라서 연습만으로 모든 것을 단순히 설명할 수는 없는 것 같다.

4장 리더는 어떻게 만들어지는가? 75

연습은 느린 성장 단계에 해당하며, 연습이 도움이 된다는 것은 의심할 여지가 없다. 그러나 나처럼 나이 먹은 사람들이 기억하지 못하는 연습 이상의 무언가가 있다.(나는 항상 내 기억에 대해 약간 의구심을 갖고 있으며, 40여 년 동안의 기억이라면 더욱 그렇다.) 아마도 비교적 짧은 기간을 좀 더 자세히 기록해 보면, 다른 요소가 드러날지도 모른다.

큰 도약

근처에 새로운 핀볼 머신이 나타나면, 나는 그 머신을 정복하고 싶은 충동을 느꼈다. 그림 4.1은 몇 주 동안 새로운 핀볼 머신에서 기록한 내 점수라고 가정할 수도 있다. 이 경우에도 마찬가지로 연습을 통해 꾸준히 발전한 것처럼 보이지만, 더 세밀한 데이터를 그래프로 그려 보면 약간 다른 모습이 나타난다. 그림 4.2는 블랙 나이트라는 핀볼 머신에서 초보자였을 때부터 3,568,200점이라는 지역 기록을 세울 때까지 날마다 평균 점수를 기록한 것이다.

대부분의 성장은 한 고원에서 다른 고원으로 갑작스러운 도약을 통해 이루어지고 있는 것을 볼 수 있다. 도약 사이에 느리지만 꾸준한 성장이 있으나 성장 패턴 전체에서 보면 그것은 사소한 부분에 지나지 않는다.

진밀로 큰 발전은 어떤 돌파구에 의해 일어난다. 블랙 나이드 사례에서 보면, 플리퍼를 더 잘 다루는 기술이나 머신을 때리는 방법이 돌파구는 아니었다. 그 돌파구는 게임을 더 잘하기 위해 새로운 아이디어를 생각해 낼 때 찾아왔다. 예를 들어, 블랙 나이트를 잘 설정하기만 하면 한꺼번에 3개의 공이 나오는 상황이 발생했고, 3개의 공이 모두 살아 있는 동안은 점수를 3배나 딸 수 있었다. 나의 큰 도약 중 하나는 3개의 공이 나온 상황에서 점수를 빠르게 올리는 방법을 발견한

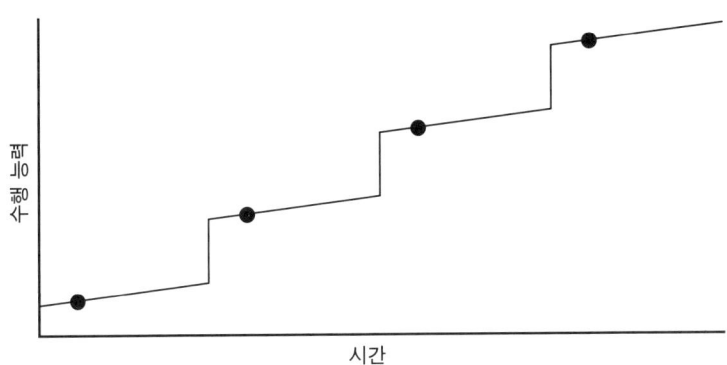

그림 4.2 블랙 나이트에서 나의 평균 점수

것이었다.

 하지만 어느 정도 연습 없이는 3개의 공이 나오는 상황을 만들어 낼 수 없었다. 블랙 나이트의 몇몇 요령을 완전히 익힐 때까지는 그런 상황을 만들어 낼 수 있는 확률이 거의 없었기 때문에 한 고원을 벗어나서 다음 고원으로 가기 위해 꾸준한 향상이 반드시 필요했다.

 그림 4.2는 성장에 대해 더욱 발전된 모델을 보여준다. 연습을 통해 완벽해질 수 있지만, 게임이 정말로 잘 진행되고 있다는 느낌이 들기 시작한다면, 어떤 개념적 돌파구를 찾기 시작하는 것이다. 다시 말해 전술을 익히려면 어느 정도의 시간이 필요하지만, 더 나은 전략을 찾는 것을 잊어서는 안 된다.

협곡으로 추락

"더 나은 전략을 찾아라."라고 말하기는 쉽지만, 실행에 옮기기는 쉽지 않다. 3개의 공으로 게임을 하면 더 좋다는 아이디어가 있다고 하더라도, 그런 상황을 만들다가 머신의 함정에 빠질 수도 있다. 더 좋은 전략을 찾으려면 아이디어를 실제로 테스트해 보아야 하는데 그러기 위해서는 우선 이미 익숙한 좋은 전략에서 벗어나야 한다.

그림 4.2는 블랙 나이트에서 나의 평균 실력 향상을 보여주는데 그림 4.3은 같은 기간 동안 평균이 아니라 더욱 자세한 실력 변화를 그래프로 그린 것이다. 각각의 고원 앞쪽에는 협곡이 있다. 실력을 향상시키려고 할 때마다 약간의 퇴보를 겪기 전에는 큰 도약을 경험할 수 없었다.

예를 들면, 3개의 공 전략에 완전히 익숙해지자 내 점수는 새로운 고원으로 올라서게 되었고 덕분에 나는 날아갈 것 같은 기분을 느꼈다. 하지만, 레드 바론의 단골들에게는 모두 승리를 거둘 수 있었으나 여전히 하루 종일 공짜로 게임을 할 수 있을 만큼의 실력은 아니었다. 새롭게 올라선 고원에서 서서히 실력이 향상되면서 무언가를 놓치고 있다는 생각이 들기 시작했다. 공 3개 상황에서 점수를 빠르게 올릴 수 있었지만 가끔 공 3개를 모두 살리려고 하다가 몽땅 잃는 경우가 생기곤 했다. 그런 일이 일어날 확률은 25퍼센트 정도였지만, 그건 네 번밖에 없는 귀중한 기회 중 한 번을 잃는다는 뜻이었다.

나는 공 3개를 모두 살려 두지 않고, 3개 중에 하나만 살아남도록 집중하면 어떻게 될지 상상해 보았다. 이 새로운 전략을 시도하자마자 내 점수는 바로 협곡으로 추락했다. 사실 그때 꽤 실력 있는 녀석과 게임을 하고 있었는데 내가 협곡에 빠지자마자 그 녀석이 나를 앞서 나가기 시작했다. 패배를 인정할 수 없었던 나는 예전 전략으로 돌아가서 그 녀석 코를 납작하게 해주었다.

하지만 나중에 주위 사람들이 모두 사라지고 난 다음 다시 새로운 전략을 연습했다. 또다시 점수가 떨어졌지만 예전만큼 자주는 아니었고, 공 3개로 게임을 했을 때 대략 다섯 번 중 한 번 정도였다. 꾸준한 연습을 통해 다른 2개의 공을 무시하는 능력이 향상되면서 적어도 공

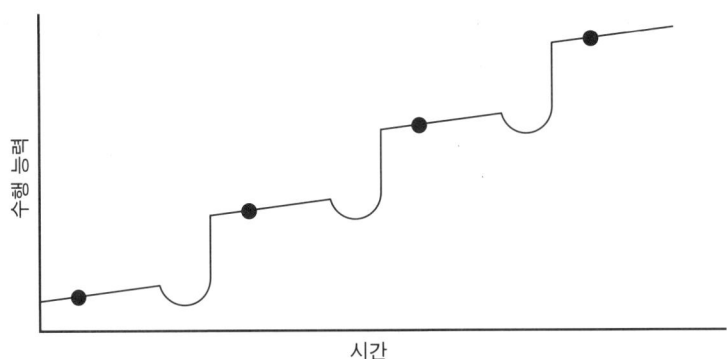

그림 4.3 협곡과 고원으로 본 나의 핀볼 기술

1개는 남겨둘 수 있게 되었다. 공이 3개인 상황에서 매번 높은 점수를 얻을 수는 없었지만, 전체적으로 점수는 더 높아졌다. 또한 25센트로 더 오랫동안 게임을 하려는 궁극적 목표를 달성할 수 있었다. 사실 25센트로 몇 시간 동안 게임을 할 수 있었고, 그것이 바로 게임의 진정한 목표였다.

그림 4.3은 성장 이론을 더욱 정제한 모습으로 보여준다. 고원이 존재하긴 하지만, 고원에서 고원으로 뛰어 오르는 것이 아니라 고원으로 힘겹게 올라서야 한다. 고원으로 올라가려면 이미 잘하고 있는 방법에서 벗어나서 협곡으로 떨어질 위험이 있는 곳을 향해 발을 딛고 선 자리를 떠나야만 한다. 이미 잘하고 있는 방법에서 벗어나지 않으면 꾸준한 성장을 계속할 수 있을지는 모르지만 현재 고원에서 결코 떠날 수는 없다.

현실에서의 성장

협곡-고원 성장 모델은 얼마나 일반적인 것일까? 핀볼 이외의 상황에도 적용할 수 있을까? 그림 4.3의 매끄러운 곡선은 이 모델을 지나치게 단순화한 것이다. 현실에서의 성장은 보통 그림 4.4와 더 비슷하며, 블랙 나이트 점수를 평균화하지 않은 것과 유사하다. 핀볼도 인생처럼 우연성이 큰 부분을 차지하고 있다.

우리가 가장 직접 경험하는 성장의 일부분은 바로 우연성이며, 우연성이 다른 패턴을 잘 보이지 않게 한다. 행운의 한 방으로 내 점수가 350,000점이 올라가면 갑자기 엄청난 자신감을 느끼게 되고, 아무 이유 없이 점수가 100만 점 아래로 떨어지면, 나이를 먹어서 실력이 줄어들고 있다고 믿기 시작한다. 지금의 날씨만으로 그 지역의 기후 전반을 예측하는 것은 어렵다.

그러나 실제 성장 과정에 포함된 우연성이라는 잡음 뒤에는 협곡-고원 패턴이 존재한다. 국가도 그 패턴을 따르며 산업, 조직, 크고 작은 팀 들도 그렇다. 개인도 마찬가지다.

나는 나의 유일함을 가치 있게 생각하며 내가 보이지 않는 거대한 패턴의 한 부분일 뿐이라는 의견에 분개한다. 나는 어느 누구에게도 거대한 패턴의 한 부분일 '뿐'이라고 이야기하지 않을 것이다. 그것은 자유 의지가 없다는 뜻이 담겨 있기 때문이다. 게다가 사람이 패턴

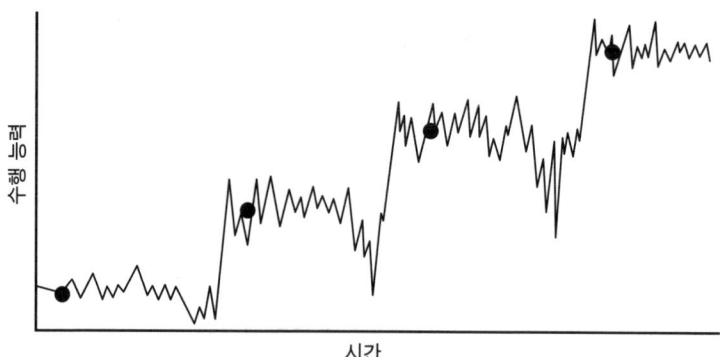

그림 4.4 블랙 나이트에서 평균화하지 않은 나의 점수

의 '한 부분'일 수는 없다. 패턴은 실제로 존재하는 것이 아니라, 일생의 경험을 몇 개의 시기로 나누어 소통하기 쉽게 해주는 도구일 뿐이다. 다른 사람들의 경험을 이해하면 우리가 선택할 수 있는 폭이 넓어진다. 문제 해결형 리더는 이 패턴을 이해해서 더 나은 방향을 선택할 수 있다. '패턴의 한 부분'이 되는 것과는 완전히 다른 일이다.

이후 장에서는 사람들이 문제 해결형 리더가 되어 가는 과정에서 어떤 일이 일어나는지 더 자세히 살펴볼 것이다. 그렇게 하려면, 자기 개발을 위해 알아야 하는 것을 단순히 모델이나 설명을 통해서 전달하는 것으로는 불충분하다. 모델이나 그 밖의 설명은 외부에서 어떤 일이 일어나는지 설명할 수는 있지만, 그 일이 일어났을 때 어떤 감정이 드는지는 설명해 줄 수 없다. 예를 들자면 고원의 정점에 섰을 때 얼마나 기쁜지, 다음 고원을 올려다보면 얼마나 두려운지, 협곡으로 굴러 떨어질 때 얼마나 고통스러운지, 그 느낌은 전달할 수 없다.

아무리 지위가 높고 권력이 있더라도, 협곡의 엄청난 고통을 절대 잊을 수 없을 것이다. 그러나 더 나아질 것이라는 희망이 없다면, 고통은 시작하기 전부터 고개를 돌리고 싶게 만든다. 그러므로 다음 고원으로 올라가려고 출발하기 전에 정상에 도달했을 때 어떤 느낌이 드는지 알고 싶을 것이다.

성장의 느낌

리더로서 성장하는 느낌을 알려면 스스로의 경험과 다른 사람의 경험을 통하는 길뿐이다. 느낌은 사실에 기반한 세부 사항보다 더 믿을 만하다. 사소한 기술 세부 항목들까지 기억나지는 않지만 샌프란시스코 최고의 IBM 650 프로그래머가 되었을 때 느낌이 얼마나 훌륭하고 멋졌는지 25년이 지난 지금도 여전히 기억하고 있다. 이러한 의기양양한 만족감은 고원 단계의 중간 정도에 있을 때 맛볼 수 있는 흔한 느낌이다. 힘든 오르막길에서 살아남았지만 아직도 여전히 배우는 중이며, 그래서 누구도 그것을 정체된 상태라고 이야기할 수 없는 상태이다.

그러나 그 상태가 어떤 것인지 사건을 통해 알 수 있다. 나는 IBM 650의 달인이었지만, 더 크고 강력한 머신이 모습을 드러냈다. 그것은 바로 IBM 704였다. 로스앤젤레스로 가서, 650의 메인 메모리 드럼의 최적 위치에 명령어를 배치할 수 있는 내 기술을 그다지 대단하게 생각하지 않는 704의 프로그래머들과 함께 일하게 되었다. 외부 요인으로 인해 고원 상태가 무너지기 시작했던 것이다. 나의 첫 반응은 전형적이었다. 외부 요인을 거부하려고 한 것이다. 나는 드럼 메모리가 코어 메모리보다 더 뛰어나고 10진수 코딩이 2진수 코딩보다 더 우수한 방법이라고 주장했다. 그들이 비웃었을 때 어떤 느낌이었는지 아직도 생생히 기억하고 있다.

나는 자신의 감정을 보호하기 위해서 비밀리에 704를 공부하기 시작했지만 금세 협곡으로 떨어져 버렸다. 650에서는 10분 만에 구현할 수 있었던 프로그램을 704에서는 며칠 동안 구현해야 했다. 프로그램 개발은 얼마나 오래 걸릴지, 동작하는 데는 얼마나 걸릴지, 심지어 정상적으로 동작하게 될지도 예측할 수 없있다. 나는 갈등했고, 650으로 돌아갈 수 있는 작은 구실도 마다하지 않았다.

이러한 혼돈 속에서 새로운 의식이 희미하게 반짝이기 시작했다. 10진 650에서는 불가능하지만 2진 704에서는 가능한 괜찮은 기법을 발견한 것이다. 나는 704의 풍부한 저장 공간(전문 용어로 말하자면, 650은 10KB지만 704는 36KB)과 빠른 속도(650은 0.12초지만 704는 0.000012초)에 감사했다.

나는 이렇게 얻은 새로운 지식들을 전부 비밀로 했지만 그것이 세상을 바라보는 의식에 영향을 끼치기 시작했다. 그러던 어느 날 650에서는 쉽게 해결할 수 없는 계산 문제를 겪고 있는 한 고객을 만났다. 나는 704가 이런 종류의 문제를 해결하기 위해 만들어졌다는 사실을 분명히 알게 된 그 순간을 기억한다. 그때 이후 나는 생각을 바꿔서 남의 시선을 의식하기보다 704의 진정한 신자가 되어 새로운 고원을 향해 완만한 오르막을 느릿느릿 걷기 시작했다.

메타사이클

704라는 고원을 느릿느릿 전진하는 동안 어려운 걸음 중 하나는 8진수 표기법을 완전히 익힌 것이었다. 그 후 IBM 360이 등장했을 때는 완전히 달라진 기계어 표기법에 따라 8진수 표기법을 버리고 16진수 표기법을 새로 배워야 했다. 이것 역시 또 다른 협곡이었지만, 첫 번째 경험만큼 충격적이지는 않았다. 이때 역시 갈등과 함께 704로 돌아가고 싶은 욕구를 느꼈지만 왠지 살아남을 수 있다는 자신감이 더욱 강하게 들었다. 심지어 약간의 흥분감마저 느꼈다.

 몇 년 후 나는 어셈블리 언어에서 고수준 언어로 옮겨가는 것을 피할 수 없게 되었다. 이것은 대단한 희생이었는데, 당시 나는 매우 인기 있는 어셈블리 언어 책의 저자였기 때문이다. 몇 년 이상 어셈블리 언어라는 고원에서 즐거움을 만끽하고 있는 상태였다. 그러나 이때는 변화를 다룰 수 있다는 자신감이 있었고, 그것을 견뎌내야 할 시련이라기보다는 창조적 도전으로 생각했다.

 고원-협곡 모델은 사이클을 설명하고 있지만 메타사이클, 즉 앵무조개와 같은 나선 구조인 사이클에 대한 사이클에 대해서도 설명하고 있다. 내가 하나의 협곡을 극복했을 때 단순히 새로운 고원으로 올라선 것만이 아니었다. 성장 과정 그 자체를 학습함으로써 메타고원으로도 몇 발자국 올라섰던 것이다. 나는 새로운 컴퓨터 언어를 배웠지만 그것뿐 아니라 새로운 컴퓨터 언어를 학습하는 방법에 대해서도 배우고 있었다. 나의 메타학습은 새로운 언어에 대한 정서 반응을 통해 가장 분명하게 나타났다. 스스로를 불안해하고, 방어적 태도를 취하고, 쓸모 없는 사람으로 생각하는 대신 흥분을 느끼고, 창의성을 발휘하고, 무엇이든지 대처할 수 있다는 자신감을 얻었다.

이런 메타학습을 이루려면 먼저 협곡에서 살아남아야 한다. 그러나 모든 사람에게 충분한 동기가 있는 것도 아니고, 마음의 충격을 견딜 수 있는 것도 아니다. 옛 친구들 중에는 첫 번째 고원으로 다시 돌아가서 끊임없이 자신의 어셈블리 언어 코딩 실력을 갈고닦아 나름대로 잘 지내는 사람도 있다. 그러나 대부분은 나처럼 다른 기술 고원에 올라 더욱 편안해졌다고 느끼고 있다.

그렇기는 하지만 우리가 얻은 기술에 대한 메타학습은 리더가 되려고 하는 경우에는 큰 도움이 되지 않는다. 임명된 책임자가 됨으로써 협곡을 피하려고 한 사람들도 있는데, 대부분은 다시 협곡으로 떨어졌을 때 큰 상처를 입었다. 나는 다른 사람들을 가르치거나 소규모 조직을 이끌면서 조금씩 리더십을 향상시키려고 했지만 자주 극심한 고통을 경험했다. 히지민 나중에는 소금씩 메타학습이 효과를 발휘하였다. 지금은 새로운 소규모 조직과 만날 때 불안감을 즐기고 그것을 쉽게 기대감으로 바꿀 수 있다. 나의 성장은 앵무조개처럼 각각의 방이 바로 이전 방보다 더욱 크고 훌륭해지는 나선 구조처럼 보였다.

나는 몇 년 전 창업을 시도한 일이 있다. 회사는 성공했지만 그 공간이 적어도 당시의 나에게는 너무 거창했다. 나를 포함한 모두에게 어려움을 겪게 했고, 결국 맞지 않는 껍데기를 떠나게 되었다. 모든 협곡이 고원으로 이어지지는 않는다. 어떤 협곡은 그냥 협곡일 뿐이다.

하지만 그만큼 배웠고 두 개의 다른 메타사이클에서 살아남았다는 사실이 내게 또 다른 회사를 창업할 용기를 주었다. 쉬운 일은 아니었지만 지금까지는 메타-메타학습의 덕을 본 것 같다.

4장 질문

1. 핀볼, 웨이트 트레이닝, 마차 모형 만들기처럼 오랜 시간에 걸쳐서 점점 발전시켜 온 기술이 있는가? 그 발전을 그래프로 그려볼 수 있는가? 더 좋은 문제 해결형 리더가 되기 위한 학습에 그 학습 방법을 적용할 수 있는가?
2. 자신이 현재 위치해 있는 고원에 대해 설명할 수 있는가? 협곡에 가까이 가고 있다는 징후가 있는가? 협곡에서 멀어지려고 애쓰고 있는가, 아니면 협곡으로 굴러 떨어지는 경험에서 무언가를 배우려 하고 있는가?
3. 마지막으로 새 고원에 오른 후 얼마나 지났는가? 아직도 평평한 상태의 느낌을 즐기고 있는가? 다음 고원으로 올라가기 위해서 무엇을 준비하고 있는가?
4. 지금까지 인생에서 학습 자체에 대해 어떤 것을 학습했는가?
5. 일주일 동안 매일 15분씩 연습하여 이룰 수 있는 작은 개인 목표를 설정해 보자. 그 목표에 대한 자신의 발전을 기록해 보자. 그리고, 그 다음 주에 또 다른 목표를 세워보자.

5장

하지만 나는...

아이디어란 사람들을 아침 식사에 늦게 만들거나, 늦은 사람의 아침 식사를 치워 버리거나, 아침 식사 테이블에서 서로 싸우게 만들거나 하는 진정한 힘과 힘 사이의 관계를 상징한다.

— 레베카 웨스트,[1] 『검은 양과 회색 매(Black Lamb and Grey Falcon)』

---

1 Rebecca West, 1892~1983. 영국의 소설가, 비평가, 저널리스트.

이 책은 성장이라는 주제를 다루고 있지만 성장에 대해 자세히 살펴보기 전에 우리가 거쳐야 할 단계가 하나 더 있다. 내 경우에는 성장이 고통스러운 순간이 있었고, 새로운 고통의 가능성과 마주칠 때마다 그 고통을 회피할 구실을 찾으려 했다. 나와 비슷한 경험이 있는 사람이라면 회피하기 위해 마음속으로 그런 구실을 찾으려고 애쓸 것이다. 여러분이 이 책의 나머지 부분도 최대한 읽어나갈 수 있도록, 테크니컬 리더가 되는 고통을 회피하려는 가장 흔한 구실들을 설명하려고 한다.

나는 관리자가 아니다

리더십에 대한 잘못된 믿음 중에서 가장 널리 퍼져 있는 것은 아마도 '리더Leader'만이 이끌어갈 수 있다는 믿음일 것이다. 리더라는 단어에서 사용한 대문자 L은 리더 자리에 임명된 사람을 의미한다. 나는 지금 마이클 맥코비Michael Maccoby의 책 『리더The Leader』의 표지를 보고 있다. 제목을 보면 모든 종류의 리더를 다루고 있는 책이라고 생각하는 사람도 있겠지만 사실 관리자, 즉 임명된 리더에 대한 내용만을 담고 있다. 이 책의 부제는 '미국식 관리의 새로운 모습A New Face for American Management'이다.

리더십과 매니저십이 같은 뜻을 지니는 경우는 위협과 보상 모델뿐이다. 사실 잠재적으로 리더Leader보다 리더leader가 더 많이 존재한다. 문제 해결형 리더십은 리더Leader뿐만 아니라 리더leader와 더욱 밀접한 관련이 있다. 그러므로 임명된 리더에만 집중하면, 어떻게 문제 해결형 리더가 될 수 있는지 이해할 수 없다. 조직의 책임자 자리에 있다고 해서 다른 사람들을 이끌고 있다고 볼 수는 없으며, 아무런 직책이 없더라도 더욱 새롭고 효과적인 방법으로 조직을 움직이도록 만드는 사람일 수 있다.

 고장난 골동품 시계를 갖고 있던 어떤 마을의 한 바보 이야기가 생각난다. 그 바보가 시계를 열어 보니 안에 죽은 바퀴벌레가 한 마리 들어 있었다. 그 바보가 말하길, "시계가 움직이지 않은 게 당연하구만. 관리자가 죽었잖아."

 유기적 모델에서 모든 업무 조직은 시스템system이며, 대개의 경우 조직을 분해해서 각 부분에 이름을 붙인다고 해서 이해할 수 있는 것은 아니라고 말한다. 더 기술적인 예를 들어 보자. 운영체제를 개발한 프로그래머가 있고, 그 운영체제는 작업 부하가 평균 이상인 상황에서는 동작하지 않는다고 가정하자. 그리고 그 상황에 대해서 관리자가 "비효율적인 부분을 포함하고 있는 모듈을 교체하면 돼. 그러면 더 빨라질 수 있을 거야."라고 말했다고 하자. 그 프로그램은 운영체제Operating System, 즉 운영을 위한 시스템이기 때문에 작업 부하가 높은 상황에서 비효율의 원인은, 어떤 모듈이 비효율적이기 때문이 아니라 모듈 간의 상호작용이 비효율적이기 때문일 가능성이 크다.

 운영체제의 성격을 잘못 이해하고 있는 소프트웨어 관리자는 별로 없겠지만, 사람이 포함된 시스템에 대해서 오해하는 관리자는 많다. 팀의 생산성이 충분하지 못하면 관리자는 이렇게 판단한다. '리더십을 발휘하지 못하는 사람을 교체하면 돼. 그러면 팀은 더 빠른 속도로 일할 수 있을 거야.' 물론 그렇게 될 것이다. 살아 있는 바퀴벌레를 안에 넣으면, 시계는 다시 움직이기 시작할 테니까.

 이런 잘못된 생각이 사라지지 않는 이유는 시스템이 선형인 경우도 있기 때문이다. 시계 같은 기계적 시스템에서는 고장난 부품을 찾아내는 경우도 있다. 운영체제는 시계보다 더 복잡하지만 다시 구현하면 눈에 띄게 효율성이 증가하는 모듈을 찾아낼 수도 있다. 초보 프로그래머가 그런 방식으로 두세 번 성공하면 '비효율성이 포함된' 모듈은 항상 존재하기 마련이라는 결론을 내릴 수도 있겠지만, 좀 더 경험을 쌓게 되면 이런 잘못된 생각은 곧 사라질 것이다.

그러나 업무 조직의 경우는 그렇지 않다. 구성원 한 명을 교체하는 일이 생산성 향상에 크게 도움을 주거나 해를 끼치는 일도 있겠지만 항상 그렇지는 않다. 실상은 보통 그렇지 않음에도, 관리자들은 정상적으로 동작하지 않고 있는 자신들의 변화는 무시하는 경향이 있다. 시간이 흐른 후에 관리자들이 선택한 기억에는 자신이 놀라운 '리더십'을 발휘한 이야기만 쌓여 간다.

그렇다고 관리자들을 너무 나무라지는 말자. 선호하는 모델과 현실이 맞지 않을 때 우리는 모두 이런 식으로 선택적 망각을 한다. 관리자가 항상 제일 선호하는 모델은 무엇일까? 어느 관리자든. 글쎄, 태엽에게 시계에서 가장 주요한 부품이 무엇인지 질문하는 것이나 마찬가지 아닐까?

만약 임명된 리더에게 조직에서 가장 중요한 요소가 무엇이냐고 물으면, 당연히 다음과 같은 대답을 들을 수 있을 것이다.

"조직의 원동력은 임명된 리더이다."

물론 이것은 임명된 리더에 대한 근거 없는 믿음이다.

이러한 근거 없는 믿음이 지속되는 상황을 또 다른 방법으로 설명할 수 있다. 정비사에게 스포츠카 엔진 소리가 시끄러운 원인을 물어 보면, 아마도 다음과 같은 답변을 할 것이다. "점화 플러그를 살펴보셨나요?" 정비사는 어딘가에 문제가 있는 경우 점화 플러그가 원인일 가능성이 가장 높다는 사실을 경험으로 알고 있다. 이러한 관찰 때문에 엔진에서 가장 중요한 구성 요소는 점화 플러그라는 오류에 빠지기 쉽다.

업무 조직에서도 이와 유사하게 어떤 구성원이 두드러진 실패를 하면, 그 구성원은 임명된 리더일 가능성이 높다. 태엽이나 점화 플러그처럼 '가장 약한' 연결 고리를 '가장 중요한' 연결 고리로 오해하기 쉬우며, 그렇게 되면 임명된 리더에 대해 근거 없는 믿음을 갖기 시작한다.

왜 임명된 리더가 실패하기 쉬울까? 역설적으로, 많은 사람들이 임명된 리더에 대해 근거 없는 믿음을 갖고 있기 때문이다. 상급자, 하급자, 심지어는 임명된 리더 본인도 이런 믿음을 갖고 있다. 그 때문에 문제를 통제할 수 없게 되면 그 문제를 정상으로 되돌리기 위해 모든 사람이 임명된 리더에게 의지한다. 임명된 리더의 늘어난 작업 부하는 문제를 더욱 악화시킨다.

압박으로 인해 실패하면 그 실패는 임명된 리더 때문이다. 리더가 실패를 미리 예방한 경우에도 사람들은 임명된 리더를 위기 상황에서 가장 활발한 사람으로 볼 수 있다. 임명된 리더에 대한 근거 없는 믿음은 자기 충족적 예언[2]이 되어 버린다.

잘 설계된 엔진에는 가장 약한 연결 고리가 존재하지 않는다. 만약 점화 플러그가 정말로 가장 약한 연결 고리라면 우수한 엔진 설계를 통해 점화 플러그를 완전히 제거한 디젤엔진을 선보일 수 있다. 점화 플러그를 완전히 제거할 수 있는 방법을 생각해 낼 수 없다면, 적어도 쉽게 교체할 수 있도록 만들 수는 있을 것이다.

마찬가지로 가상 잘 설계된 업무 조직에서는 임명된 리더만이 리더십을 발휘하는 것이 아니라, 모든 구성원이 리더십을 발휘한다. 그러

---

[2] self-fulfilling prophecy, 사람은 진실된 자신보다 남으로부터 기대 받는 모습대로 행동하게 된다는 뜻. 피그말리온 효과라고도 한다.

므로 임명 받는 것을 기다릴 필요도 없고 기다려서도 안 된다.

나는 리더 유형이 아니다

어쩌면 여러분은 스스로를 리더에 적합한 유형이 아니라고 생각할 수도 있다. 나는 그 어려움을 잘 알고 있다. 리더라는 말을 들을 때마다 내 머릿속에는 산후안 언덕에서 병사들의 돌격을 지휘하고 있는 시어도어 루스벨트[3]가 떠오른다. 물론 루스벨트가 활약한 시기는 내가 태어나기 전이지만, 나와 생일이 같기 때문에 항상 그의 업적에 특별한 관심이 있었다. 어린 시절 나는 루스벨트의 열렬한 모습, 즉 동기부여를 통한 리더십을 흉내 내면서 리더가 되려고 했다. 안타까운 일이지만 내가 친구들의 돌격을 이끌려고 할 때마다 혼자서 운동장을 가로지르면서 돌격하곤 했다.

좀 더 자라서 루스벨트의 그 이후 경력, 즉 대통령으로서의 경력에 대해 공부하게 되었다. 리더로서 한 단계 더 성장하면 원래의 리더십에 두 번째 유형의 리더십이 더해지는 경우가 있다는 것을 알게 되었다. 단순하게 부대의 선두에 서서 돌격하는 것이 아니라 전투가 개시되면 스스로 돌격할 수 있도록 부대를 조직하는 것이다. 나는 이 리더십 유형을 사용해 보려고 했지만, 그러한 조직상의 변화를 달성하려면 더 많은 동기부여 유형의 리더십이 필요하다는 사실을 깨달았다.

내 능력으로는 루스벨트처럼 될 수 없다는 사실을 알게 되자 리더가 되는 일에 흥미를 잃었고, 리더처럼 보이는 나의 모습이 전부 미심쩍었다. 나는 내가 이미 리더가 되어 있다는 사실을 알아차리지 못했는데, 나의 리더 유형이 루스벨트의 이미지와는 달랐던 것이 그 원인이

---

[3] Theodore Roosevelt, 1858~1919. 미국의 제26대 대통령. 미국-스페인 전쟁 당시 의용기병대를 조직해 쿠바 산후안 언덕으로 진격해 수훈을 세웠다.

었다. 나를 따르는 사람들이 주변에 많았는데, 그 이유는 다른 사람들이 해결할 수 없는 기술 문제를 내가 해결할 수 있다는 사실을 사람들이 알고 있었기 때문이다. 그 당시에 누가 리더인지 물어본 사람이 있었다면 이렇게 대답했을 것이다. "아무도 리더가 아닙니다. 우리는 단지 주어진 문제를 해결하려고 최선을 다하고 있을 뿐이죠. 최고의 성과를 낼 수 있다면 누구의 아이디어인지는 중요하지 않아요."

이것은 동기부여에 의한 리더십도 아니고, 조직화에 의한 리더십도 아니다. 그것은 혁신에 의한 리더십, 즉 조직이 일을 완수하는 방법에 새로운 기술을 더하는 것이다. 이를 통해 여자 신발조차 팔 능력이 없는 내가 어떻게 수백만 달러어치 컴퓨터를 팔 수 있었는지 설명할 수 있고, 동네 야구팀 주장을 할 능력도 없는 내가 어떻게 우주 추적 컴퓨터 네트워크를 설계하고 구축하는 팀을 조직할 수 있었는지 설명할 수 있다. 이는 또한 왜 내가 자신의 리더십 능력을 깨닫는 데 30년이나 걸렸는지도 설명해 준다.

혁신에 의한 리더십은 루스벨트 같은 사람들의 카리스마나 조직화 능력이 부족한 나 같은 사람, 그리고 어쩌면 여러분 같은 사람들이 조용히 발휘할 수 있는 리더십이다. 이 리더십은 주위에서 별로 환영 받지 못하는 사람이라도 자신의 단점을 덮을 수 있을 만한 기술력이 있다면 충분히 발휘할 수 있다. 심지어 어떤 사람들은 선을 넘지 않는 수준의 공격성이나 특이한 행동으로 기술 경쟁력을 가늠하기도 한다. 나는 우주 추적 업무를 진행하던 시절 지금 같은 턱수염을 기르기 시작했는데, 당시 IBM에서 비난받지 않고 수염을 기르는 것은 기술 분야의 천재라는 확고한 표시였다.

IBM이라는 환경에서는 내가 동기부여 능력이 부족하다는 사실을 감추는 데 수염이 어느 정도 도움이 되었고, 경영진에게 확실한 주목을 받을 수 있었다. 경영자들에게는 문제 해결형 리더를 확실히 구별해 낼 수 있는 기술력이 없었기 때문에, 수염이나 맨발 같이 아무런 관계가 없는 겉모습만으로 직원을 선발하기도 했다. 여러분이 수염이 나지 않더라도, 또는 맨발로 다니기에는 발이 너무 차갑더라도 문제 해결형 리더가 될 수 없다고 좌절할 필요는 없다. 내가 다른 리더십 스타일을 조금이라도 갖추고 있었다면 수염이 불필요했을 것이다.

  문제 해결형 리더로 성공하려면 혁신적으로 생각하는 능력과 수염을 기르는 두 가지 방법만으로는 충분하지 않다. 수염이 있든 없든, 진정한 문제 해결형 리더로 알려지고 싶다면 최소한의 동기부여 능력과 조직화 능력도 필요하다. 반대로, 동기부여나 조직화를 통해 사람들을 이끌 수 있는 힘이 있다면 혁신적인 작은 행동을 통해 리더십을 확장할 수 있다. 이것은 문제 해결형 리더가 되는 방법을 공부하면 누구나 배울 수 있는 교훈이다. 당신이 생각하기에 자신이 리더 유형이든 아니든.

기술력을 잃을 것이다

테크니컬 스타가 리더가 되면 부딪치는 가장 어려운 선택 중 하나가 바로 최신 기술에서 멀어진다는 점이다. 내 경력을 살펴보면, 분명히 대인 관계 능력을 키우기 위해서 기술력을 희생해야 했다. 스스로 원한 선택이긴 했지만 이제 그 결정을 되돌릴 수 있을지는 잘 모르겠다. 기술 혁신과 백 프로 관련된 위치에서 온 많은 문제 해결형 리더들처럼 나도 언제든지 기술의 주류로 돌아갈 수 있다고 믿고 싶지만 장담할 수는 없는 일이다.

  오르막을 오르는 것도 언제나 힘든 일이지만, 무언가를 포기한다는 것은 잔인한 일이다. 대부분의 문제 해결형 리더는 한 분야에서 첫 성공을 거두는데, 그 분야는 보통 고도로 전문화된 분야인 경우가 많다. 다른 연관 분야에서 문제 해결의 성공에 이르는 경우도 있지만 적어도 출신 분야에 대해서는 항상 정서상 애착 관계를 유지하려고 애쓴다. 나는 최근 일주일 동안 두 명의 경영자를 만난 일이 있는데, 한 명은 대형 소프트웨어 서비스 회사의 사장이었고 다른 한 명은 컴퓨터 제조 업체 연구 담당 임원이었다. 둘 다 좋은 곳에 있는 큰 사무실을 사용하고 있었고, 그 사무실에는 긴 소파와 신문, 잡지가 깔끔하게 놓인 탁자가 있었다. 두 사무실에는 공통적으로 『포춘』과 『월 스트리트 저널』이 놓여 있었지만, 한 사무실에는 두 종류의 수학 잡지가, 다른 한 사무실에는 세 종의 고에너지 물리학 잡지가 있었다. 경영자들이 그 전문 기술 잡지를 정말로 읽는지 의심스러웠지만, 직접 물어보는 것은 예의에 어긋나는 일이라는 생각이 들었다.

 게다가 정말로 그 잡지를 읽는지는 중요하지 않다. 그 경영자들이 원래 자신의 분야에서 슈퍼스타였는지 역시 중요한 일이 아니다. 두 사람 모두 전문 분야를 초월해서 지금은 다방면의 기술을 익히는 중이다. 다양한 분야의 기술 전문가들과 이야기할 수 있고, 가치 있는 것과 가치 없는 것을 쉽게 구별할 수 있다. 경영자의 업무에 필요한 기술력이 바로 그런 것이다. MOI 모델 측면에서 보면, 이것은 세 가지 요소 사이의 균형을 향해 진화한 것을 의미한다. 즉, 혁신 능력을 희생시키고 동기부여 및 조직화 능력을 키운 것이다. 그것은 불가피한 거래이며 아마도 가장 받아들이기 어려운 일이었을 것이다.

성장이 너무 고통스럽다

이러한 거래는 분명한 이유가 있는 경력상 선택의 결과이긴 하지만, 이 두 경영자의 이름을 공개하기가 망설여진다. 그들이 이 책을 보았을 때, 자신이 기술 분야의 슈퍼스타가 아니며 과거에도 그랬던 적이 없었을 것이라는 말에 상처를 받을 수도 있기 때문이다. 문제 해결형 리더는 자신이 변화의 어떤 단계에 있더라도, 순수한 기술 혁신 리더를 영웅으로 생각하는 마음이 여전히 남아 있다.

기술력이 약해졌음을 인정한다는 것이 스스로에게 얼마나 고통스러운지 잘 알고 있다. 지금 나는 부유해졌고 살도 찌고 꽤 유명해졌지만, 다시 젊어져서 머큐리 프로젝트[4] 모니터 시스템에서 다른 사람들은 잘 모르는 새로운 버그를 찾아내서 팀 동료들에게 감탄의 말을 듣는 꿈을 꾸기도 한다. 굉장히 힘들고 어려운 오르막을 만날 때에는, 불가피한 상황이 아니라면 결코 다시 변화를 추구하지 않겠다고 맹세하는 일도 있다.

그런 생각을 한다고 나를 나무라지는 않았으면 좋겠다. 불가피한 상황이 될 때까지 변화를 늦추는 것은 나쁜 일이 아니다. 달성하고자 하는 목표가 없다면 어떤 리더십 스타일이 더 좋다고 할 수 없다. 특별한 목표가 없거나 달성하고자 하는 것을 이루어 가는 중이라면, 누군가 다른 사람이 원한다는 이유만으로 리더십 스타일을 바꾸려 하지 않는 것이 좋다. 그렇게 한다면 유달리 불행해질 것이며 특히 몇몇 유형의 책임자의 자리로 승진하는 것이 목적이라면 더욱 그렇다. 다시 한 번 강조하지만, 리너가 되기 위해 꼭 책임자가 될 필요는 없다.

비록 세 가지 리더십 스타일 능력이 모두 부족하더라도, 다른 사람들처럼 여러분도 고유의 리더십 스타일이 있고, 언제라도 현재에 머무르겠다는 선택을 할 수 있다. 그러면 당구에 머무르는 것을 선택한 내 아버지나 핀볼에 머무르는 것을 선택한 나처럼 고통을 피할 수 있

---

[4] 1958년부터 1963년까지 NASA에서 진행한 미국 최초의 유인 우주 비행 탐사 계획.

다. 나의 모델은 비디오 게임의 달인이 되려면 내가 포기해야 하는 것들을 분명하게 말해주고 있지만, 지금은 특별히 그런 노력을 하고 싶지 않다. 비디오 게임을 배우기에는 핀볼에 너무 익숙해져 있는 것이다. 마치 효과적인 리더가 되는 방법을 배우기에는 너무 좋은 프로그래머인 것과 비슷한 이치이다. 틀림없이 나는 마지막 핀볼 머신이 박물관에 전시되는 그날까지는 비디오 게임을 하찮게 볼 것이고, 그런 날이 오면 나는 다시 성장해야 하는 고통에 처하게 될 것이다.

그렇게 큰 힘을 원하지 않는다

우리는 첨단 기술 환경에서만 문제 해결이 중요한 것은 아니라는 사실을 알고 있다. 이러한 리더십 스타일이 첨단 기술 환경에서 알려지기 시작한 것이 사실이지만, 그것은 단지 기술 분야에서 아이디어가 막대한 경제성을 갖고 있기 때문이다. 첨단 기술 분야에서만 아이디어가 중요한 것은 아니며, 경제성이 고려할 가치가 있는 유일한 것은 아니다. 이제 우리는 테크니컬 리더가 문제 해결형 리더의 한 유형이라는 사실을 알게 되었다.

 자본이 중심인 현대 첨단 기술 사회에서는 기본을 잊고 명백한 사실을 간과하기 쉽다. 우리가 처음 문제 해결형 리더십 스타일에 대해 가르치기 시작했을 때, 그것은 수많은 첨단 기술 분야 워크숍 중 하나에 지나지 않았다. 기술과 상관 없는 인생의 다른 영역에 테크니컬 리더십 스타일을 적용할 수 있었다는 이야기를 많은 참가자들에게 들은 후, 우리는 더욱 근본적인 무언가가 있다는 생각이 들기 시작했다. 또한 워크숍에서 참가자들을 가르치는 일 자체가 우리 자신의 리더십 스타일에도 영향을 미치고 있다는 사실에 주목했다.

 문제 해결형 리더십이 얼마나 광범위하게 적용 가능한 것인지 깨달기 시작했을 때, 나는 이상하게도 우리가 몇몇 소수의 사람에게만 너무 큰 힘을 주고 있는 것은 아닌지 걱정이 들었다. 게다가, 참가자들 중 몇 명이 스스로에 대해 같은 걱정을 표현하기도 했다. "우리는 그렇게 큰 힘을 원하지 않습니다."

가까운 미래 세계는 지금까지와는 다른 스타일의 리더가 만들게 될까? 나는 그렇게 생각하지 않는다. 테크니컬 리더는 우리 사회에서 큰 힘을 가지고 있는 사람들이긴 하지만, 그들은 악마도 아니고 신도 아니다. 혁신을 통한 리더십을 기반으로 효과적으로 문제를 해결하는 방법을 우연히 알게 된 평범한 사람들일 뿐이다. 아무런 기술 배경이 없는 사람들도 이 방식의 일부 요소에 익숙해지면 자신과 다른 사람들이 능력을 발휘하도록 할 수 있다.

가까운 미래에도 우리 같은 평범한 사람들은 여전히 카리스마 있는 종교 지도자, 독재자 스타일의 장군, 겉은 번지르르하지만 속은 교활한 정치인들과 싸워야 할 것이다. 아마도 문제 해결형 리더십 스타일이 지닌 영향력은 지금까지와 마찬가지로 기술이 지닌 영향력과 비슷할 것이다. 또는 어쩌면 문제 해결형 리더십도 우리 각자의 내면에 있는 창조의 씨앗과 만날 것이다. 그 씨앗은 더 좋은 방법은 반드시 존재한다고 우리에게 말해준다.

만약 진밀로 그렇게 된다면, 새로운 리더십에 의한 다양한 선대을 즐길 수 있을 것이다. 위협과 보상 모델은 변화가 위에서 온다고 말하지만, 내 경험은 변화란 우리가 아침 식사 메뉴를 선택하는 일에서 시작된다고 말해준다. 게다가 인생에는 대규모 조직과는 또 다른 뭔가가 더 있다. 여러분은 인생, 자유, 행복 추구 같은 일상의 문제에 이런 차분한 스타일을 적용하여 능력을 발휘할 수 있다.

5장 질문

1. 리더십 스타일이 특별히 존경할 만한 사람을 알고 있는가? MOI 관점에서 그 사람에 대한 짤막한 이력서를 만들어 보자. 가능하다면 그 사람을 인터뷰해서 당신의 예측이 옳았는지 확인해 보자.
2. 경력상의 큰 변화를 마지막으로 경험한 것은 언제인가? 당신은 사실에 기반한 세부 사항과 감정 중에 어떤 것을 더 잘 기억하는가?
3. 잘 알고 있는 인물이 경력상의 큰 변화를 경험했을 때 당신의 반응은 어떠했는가? 그 반응이 자신에 대해 무엇을 말해 주는가?
4. 경력상의 변화 중에서 당신이 지금까지도 완전하게 받아들이지 못한 변화는 무엇인가? 그 변화에서 다른 사람에 대해 인정하지 못하는 것은 무엇인가? 스스로에 대해 인정하지 못하는 것은 무엇인가? 이제는 받아들일 수 있는가? 그 이유는 무엇인가?
5. 경력상의 중요한 결정을 처음으로 한 시점을 기억할 수 있는가? 지금도 그때의 느낌을 기억해낼 수 있는가? 발걸음을 내딛는 것이 두려웠는가? 그 두려움은 그럴만한 것이었는가? 어쨌든 그 결정이 가치 있었는가?
6. 다음에 중요한 결정을 할 시점에서 당신의 선택은 무엇일까? 가능성 있는 각 선택에 대한 당신의 반응은 무엇일까? 당신의 머릿속에 어떤 생각이 떠오를까?
7. 어떤 형태로든 리더로 임명된 경험이 있는가? 사람들이 자신의 일을 충분히 처리할 수 있는 상황임에도 불구하고, 리더인 당신이 처리해 줄 것을 기대하기 시작했는가? 이 상황에 어떻게 대처했는가? 자신이 리더로 임명되었다는 생각 때문에 원래 그 일을 해야 할 사람들에게 맡기지 않고, 스스로 처리하려고 하지 않았는가?

임명된 리더로서 당신이 한 행동 중에서 조직의 향후 반응에 영향을 준 행동은 무엇이었는가?
8. 다음에 조직의 리더로 임명되면, 사람들은 당신이 리더로서 결정적 아이디어를 제시할 것이라고 기대하고 있음에도 불구하고, 그들이 스스로 해낼 수 있도록 환경을 변화시키는 리더십을 발휘할 수 있는 상황을 목록으로 만들어 보자. 최소한 10가지를 적어보자.
9. 리더로 임명되었을 때 자신이 조직에 꼭 필요한 사람이라고 느낀 적이 있는가? 당신이 없었을 때 조직은 어떤 일을 했을까? 당신이 그 조직을 떠났을 때 조직은 어떤 일을 했을까? 거기에 자기 충족적 예언 같은 것이 있었는가?
10. 당신의 조직에서 당신이 미치는 영향력 중에서 임명된 위치에 의한 것은 어느 정도일까? 당신이 가진 아이디어의 힘에서 온 것은 어느 정도일까? 다른 사람들이 가진 아이디어의 힘을 향상시켜서 얻은 것은 어느 정도일까? 이 비율이 만족스러운가?
11. 내일 아침 어떤 방식으로든 평소 아침 식사를 변화시켜 보자. 그리고 하루가 어떻게 변화하는지 지켜보자.
12. 앞으로 2주간 매일 새로운 아이디어로 아침 식사를 바꿔 보자.(예를 들면, 아침 식사의 칼로리를 줄이거나 늘릴 수도 있고, 준비 시간을 짧게 또는 길게 해볼 수도 있다. 건강식으로 준비해 보기도 하고 그렇지 않은 음식으로 준비해 볼 수도 있다. 또는 다른 사람들과 교류하는 방식에 변화를 줄 수도 있고, 음식의 모양새를 더 보기 좋게 만들 수도 있다. 30분 일찍, 다른 장소에서, 다른 도구들을 이용해서, 찬 음식 대신에 따뜻한 음식으로, 따뜻한 음식 대신에 찬 음식으로, 국물의 양을 더 늘리거나 줄여 볼 수도 있다.) 자신에게 어떤 변화가 있는지 기록하고, 2주차 마지막 날에 그 효과를 정리해 보자.

13. 자주 만나는 사람들과 내일 상호작용하는 방법을 바꿔 보자. 상호작용을 개선할 수 있는 방법으로 시도해 본다. 그 결과를 기록해 보자.

2부

혁신

테크니컬 스타란 혁신가를 말한다. 그들은 혁신을 통해 스타가 되었다. 하지만 혁신가로서의 개인 능력이 리더십이라는 고원을 오르는 데 방해가 되기도 한다. 자신의 혁신 프로세스를 자각하지 못하면 리더십 책임을 맡았을 때 오히려 힘을 잃을 수 있고, 혁신이 어디에서 온 것인지 이해하지 못하면 그 노력이 다른 사람들의 창의적 환경을 파괴할 수도 있다.

2부에서는 혁신에 방해가 되는 주요 장애물들을 알아보고, 여러분과 주위 사람들이 그 장애물을 극복할 수 있는 방법을 설명할 것이다.

6장

혁신을 방해하는 세 가지 큰 장애물

> 그녀는 어린 시절에도 창의적인 사고 방식을 통해 인생의 즐거움을 두 배로 얻고 있었다. "지금 나는 이것을 하고 있어요. 지금 나는 저것을 하고 있어요." 무언가를 하면서 자신에게 이렇게 말했다. 어떤 일에 참여하는 동시에 지켜보기도 했던 것이다.
>
> ― 에드나 퍼버,[1] 『소 빅』

---

1 Edna Ferber, 1885~1968. 미국의 소설가. 1925년에 『소 빅(So Big)』으로 퓰리처 상을 수상했다.

이론은 이제 충분하다. 여러분은 자신의 창의성을 높이는 행동을 하고 있는가, 아니면 자신의 창의성을 가로막는 행동을 하고 있는가? 새롭게 배운 리더십 모델이 정말로 도움이 될까? 아니면 최신 유행 다이어트법 정도일까? 사실 다이어트 이론은 아주 단순하다. 입력과 출력의 균형을 맞추기만 하면 된다. 이러한 균형 이론을 잘 따르면 내 허리가 지금처럼 불룩 튀어나와 있지는 않겠지만, 현재는 여러분이 보는 바와 같다.

이론은 그런 것이다. 문제를 해결하는 방법이나 리더십 능력을 높일 수 있는 방법을 내가 아무리 설명해도, 여러분은 아직 단 한 발자국도 나가지 못했을 수도 있다. 이번 장에서는 문제 해결형 리더가 되는 데 방해가 되는 가장 흔한 장애물들을 알아볼 것이다. 내 몸무게가 늘어난 원인에 대한 질문으로 시작한다.

디저트로 무엇을 먹었는지 알고 있는가?

내가 종사하는 분야에서는 깔끔하고 단정한 모습을 갖추는 것이 중요하다. 사람들은 말보다는 행동에 더 주목하기 때문이다. 조직을 효율화하는 데 도움이 되어야겠다고 결심한 컨설턴트로서 내가 자신에 대해 효율성 있는 모습을 보여주지 않으면 모범이 될 수 없다. 대니와 나는 한 기업의 생산성 저하 원인을 조사하고 있었는데, 관찰과 인터뷰로 하루를 보낸 뒤 시스템 분석팀 관리자인 설리가 우리를 저녁 식사에 초대했다.

설리와 그녀의 남편 해리슨은 세 아들과 함께 혼잡하긴 하지만 그런대로 괜찮은 동네에 살고 있었고, 그런 동네 분위기가 설리의 성격과 잘 어울렸다. 나는 식사 전에 간단한 간식거리를 찾으려고 냉장고로 갔다가 설리가 현재 다이어트 중이라는 증거를 발견하고 매우 놀랐다. 냉장고 안에는 저칼로리 음식들이 들어 있었고, 냉장고 문에는 칼로리 표가 붙어 있었으며, 그 위에는 식욕 억제제가 상자째 놓여 있었던 것이다. 셜리가 저녁 식사를 준비하는 동안 우리는 서로 공통 관심사를 이야기했다.

"나는 신진대사 쪽에 문제가 있는 것이 분명해요."라고 내가 말했다.

"저도 그래요. 예전에는 간식 때문에 힘들어 했지만 요즘은 잘 조절하고 있어요. 그런데 체중이 좀처럼 줄지 않네요."

"아마 외식 때문일 거예요. 음, 대니와 해리슨은 저녁 식사를 마치고 나서 스웬슨에 가자고 벌써 아이들과 약속을 해버렸어요. 나는 거기에 가면 아이스크림을 먹게 될 것 같아요. 그냥 집에 있을게요."

"난 참을 수 있어요." 셜리는 장담했다. "그냥 커피 한 잔만 마시려고 해요."

"저녁 식사를 배불리 먹으면 디저트를 먹고 싶은 마음이 들지 않을 거예요."라고 나는 말했지만 확신할 수는 없었다.

나는 저녁을 배불리 먹었지만 스웬슨에서 산딸기 서벗을 주문하고야 말았다. 대니는 작은 마시멜로 아이스크림, 해리슨은 커다란 바나나 스플릿[2], 큰 아이 둘은 스페셜 어린이 아이스크림, 막내 버디는 초콜릿 칩 콘을 주문했다. 오직 셜리만이 큰 목소리로 자신 있게 커피 한 잔을 주문했다. 하지만 나는 셜리가 커피에 크림을 넣는 모습을 목격했다. 크림뿐 아니라 설탕도 넣었다.

버디가 주문한 초콜릿 칩 콘이 나왔을 때, 셜리는 버디가 아이스크림을 바닥에 흘릴까봐 걱정스러운 모습이었다. "콘이 너무 커서 바닥에 흘리겠어요."라고 말한 다음 숟가락으로 반이나 떠냈다. 결국 그렇

---

2 바나나를 길게 가르고 그 속에 아이스크림, 견과류 등을 채운 디저트.

게 떠낸 절반을 자기가 먹어 버렸다.

그 사이 해리슨은 셜리에게 바나나 스플릿을 한번 맛보라고 권했다. 셜리는 "그냥 맛만 볼게요."라고 말했지만, 해리슨은 세 가지 맛 아이스크림 전부에 세 가지 시럽을 모두 뿌리고, 거기에다가 휘핑 크림까지 얹은 다음 바나나와 체리까지 조금씩 먹어보라고 했다. 금세 접시는 두 사람 가운데로 옮겨졌고, 셜리는 커피 스푼으로 '맛보기'를 계속했다.

셜리는 다른 두 아이들의 아이스크림에도 손을 대고, 아이들이 좋아하지 않는 것들을 당당하게 먹어 주었다. 그렇게 아이스크림을 먹은 다음, 다시 커피 한 잔을 리필한 후에 또 크림과 설탕을 넣었다. 왠지 셜리의 입에는 음식을 끌어당기는 자석이 있어서 테이블 위의 남은 음식들을 모조리 끌어당기는 것 같았다. 나도 얼떨결에 산딸기 셔벗도 맛을 보라고 권했을 때, 셜리는 아이스크림에 장식으로 올라가 있는 쿠키를 먹어 치우느라 정신이 없는 상태였다.

그날 밤 아이들이 모두 잠자리에 든 후 어른 네 명은 둥글게 모여 앉아 즐거운 대화를 나누었다. 11시쯤 되자 셜리는 혹시 출출한 사람이 있는지 물어보았다. 배고픈 사람은 아무도 없었지만 셜리는 부엌으로 가서 접시에 치즈, 과일, 견과류 등을 접시에 담아 가져오면서 우리에게 이렇게 말했다. "모두들 아이스크림을 먹었지만, 난 아무것도 먹지 않았거든요."

"당신도 아이스크림을 먹었잖아요." 나는 그렇게 말하고 나서 곧바로 후회했다.

셜리는 어리둥절한 표정으로 나를 바라보았다. "아니에요. 기억 안 나세요? 나는 아이스크림은 주문하지 않았어요. 커피만 주문했잖아요." 그 말이 맞긴 하다. 셜리는 아이스크림을 주문한 적은 없지만, 다른 사람들에 비해 적어도 두 배 이상의 아이스크림을 먹었다는 사실을 정말 몰랐을까?

자신에 대한 무지: 첫 번째 장애물

많은 사람이 셜리와 비슷한 일을 겪는다. 막다른 길로 달려갈 때도, 전화 통화를 오래 하고 있을 때도, 의미 없는 논쟁에 휩쓸려서 시간 낭비를 할 때에도 왜 자신이 아무것도 이루지 못하는지 깨닫지 못한다. 예를 들면, 글을 쓰는 작가들은 잘못 시작한 글을 없애 버리는 일이 많고, 앉아서 몇 시간 동안 한 글자도 쓰지 못하고 종이만 바라보는 경우도 있다. 많은 프로그래머들이 잘못된 생각에 사로잡혀서 엉뚱한 곳에서 오랫동안 하나의 오류를 찾아 헤맨다.

대니와 나는 오랫동안 관찰해 왔기 때문에 다른 사람들이 이렇게 행동한다는 것을 잘 알고 있지만, 나 자신은 그렇게 행동하지 않는다고 확신한다. 만약 그렇게 행동하더라도 자주 일어나는 일은 아니라고 생각한다. 하지만, 내가 그렇게 행동했다면 과연 나는 그 사실을 기억할 수 있을까?

사실 나도 그런 사실을 기억하지 못하며, 디저트로 무엇을 먹었는지 기억하지 못하는 셜리와 마찬가지다. 다른 사람들처럼 나 역시도 자신의 행동을 알아차리는 일에 서투르며, 가장 비생산적인 행동을 할 때 특히 그렇다.

셜리처럼 자신을 관찰하지 않는 사람을 만날 때마다, 처음 며칠은 나는 그러지 말아야겠다는 생각을 한다. 덕분에 간식을 조금 먹게 되고 체중이 줄기 시작한다. 그러나 금세 관찰을 그만두고, 내 허리둘레는 다시 불어나기 시작한다. 나에게는 내가 먹는 것을 지켜봐 주고 나 자신이 보지 못하는 것들을 알려주는 컨설턴트가 필요하다. 우리 모두 마찬가지이다. 스스로를 볼 수 있는 유일한 방법은 다른 사람을 통해서다.

다른 사람들이 우리를 보는 것처럼 스스로를 보지 못하는 것이 자기개발의 첫 번째 장애물이다. 문제 해결형 리더가 되고자 하는 거의 대부분의 사람이 이 장애물에 부딪힌다. 이 장애물을 극복하려면 자신을 도와줄 수 있는 다른 사람을 찾아야 한다. 자신을 관찰해 줄 수 있는 누군가를 찾기 위한 최선의 방법은 서로 관찰해 줄 수 있는 관계를 맺는 것이지만 상호 관찰도 상당히 조심스럽기 때문에 좋은 관계를 형성하려면 어느 정도 시간이 필요하다.

반드시 상호 관계가 성립되어야 한다. 상대방에게 도움이 될 것 같다고 생각하더라도 내가 셜리에게 한 것처럼 나서서 다른 사람을 관찰해서는 안 된다. 다행히도 셜리는 좋은 사람이었고, 나는 운이 좋았다.

누군가 자신을 관찰해 달라고 부탁했더라도 상대방은 여러분이 이야기해 준 것을 항상 고맙게 받아들이지는 않을 것이다. 나는 예전에 대니에게 식사 습관을 관찰해 달라고 부탁한 일이 있었다. 대니는 인류학자인 만큼 관찰 전문가인데, 관찰력이 너무 훌륭했기 때문에 실제로 우리 부부 관계가 상당히 위험해졌던 일이 있다. 관찰 대상이 된다는 것은 언제나 별로 즐거운 일이 아니기 때문에 무슨 일이 있더라도 배우자를 관찰 상대로 선택하시는 말자.

'문제 없어요' 증후군: 두 번째 장애물

셜리를 만나러 다녀오는 길에 생긴 일이다. 더욱 훌륭한 문제 해결사가 되려는 노력을 방해하는 두 번째 장애물을 실제로 만나게 되었다. 나는 이것을 '문제 없어요' 증후군이라고 부른다. 데이터 처리 관리 협회 지역 지부에서 강의하기 위해 새크라멘토로 가서, IBM 신입 사원 시절에 있었던 잊을 수 없는 출장 이야기로 강의를 시작했다.

당시 주 의회는 차량 번호판에 숫자뿐 아니라 문자도 허용하는 법안을 통과시키려 하던 때였다. 법안 반대자들은 특정 문자 조합이 불쾌한 단어가 될 수도 있다고 주장했다. 반대로 법안 지지자들은 불쾌할 수 있는 문자 조합은 모두 차량 번호판에 사용하지 못하도록 제외하겠다고 약속했지만, 그 방안에 대해서는 아무런 계획도 없는 상태였다. 그때 누군가가 컴퓨터를 이용하면 큰 도움이 될 것이라고 말했고, 그래서 IBM을 불렀던 것이다. 거기에 내가 파견을 가게 되었다.

당시 나는 IBM의 젊은 신입 사원으로, 말끔하게 차려입고 끝내주는 컴퓨터 프로그램으로 세상에 존재하는 온갖 지저분한 단어들을 모조리 없애버리겠다는 의욕에 가득 차 있었다. 하지만 유감스럽게도 차량 등록소에서 온 사람들은 내게 불가능해 보이는 세 가지 조건을 요구했다.

- '불쾌한' 단어뿐만 아니라 단어처럼 보일 수 있는 것들도 포함해야 한다. 자주 사용하는 네 글자 욕설에서 한 글자만 빼 보면 이 문제가 어떤 것인지 이해할 수 있을 것이다. 새로운 단어가 아무렇지 않은 경우도 있지만, 원래 단어만큼 불쾌한 경우도 있다.
- 캘리포니아에는 다양한 언어를 사용하는 수많은 인종이 모여 살고 있다. 프로그램은 스페인어, 중국어, 히브리어, 이디시어, 그리스어, 프랑스어, 아르메니아어, 그 밖에 기억도 나지 않는 온갖 언어들을 사용하는 사람들 중 누가 보더라도 불쾌할 수 있는 단어들을 모조리 제외할 수 있어야 한다.
- 게다가 이 언어들을 사용하는 사람들에게 장래에 불쾌한 단어가 될 가능성이 있는 것들, 또는 장래에 캘리포니아를 방문할 가능성이 있

는 사람이 사용하는 다른 언어에 존재하는 불쾌한 단어들도 제거할 수 있어야 한다.

나는 무엇이 문제를 해결하기 어렵게 만드는지를 주제로 토론을 시작하기 위해, 강의에 참가한 사람들에게 이 번호판 이야기를 해준 다음, 사람들에게 해결해야 하는 문제가 적힌 종이를 나누어 주었다. 문제를 잘 풀고 있는지 살펴보려고 방을 한 바퀴 돌다가, 단단히 팔짱을 끼고 있는 한 남자를 보았다.

"벌써 다 끝내셨나요?" 그 남자에게 물었다.

"아니요."라고 그가 대답했다. "저는 문제를 풀고 있지 않습니다. 왜 시간을 낭비해야 하는 거죠? 왜 선생님은 하고 싶은 말씀을 바로 하지 않나요?"

"아직 이야기할 수 없어요."라고 나는 말했다. "어려운 문제를 해결하려고 할 때의 불안감을 직접 느껴봐야 합니다. 그냥 말로 설명하는 것과는 달라요."

"글쎄요, 그냥 이야기하시는 편이 더 낫지 않을까요?"라고 그는 반문했다. "어떤 문제가 나오더라도 다 해결할 수 있으니까요. 사실, 선생님의 '해결 불가능한' 번호판은 사소한 문제라고요."

"사소하다고요?" 나는 물었다.

"당연하죠. 현재 기술을 사용하면 두꺼운 사전만 있으면 돼요. 문자 조합과 사전을 비교해서 부적절한 단어만 제외하면 되잖아요. 아무 문제 없어요."

처음에는 반박을 하고 싶었다. 그에게 아직 만들어지지도 않은 단어가 나오는 사전을 어디에서 구할 것인지 물어볼 뻔했다. 불쾌한 단어 사전이 있다면 왜 컴퓨터가 필요하겠냐고 물어보고 싶은 마음도 들었다. 그러나 이 남자가 '문제 없어요 증후군$^{\text{No-Problem Syndrome}}$', 줄여서 NPS라고 부르는 질병을 앓고 있다는 사실을 깨달았다. 나도 이 병으로 고통 받은 경험이 있었기 때문에, 이 남자에게 동정심을 느꼈다. 병에 걸린 사람을 공격해 보았자 얻을 수 있는 게 없기 때문에 그저 슬며시 웃으면서 돌아섰다.

NPS에 대해 들어본 적이 없을지도 모른다. 아직 신경생리학자에게 이 질병에 대해 물어보지는 않았지만, 아마도 귀가 두뇌와 정상적으로 연결되어 있지 않은 상태로 추정된다. 소리가 정상적으로 들리긴 하지만, 의미와는 전혀 관계 없이 고정관념에 의한 반응만 보이는 것이다. 이 병에 걸리면 상대방이 매우 곤란한 문제를 설명해도, '문제 없어요'라고 말하며 냉담한 반응을 하게 된다.

'문제 없어요' 증후군은 청각 장애와는 다르다. 사실, 청각 장애인은 NPS에 걸릴 수 없다. '문제'라는 단어가 귀에 도달해야만 반응할 수 있기 때문이다. 이 단어가 일단 두뇌에 기록되면 부분적 청각 장애 상태가 되며, 그것이 바로 증후군의 첫 단계이다. 두 번째 단계는 선호하는 해결 방법을 마음속으로 찾고, 그 해결 방법을 즉시 상대방에게 제시하는 것이다. 심지어는 문제에 대한 설명이 여전히 계속되고 있는데 설명을 중단시키기도 한다.

내 삼촌 맥스는 NPS에 걸려 있었고, 그는 자기가 집에서 아이들에게 하는 것처럼 학교에서도 체벌을 허용해야 한다고 생각하고 있었다. 경제 불황이 닥쳐오면 그 이유도 학교에서 아이들을 체벌하지 않기 때문이라고 생각했고, 범죄가 증가하거나 날씨가 좋지 않은 것도 모두 같은 이유 때문이라고 생각했다.

대부분의 아이들처럼 나 역시 NPS로 인한 아픔을 잘 알지 못했다. 나는 삼촌을 비웃었고, 나도 NPS를 겪으리라고는 꿈에도 생각하지 못했다. 나는 자기 인식이 부족했기 때문에 처음으로 새크라멘토를 방문할 때까지 NPS를 앓고 있다는 사실을 전혀 몰랐다.

내가 NPS를 앓고 있다는 비밀이 처음으로 드러난 것은 차량 번호판 문제 때문이었다. 차량 등록소에서 온 사람들이 자신들의 요구사항을 이야기했지만, 그 사람들이 한 말을 내 머릿속에 분명하게 입력하지 않았던 것이다. 그들이 이야기를 채 마치기도 전에, 나는 아무 문제 없다고 이야기해 버렸고, 문제를 제대로 이해하지 못한 채 문제 해결을 위한 프로그램을 개발하기 시작했다.

공무원들이 내 멋진 결과물을 거부했을 때, 그 일이 IBM의 젊은 신입 사원에게 얼마나 큰 충격이었는지 아마 상상할 수 있을 것이다. 또한 공무원들에게도 IBM의 신입 사원이 자신들의 요구사항을 듣지도 않고 별 문제가 아니라고 판단해 버린 게 큰 충격이었을 것이다. NPS에 걸리는 것은 무서운 일이지만, NPS의 피해자가 되는 것은 더 끔찍한 일이다.

나는 컴퓨터가 신경을 손상시키는 고주파음을 내뿜고 있다고 생각하곤 했다. 컴퓨터 전문가 상당수가 NPS의 영향을 받고 있다는 생각이 들었기 때문이다. '문제'와 '컴퓨터'라는 단어를 동시에 들으면, 맥스 삼촌이 민망해할 만큼 비판을 시작한다. 그리고 항상 '문제 없어요'라고 이야기한다.

하지만 나도 나이를 먹어 가면서, 컴퓨터가 NPS를 유발하는 것은 아니라는 사실을 알게 되었다. 그 이유는 오히려 문제를 해결해야 하는 사람들에게 자신들이 무슨 일을 하고 있는지 인식할 수 있을 만큼 충분한 시간을 주지 않는 컴퓨터 산업의 빠른 속도 때문일지도 모른다. 게다가 NPS가 첨단 기술 산업 분야에 종사하는 모든 사람들에게 피해를 주고 있다는 사실도 알게 되었는데, 따라서 NPS가 단지 컴퓨터로 인한 문제는 아닌 것 같다. NPS는 첨단 기술 분야와 무관한 사람들이나 어떤 산업과도 무관한 사람들에게도 역시 상당한 영향을 주고 있었다.

해가 갈수록 내 증상이 조금씩 호전된 것을 보면, 아마 단순히 컴퓨터 산업이 아직 젊기 때문일 수도 있다. 나이를 먹는 것 말고는 NPS를 치료할 수 있는 방법을 모르겠다. 이 장애를 겪고 있는 가련한 영혼들을 도울 수 있으면 좋겠지만, 스리랑카에서 한센병 환자를 치료하는 편이 더 성공 확률이 높다는 것이 나의 씁쓸한 경험이다.

다른 사람이 해결해 주었으면 좋겠다는 생각이 드는 문제가 있는 사람들에게는 NPS의 위험성을 더욱 잘 알려주어야 한다. NPS는 치료가 불가능하기 때문에, 스스로를 보호하기 위해 다음 4단계의 NPS 조기 검진 방법을 배워 두는 게 좋겠다.

1. 자신이 갖고 있는 아주 어려운 문제를 설명한다.
2. 상대방이 "문제 없어요!"라고 말한다.
3. 당신은 "대단한데요? 그러면 그 문제를 내게 다시 설명해주실 수 있나요?"라고 말한다.
4a. 만약 상대방이 그 문제를 설명해 준다면, 비록 설명에 문제가 있더라도 NPS가 아니라 그냥 열정의 증거일 뿐이다.
4b. 만약 상대방이 문제 그 자체가 아니라 해결책을 설명해 준다면, 유감스럽게도 NPS에 걸린 사람이다. 모두를 위해 할 수 있는 최선의 선택은 그저 슬며시 웃으면서 가장 가까운 출구로 힘차게 걸어 나가는 것이다.

이 4단계 검진 방법으로 스스로에 대해 진단해 볼 수도 있지만, NPS가 너무 오랫동안 진행되어 왔다면, 그다지 유용하지 못할 것이다. 자신이 NPS인지 아닌지 알아내려면, 자신이 '문제 없어요!'라고 말하는 것을 알아차릴 수 있거나 적어도 다른 사람의 문제를 이해했는지 확인하기 전에 해결책을 말하고 있다는 사실을 깨달을 수 있어야 한다. 하지만 안타깝게도 말기 NPS 환자들은 다른 사람의 말을 잘 듣지 못한다. 또한 스스로 하고 있는 말도 전혀 들을 수가 없다. 그들은 자신을 보지 못할 뿐만 아니라, 자신의 말도 듣지 못한다.

단 하나의 해결책만이 존재한다는 믿음: 세 번째 장애물

NPS의 특징은 자신이 뛰어난 지성의 소유자라는 확고부동한 신념이라고 할 수 있다. 그것이 바로 NPS가 왜 혁신 리더가 되는 데 두 번째 장애물인지 보여주는 확실한 이유이다. 중국 속담에 자신의 무지를 인정하는 것이 현명해지는 첫 단계라는 말이 있다. 이미 모든 것을 알고 있다면, 어떻게 무언가를 배울 수 있겠는가?

  모든 것을 알고 있다고 생각해서는 안 되지만, 무언가를 안다는 것은 좋은 일이다. 문제를 해결하는 능력이 뛰어난 사람이 똑똑하다는 것은 아무도 부정하지 않지만, 똑똑하지 못한 것이 세 가지 큰 장애물 중 하나로 꼽힐 정도는 아니다. 우리는 IQ가 높은 사람들 중에서 실생활에서 겪는 문제를 해결하는 데 서투른 사람들도 있다는 사실을 알고 있다. 심리학자들이 '지능'을 측정하는 방법을 더 회의적으로 생각할 필요가 있을지도 모른다.

  최근 한 과학 잡지에 표준 IQ 테스트에서 상위 2%에 속하는 사람들로 구성된 단체인 멘사Mensa가 제공하는 '머리를 움직이는 사람들Mind Benders'이라는 칼럼이 생겼다. 그 칼럼에 다음 두 문제가 실렸는데, 아마도 멘사가 의도하지는 않았겠지만 그 문제들이 내 머리를 모종의 방향으로 움직이게 했다.

1. 사무실에 있는 비서들은 모두 21세 미만이다. 사무실에 있는 젊은 여성들은 모두 미인이다. 나의 비서는 긴 금발 머리와 푸른 눈을 하고 있다.

   주어진 정보로 판단될 때 다음 중 올바른 문장은 어느 것인가?

   a) 비서는 21세 미만이다.

   b) 비서는 아름답고 젊은 여성이다.

   c) a와 b 모두 아니다.

   d) a와 b 모두 맞다.

2. 한 무리의 말과 사람이 있다. 26개의 머리와 82개의 발이 있다면, 사람은 몇 명이고 말은 몇 마리인가?

그 잡지에 나온 답은 다음과 같다.

1. '정답'은 a)라고 되어 있었다. 그런 언급은 없지만, 모든 비서들이 여성이라는 가정이 함정이다. 하지만 비서는 사무실에 있다는 가정은 어떠한가? 그런 말이 어디에도 없는 것은 비서가 여성이라는 언급이 없는 것과 마찬가지이다. 선택한 가정의 조합에 따라서 네 항목 모두 정답이 될 수 있다. 개인적으로 남자 비서가 있었던 일은 없지만, 비서가 사무실이 아닌 다른 곳에서 일했던 경험은 있으며, 심지어 다른 지방에 있었던 일도 있다. 이 문제를 낸 심리학자보다 내 지능이 낮은 것일까?

2. 말은 다리가 4개이고 사람은 2개라고 가정한다면, 간단한 수학에 의해서 공식 해답(15마리의 말과 11명의 사람)을 얻을 수 있다. 말에 대해서는 잘 모르겠지만, 나는 재향 군인의 날 퍼레이드를 본 후에 이 문제를 읽었다. 다리를 잃은 참전 용사가 한 명 있다면 16마

리의 말과 10명의 사람이라는 답도 분명히 가능하다. 여러분이 강단 심리학자가 아니라면 당연히 이런 식의 수많은 해답이 존재할 수 있다.

이런 종류의 테스트를 접해 본 적이 있는 사람들 중에서 똑똑한 사람이라면 나와 같은 불만이 있을 있을 것이다. 즉, 여러 가지 답변이 가능하지만 심리학자가 원하는 것은 오직 하나라는 것을 알고 있다. 게다가 질문은 허용되지 않는다. 잡지에 실린, 재미를 목적으로 하는 이런 질문들은 그렇더라도 별로 문제될 것이 없다. 멘사 가입 테스트에 출제되더라도 마찬가지이다.

하지만 대학 입학 시험이나 입사 시험, 또는 2학년 때 인기 있는 전공을 선택하는 시험에 이런 문제가 출제되었다면 어떨까? 심리학자들은 원하는 것을 얻지 못하게 하는 힘을 가지고 있고, 그 힘은 의심의 여지가 없다.

모든 시대를 통틀어서 강단 심리학자가 가장 오만한 직업일 가능성이 높다. 1장에서 우리는 이미 강단 심리학계의 정설을 접한 바 있다. 모든 문제에는 단 하나의 올바른 해답만이 존재하며, 강단 심리학자들은 그렇게 믿고 있다는 것이다. 이러한 생각은 사람들이 풀어야 하는 테스트 문제와 미로 속에 있는 생쥐에게도 동일하게 적용된다. 심리학자가 만들어 놓은 구성에 조금이라도 의구심을 표현하는 쥐는 미로 속을 더 늦게 빠져 나오게 되며, '지능이 낮다'는 평가를 받는다. 나는 오히려 심리학자의 실험을 의심하지 않는 사람이 '지능이 낮다'고 평가하고 싶다.

이러한 생각은 심리학자가 만들어 놓은 틀에 갇힌 개인이나 생쥐 모두에게 위험하지만, 사회에 미치는 장기적 영향이 더 위험할 수도 있다. 학교나 기업은 심리학자들의 생각에 맞게 생각하는 사람들에게 보상을 하며, 그래서 사람들은 그런 방식으로 생각하는 방법을 배우든지 아니면 차디찬 바깥으로 내던져진다. 그렇게 하면 잠시 동안은 문제를 해결해야 하는 상황에 처한 사람들은 모든 문제에 오직 하나의 해결책만이 존재하며, 그 해결책을 찾기만 한다면 문제를 파악하기가 누워서 떡 먹기라고 믿게 된다.

문제 해결형 리더가 되고자 하는 사람들에게 이러한 사고방식을 믿는 것은 자신을 쇠약하게 만드는 질병이며 스타 문제 해결형 리더가 되는 데 세 번째 장애물이 된다. 설계자가 이 병에 걸리면 대안이 될 수 있는 설계를 충분히 고려하지 않고, 자신의 직관만으로 설계를 테스트하게 된다. 같은 병에 걸린 프로그래머는 분명한 해답이 없는 버그를 만나면 적절하게 대응하지 못한다. 관리자는 심리학자처럼 행동한다. 부하 직원들에게 업무를 할당하고 올바른 방식으로 처리하기를 기대하는 것이다. 물론 여기에서 올바른 방식이란 바로 자신의 방식을 말한다. 그리고 머지않아 자신과 똑같은 다음 세대를 복제한다.

정리

요약하면, 혁신을 방해하는 세 가지 큰 장애물은 다음과 같다.

1. 자신에 대한 무지: 자신의 행동을 보지 못하고, 그 때문에 변화의 기회가 사라진다.
2. 문제 없어요 증후군: 자신은 이미 모든 문제의 답을 알고 있다고 스스로 믿는다.
3. 강단 심리학계의 정설에 대한 믿음: 대안이 될 수 있는 해결책이 보이지 않게 하며, 다른 사람의 도움 없이 스스로 찾아낼 수 있는

해결책조차도 보이지 않게 한다.

이러한 뿌리 깊은 장애물들은 닫힌 시스템을 형성하고 쉽게 사라지지 않는다. 자신에 대해 무지한 사람들은 이 세 가지 항목을 보고 맞는 이야기라고 고개를 끄덕이겠지만, 자신의 이야기는 아니라고 생각한다. NPS를 앓고 있는 사람들은 이 항목들을 애초에 읽으려고 하지도 않을 것이다. 강단 심리학계의 정설을 믿는 사람들은 성공으로 가는 길은 하나뿐이라고 생각하고 이미 그 길로 향해 가는 중일 것이다.

그러므로 이런 사람들과 작별하고 아직 희망이 남아 있는 사람들에게 집중하자. 일을 하는 동안 자신이 하고 있는 일을 관찰하고, 관찰하는 동안 자신에게 웃을 수 있는, 두 배의 즐거움을 알고 있는 창의성 있는 사람들에게 관심을 가지도록 하자. 다음 장에서는 혁신을 통한 리더가 되는 과정에서 만날 수 있는 좀 더 작은 장애물들을 극복하기 위한 방법을 제안할 것이다.

6장 질문

1. 디저트로 무엇을 먹었는지 알고 있다는 것은 일반적인 자기 인식을 건강 문제에 적용한 것이다. 자신의 건강에 대해 얼마나 정확히 인식하고 있으며, 그 인식이 리더십 스타일에 어떤 영향을 미치고 있는가? 바로 지금의 느낌은 어떠한가? 신체 상태를 목록으로 작성해 보고, 리더로서의 능력에 지금 어떤 영향을 주는지 설명해 보자.
2. 건강이 좋지 않으면 혁신뿐만 아니라 다른 거의 모든 일에 장애가 된다. 장기적 건강 상태가 경력에 어떤 영향을 미쳐 왔는가? 향후 건강은 어떻게 될 것 같은가? 이 질문에 대답하기 어렵다면, 무엇 때문에 건강을 스스로 관리할 수 없다고 생각하는가? 스스로 건강을 관리하기 위해 어떤 일을 하고 있는가? 향후에는 건강이 경력에 어떤 영향을 미칠 것이라고 생각하는가?
3. 위 두 가지 질문에 답하면서, 건강에 대해 '문제 없어요'라고 답변하지 않았는가? 그 사실이 자신에 대해 무엇을 말해주는가?
4. 자신의 IQ를 알고 있는가? 당신의 IQ가 다른 사람들에게 알려져도 괜찮은가? 자신의 IQ를 아는 것이 리더로서의 능력에 영향을 미치는가? 어떤 영향을 미치고 있는가?
5. 테스트 받는 것을 좋아하는가? 좋은 점수를 받을 수 있다는 것을 분명하게 알고 있다면, 테스트를 좋아하게 될까? 나쁜 점수를 받을 것을 분명히 알고 있다면 어떨까? 테스트를 받아야 하지만, 지금까지 얼마나 잘해 왔는지 알 수 없다면 어떨까? 이 질문들과 리더십 스타일과는 어떠한 관계가 있을까?
6. 객관식 문제를 찾아서 다음과 같이 해보자. 하나의 정답을 고르지

말고 각 문항이 정답이 될 수 있는 합리적 이유를 차례대로 만들어 보자. 그다음에는 문항에 없는 답을 만들어서 거기에도 합리적 이유를 붙여 보자.

7. 다음 회의에서 여러 가지 아이디어가 나오면, 이전 질문과 같은 방법을 적용해 보자. 즉, 각각의 아이디어가 왜 당신이 찾고 있는 해결책이 될 수 있는지 그 이유를 설명하기 위해서 회의 참가자들에게 합리적 이유가 있는지 확인하는 것이다. 그런 다음 적어도 한 가지 이상의 해결책을 선택해 보자.

7장

자기 인식을 높이는 방법

질문: 전구 하나를 바꾸려면 정신과 의사 몇 명이 필요할까?
답변: 한 명. 다만, 전구 스스로 정말 바꾸고 싶은 경우에 한한다.

혁신을 방해하는 세 가지 큰 장애물은 변화에 대한 희망을 모조리 없애 버릴 만큼 강력한 것일까? 어떤 사람들에게는 그럴 수도 있다. 하지만, 변화에 대한 욕구가 있는 사람들에게는 여전히 희망이 있다고 생각한다. 나는 놀랄 만한 변화를 목격해 왔기 때문에 그 사실을 알고 있다.

이 장에서는 자신에게 적용할 수 있는 최고의 도구를 소개한다. 이 도구는 다른 장애물을 극복하는 데 방해가 되는 자신에 대한 무지를 이겨내는 데 도움이 될 것이다. 여러분이 이 도구를 자신에게 적용해 보고 싶다는 생각이 들도록, 이 도구를 통해서 더욱 분명하게 자신을 볼 수 있게 되었던 다른 사람들의 소감을 공유해 주려고 한다.

동기부여 테스트

이 도구가 그렇게 훌륭하다면, 나는 왜 여러분이 이 도구를 사용하도록 설득하려는 것일까? 보다 훌륭한 문제 해결형 리더가 되기 위해 자신이 변화하려면 MOI 이론에서는 세 가지가 필요하다. 바로 아이디어, 조직화 능력, 동기부여 능력이다. 나는 이 책의 저자로서 여러분에게 아이디어나 조직화에 대한 정보는 제공할 수 있지만, 동기부여는 그럴 수가 없다. 마치 앞에서 언급한 전구 이야기처럼 여러분이 진정으로 변화를 원하지 않으면 나는 아무런 도움도 줄 수 없다.

다만, 성공적으로 자신을 변화시킬 만큼 충분한 동기를 갖고 있는지 알아볼 수 있는 테스트를 제안할 수는 있다. 이 테스트는 매우 간단하며, 변화에 대한 준비가 되어 있는지 측정할 수 있을 뿐만 아니라 변화를 위한 아이디어와 그 아이디어를 구성하기 위한 구조와 관련된 정보도 어느 정도 얻을 수 있다. 테스트는 다음과 같다.

지금부터 시작해서 3개월간, 매일 5분씩 일기를 작성한다.

첫 반응

지금 바로 책을 잠시 덮고 종이 한 장을 꺼내서, 내 제안에 대한 첫 느낌을 적어보자. 이것 또한 테스트의 중요한 일부분이다. 그뿐 아니라 지금 종이에 적은 것은 일기의 첫 번째 글이 된다. 글을 쓰기가 어렵다면 이미 문제가 있다는 의미이긴 하지만, 여러분에게는 좋은 동료들이 있다. 비르기트처럼 그런 반응을 나타냈던 사람도 많다.

"와인버그가 이 테스트를 이야기했을 때, 글을 쓴다는 것 자체가 달갑지 않은 일인 데다가, 나 자신에 대해 무언가를 써야 한다는 사실에 처음에는 무척 거부감이 들었습니다. 하지만, 테스트에 드는 시간은 하루에 5분이고, 이를 닦는 데도 그 정도 시간은 들잖아요. 그래서 내가 만약 3개월 동안 이 테스트를 진행할 수 없다면, 나에게는 문제 해결형 리더가 되고자 하는 의지가 전혀 없다는 뜻이라고 생각했습니다."

피터는 처음에 이 아이디어를 받아들이지 않았다.

"나는 그저 일정에 부담을 주는 일이 또 하나 생겼다고만 생각했기 때문에, 와인버그의 제안을 진지하게 받아들이지 않았습니다. 4개월쯤 후, 설날에 TV로 미식축구를 보고 있었는데 문득 그 테스트가 머릿속에 떠올랐습니다. 맥주 광고가 나오는 동안 생각해 보니, 테스트에 걸리는 시간은 내가 하루 종일 피에스타 볼Fiesta Bowl, 로즈 볼Rose Bowl, 오렌지 볼Orange Bowl[1]을 보면서 보내는 시간보다 적다는 생각이 들더군요. 그래서 일단 한 달만 일기를 써보자고 결심했습니다."

---

[1] 모두 미국 대학의 미식축구 경기 이름.

이 내용은 모두 일기의 첫 번째 글이며, 비르기트와 피터가 나중에 어떤 변화를 겪게 되는지는 다시 이야기하겠다. 지금은 그들이 어떻게 테스트를 통과했는지만 이해하도록 하자. 비르기트와 피터에게는 자신의 리더십이라는 목표를 이루기 위해 하루에 5분을 낭비할 수도 있는 위험을 감수할 용기가 있었던 것이다. 그들이 이 정도의 위험도 감수하지 않는 사람들이었다면, 내가 무엇을 제안하더라도 그건 시간 낭비였을 것이다.

일기

일기를 써 보기로 결심했다면, 금세 여기저기 어수선하게 글을 쓸 가능성이 높기 때문에, 괜찮은 노트 한 권과 좋은 필기 도구나 워드프로세서를 준비하길 권장한다. 그런 것들이 별로 중요하지 않다고 생각할 수도 있지만, 절대로 그렇지 않다. 기록하는 행위에 집중하려면 모든 형태의 보조 수단과 자극이 필요하다.

다만, 컴퓨터를 사용하는 경우에는 이전에 작성한 글을 수정하면 안 된다. 나중에, 작성한 글을 다시 볼 때 당시의 느낌을 그대로 느껴보고 싶을 것이기 때문이다. 인쇄를 한 다음 잘라서 될 수 있으면 날짜가 적혀 있는 양장 노트에 붙여 두는 것도 좋은 방법이다.

만약 일기 쓰기가 어색하다면, 아마도 어린 시절에 쓴 일기를 형제나 부모님이 읽었던 별로 안 좋은 경험 때문일 수도 있다. 만약 그렇다면 일기가 다른 사람의 눈에 띄지 않도록 깊숙이 보관해 두도록 하자. 이것이 다른 사람들과 일기 내용을 절대로 공유할 수 없다는 뜻은 아니며, 단지 일기를 관리하는 것은 자신뿐이라는 의미이다. 스스로의 감정에 온전히 정직하기 위해서, 그리고 자신의 모습을 편견 없이 표현하기 위해서 이 점이 특히 중요하다.

일기를 하루 중 언제 쓰는지는 별로 중요하지 않으며, 매일 같은 시간에 작성해야 하는 것도 아니다. 중요한 것은 매일 5분씩 꼬박꼬박 일기를 작성할 수 있는 방법을 찾아내는 것이다. 나디아는 여러 가지를 시도해 본 후에 좋은 방법을 찾아냈다.

"나는 워드프로세서를 사용하고 있었기 때문에, 직장에서 일기를 써야만 했습니다. 그러나 업무 중에는 다른 사람들 때문에 일기를 쓸 시간을 내기가 쉽지 않았죠. 그것이 일기를 쓰면서 얻은 첫 번째 교훈이었습니다. 그래서 사무실 문에 '글 쓰는 중 - 들어오지 마세요'라는 표지판을 만들어서 달아 두었어요. 효과가 좋긴 했지만, 주말에는 일기를 쓸 수 없다는 문제는 여전히 해결할 수 없었습니다. 그래서 중고 노트북을 한 대 구입했어요.

집에서도 매일 같은 시간에 5분간 방해를 받지 않는 시간을 마련하기가 어려웠습니다. 잠자리에 들기 직전에 일기를 쓰려고 했지만, 가끔은 너무 졸린 날도 있었거든요. 게다가 남편이 일기 쓰는 것을 별로 좋아하지 않는 날도 있었어요. 그러다가 아침 식사 전에 강아지 먹이를 준 다음 시간이 일기를 쓰기에 가장 적당하다는 것을 알게 되었습니다. 사람마다 자기에게 알맞은 방법을 찾아내야 하겠지만, 제 경우에는 일기를 쓰는 일이 하루를 기분 좋게 시작할 수 있도록 해주었습니다."

피터는 마치 운동하듯이 일기를 썼다.

"나는 일기를 5분 동안 쓰는 것보다 10분 동안 쓰면 더 좋을 것이라고 생각했습니다. 잘못 생각한 거죠. 매일 일기 쓰는 시간을 점점 늘리다가 결국에는 일기를 쓰는 시간이 두려워졌어요. 지금은 타이머를 5분으로 맞춰 놓습니다. 타이머가 울렸을 때 계속 쓰고 싶으면 더 쓰는 경우도 있지만, 그렇게 하지 않는 것이 더 낫습니다. 정해진 시간 덕분에 스스로에 대해 너무 많은 질문을 하는 것을 막을 수 있습니다.

만약 다른 시간에 일기를 쓰고 싶다면, 그것도 멋진 일입니다. 나는 일기를 쓰고 싶은 마음이 들 때마다 씁니다. 하지만 일기를 많이 쓴 날이 있더라도 매일 5분이라는 규칙은 꼭 준수해야 합니다. 그러지 않으면 운동을 하루 빠뜨린 것 같을 테니까요."

바꾸어 말하면, 쓰고 싶은 마음이 들 때마다 일기를 쓰는 것도 중요하지만, 쓰고 싶은 마음이 들지 않을 때 쓰는 것이 더욱 중요한 일이다. 스스로를 관찰할 시간을 꼬박꼬박 마련하기 어렵다면, 리더십 개발은 중대한 어려움에 처해 있는 것이다.

무슨 내용을 써야 할까

나디아와 피터는 일기를 꾸준히 쓰는 일을 통해 아무것도 얻을 수 없더라도, 행동을 변화시키려고 할 때 나타나는 자신의 반응에 대해서만큼은 알게 된다고 이야기한다. 문제 해결형 리더가 되고자 한다면 자신을 아는 것이 중요하다. 적어도 다른 사람들에게 변화를 요구했을 때 그 사람들이 어떻게 느끼는지 이해하기 시작할 수 있다.

사람들은 일기에 무슨 내용을 쓸까? 나는 나디아가 했던 이야기를 좋아한다.

"일기에 써야 하는 내용을 다룬 여러 가지 원칙을 보았지만, 결정적으로 마음에 와 닿은 것은 단 하나였습니다. 자신에 대해 써라. 내 일기의 주제는 나입니다. 즉, 내가 좋아하는 것, 내가 매일 하는 일, 내가 느끼는 감정, 나에게 반응하는 다른 사람들에 대한 생각 등을 씁니다."

메이비스는 자신의 일기를 다른 방식으로 표현했다.

"내게는 세 가지 원칙이 있습니다. 첫째는, 일어난 일에 대해 가치 판단을 하지 않고 가능한 한 객관적으로 씁니다. 그다음, 그 일에 내가 어떻게 반응했는지 씁니다. 무슨 생각을 했고, 그 생각 때문에 화가 났는지, 혹은 멋진 상상을 했는지 쓰는 거죠. 마지막으로, 거기서 배운 점이 있다면 무엇이든지 적어 놓습니다. 대부분 아무것도 배우지 못한 경우가 많지만, 쓴 글을 다시 읽으면서 배우는 것이 훨씬 많습니다."

대부분은 이처럼 '사실^{fact}, 감정^{feeling}, 발견^{finding}'이라는 공식에 따라서 일기를 쓰지만, 후안은 다른 생각을 갖고 있다.

"내게는 감정이나 꿈 또는 상상 등 인간관계에 대한 잡동사니 같은 것들이 별로 마음에 와 닿지 않았습니다. 나는 연구직에 종사하는 전문 엔지니어나 과학자들이 대부분 일기를 쓰고 있다고 와인버그가 말한 것이 가장 인상 깊었습니다. 그래서 새로운 기법이나 설계에 대한 아이디어, 그리고 그것들을 시스템에 시험해본 결과 같은 것들을 일기에 썼습니다. 내가 만들어낸 버그와 그 버그들을 해결하기 위한 노력에 대해서도 썼습니다."

아마도 피터의 말이 대다수 사람의 입장을 대변하고 있을 것이다.

"내가 일기를 쓰는 이유는 나 자신에 대해 알고 싶기 때문입니다. 만약 내가 다른 사람과 다르지 않다면, 일기를 쓸 필요가 없겠죠. 나는 유일한 존재이므로 내 일기에 어떤 내용을 쓰면 좋을지 다른 사람이 어떻게 말해줄 수 있겠어요? 일기에 무슨 내용을 쓰냐고요? 400킬로그램짜리 고릴라는 무슨 내용을 쓸까요? 나는 쓰고 싶은 것은 뭐든지 씁니다."

일기의 역할

내가 테크니컬 리더가 되는 첫 단계로 일기 쓰기를 추천한 이유는, 그 것조차 하기 싫다는 변명을 하기에는 일기를 쓰는 일이 너무나 작은 약속이기 때문이다. 리더십 워크숍에 참가해서 자신에 대해 배울 수도 있지만, 제대로 된 워크숍에 참가하려면 적어도 일주일이 필요하고, 그 장소까지 왕복하는 데 드는 시간은 별도인 데다가, 수천 달러 이상의 비용도 필요하다. 내 경험에 따르면 좋은 워크숍은 매 순간이 가치 있고 한 푼도 아깝지 않지만, 그런 워크숍을 경험해본 일이 없다면, 워크숍 참가를 망설이는 것은 당연하다. 게다가 모든 워크숍이 좋지는 않으며 참가비는 돌려받을 수 있더라도 시간은 영원히 돌려받을 수 없다.

그렇다면 노트에 끼적거린 내용에서 무엇을 배울 수 있을까? 일기를 작성함으로써 얻을 수 있는 가장 큰 장점 중 하나는 책이나 강의와는 달리 모든 내용이 자신과 관련되어 있다는 점이다. 각자의 학습은 그 사람 고유의 것이기 때문에, 여러분이 일기에서 무엇을 배우게 될 것인지 말해줄 수는 없지만, 무언가를 배우게 될 것이라는 것만은 장담할 수 있다. 다음 이야기는 대표적인 사례들이다.

비르기트: "다른 것은 몰라도 이것 한 가지만은 분명히 알게 되었습니다. 나는 평소에 프로그램 문서화를 잘 하지 않는다거나, 사용자 문의에

제대로 답변하지 않는다는 소리를 들어 왔는데, 그것은 내가 글을 쓰는 일을 회피하고 있기 때문이라는 생각이 들더군요. 정신에 문제가 있어서 글을 쓰는 능력이 부족한 것이 아니라, 초등학교 4학년 때 겪었던 좋지 않은 경험 때문에 지금까지 어린아이처럼 굴었다는 사실을 깨달았습니다. 리더로서 완전히 자격 미달이에요. 내가 테크니컬 라이팅 교육을 신청하자 회사에서는 아주 좋아했어요. 이제 나는 문제 해결형 리더가 되는 데 방해가 되는 장애물 하나를 치워버렸습니다. 그 장애물은 내가 스스로 세운 것이었죠."

피터: "작성한 일기를 월말에 다시 보면서, 나에게 한 가지 일관된 패턴이 있다는 사실을 깨달았습니다. 내가 하고 있는 일을 한 발짝 물러나서 바라봐야 하는 시점인데도, 일정이 바쁘다는 핑계로 그렇게 하지 않고 있었어요. 함께 일하는 동료 중에는 내가 거의 관심을 보여주지 못한 사람들도 있었습니다. 나는 리더였는데 말이죠. 아무리 중요한 일이라고 해도 때로는 다른 관점에서 인생을 볼 수 있어야 한다는 것을 일기를 통해 알게 되었습니다. 나는 여전히 미식축구 경기를 많이 보고 있지만, 일기를 쓰는 기간을 3개월로 연장했습니다. 그리고 지금까지 두 번 정도 전부 다시 읽어 보았습니다."

후안: "버그 기록을 통해 나의 행동에 매우 비생산적인 패턴이 있다는 것을 알게 되었습니다. 버그를 찾는 것을 끝내 포기하고 누군가에게 도움을 요청하기 전까지 많은 시간을 허비하고 있었는데, 다른 사람에게 도움을 요청하면 몇 분 안에 문제를 찾아내는 경우가 많았습니다. 내 고집이 문제 해결을 방해하고 있었던 것입니다. 이 한 가지 발견만으로도 일기를 쓰는 것이 충분히 가치 있는 일이라고 생각했습니다."

나디아: "나는 일기에 나 자신의 이야기를 쓰고 있다고 생각했지만, 나중에 보니 대부분 다른 사람들 이야기더군요. 찰리는 회의 때 나를 민망하게 만들었고, 그렉 때문에 프로젝트가 심각한 결함을 포함한 채 출시되어 버렸고, 메리는 내 일정을 완전히 엉망으로 만들었다 같은 내용이었습니다. 나는 항상 내 문제를 다른 사람 탓으로 돌리는 데 많은 에너지를 사용하고 있었던 겁니다. 문제를 해결하거나 다음에 문제가 일어나지 않도록 그 에너지를 사용할 수 있는데도 말이죠. 일기 덕분에 다른 사람을 비난하는 일이 줄어들었고, 사람들은 나와 함께 일하기 더 편해졌다고 말합니다."

메이비스: "일기 쓰기를 통해 얻은 가장 큰 것은, 내가 모든 일을 곧바로 얼마나 심각하게 받아들이고 있었는지 깨달았다는 점입니다. 일주일 후에 일기에 적혀 있는 일들을 다시 돌아보니, 내가 왜 그렇게 열을 냈는지 모르겠더라고요. 사실은 대부분이 우스운 일이었습니다. 지금은 좀 더 편안한 마음을 갖고 있다고 생각합니다. 이전보다 더 많이 웃고, 속도 덜 쓰립니다."

정리해 보면, 위에 등장한 사람들은 전부 자신에게 가장 필요한 것을 배웠다. 사신이 가장 절실하게 배우기를 원하는 것이 무엇인지 나는 알지 못하며, 아마 자신도 잘 알지 못할 수 있다. 그것이 일기를 쓰지 않으려는 구실이 될 수는 없다. 사실, 그것이 일기를 쓰는 가장 중요한 이유이다.

7장 질문

1. 일기를 쓰지 않기 위한 구실이 몇 가지나 생각났는가?
2. 만약 예전에 썼던 일기 또는 그와 비슷한 기록이 있다면 꺼내서 다시 읽어 보자. 제일 먼저 무엇을 보았는가? 개인적으로 어떠한 변화가 나타나고 있는가? 자신의 변화에 어떤 기분이 드는가? 또는 자신이 별로 변하지 않았다면 어떤 기분인가? 과거 기록이 전혀 없어서, 자신의 발전을 측정할 수 없다면 아쉽지 않을까?
3. 다음 주에 하루 한 번씩, 다음과 같은 방법으로 평소 익숙한 일을 해보자. 일의 각 단계를 거칠 때마다 스스로에게 다음과 같이 (가능하면 큰 목소리로) 말한다. "나는 지금 이러저러한 일을 하고 있습니다." 예를 들면, "나는 지금 양말 한 켤레를 꺼내려고 서랍을 열고 있습니다. 나는 지금 양말 색깔을 고르고 있습니다. 나는 지금 파란 양말 한 짝을 찾고 있습니다. 나는 지금 서랍을 닫고 있습니다. 나는 지금 신발 가까이에 앉아 양말을 신고 있습니다. 나는 지금 오른쪽 양말을 신고 있습니다." 언제든지 멈춰서 자신에게 다음과 같은 질문을 해볼 수 있다. "왜 나는 오른쪽 양말을 먼저 신고 있는 거지?"
4. 아침에 침대에서 나올 때 어느 쪽 신발을 먼저 신는가? 오른쪽인가 왼쪽인가? 내일 아침에는 다른 쪽 신발을 먼저 신을 수 있다는 것에 대해 자신과 5달러를 걸고 내기를 해보자. 아침 식사 테이블에 쪽지를 올려 두면 신발을 신은 후 내기 결과를 확인해야 한다는 사실을 잊지 않을 것이다. 성공할 때까지 계속 해보자.
5. 당신의 발과 다리는 지금 무엇을 하고 있는가?
6. 내년도 자기 개발 목표를 세워보자. 그 목표를 세웠을 때 자신의

반응이 어떠했는지 일기에 기록하고, 또 목표를 향해 어떻게 발전하고 있는지도 일기에 기록해 보자.
7. 존경하는 인물의 자서전을 한 권 이상 읽어 보자. 특히 어떤 부분이 놀라웠는지, 어떤 대목에서 감동을 받았는지 일기에 기록해 보자.
8. 이 책을 읽으면서, 각각의 질문에 대한 답변을 일기에 기록해 보자.

8장

아이디어의 힘 키우기

교사, 부모, 치료 전문가, 또는 그 외 도움을 주는 사람들이 상징적 표현의 자유를 인정할 때 창의력이 발달된다. 이런 수용은 개인으로 하여금 자신의 내면 가장 깊숙이 존재하는 것에 대해 생각하고, 그 존재로 성장할 수 있는 완전한 자유를 얻게 한다. 그러한 인정이 개방성을 촉진하여 창의력의 일부인 인식, 개념, 의미에 대해 즐겁고 자발적으로 다루도록 만든다.

— 칼 로저스[1], 『진정한 사람되기(On Becoming a Person)』

---

1 Carl Rogers, 1902~1987. 미국의 임상 심리학자로 내담자 중심 요법의 창시자. 최초로 심리 상담의 대상자를 환자가 아니라 내담자라고 불렀다.

자기 인식은 모든 리더십 스타일에서 반드시 필요한 요소임이 분명하지만, 문제 해결형 리더십은 아이디어에 의한 리더십이기 때문에, 아이디어의 힘을 키우는 전략도 필요하다.

아이디어의 힘을 키우기 위한 전략 중 하나는 학습 태도를 연습할 수 있는 기회, 즉 문제를 해결하는 기회를 찾는 것이다. 다음 문제를 살펴보도록 하자.

어떤 사람이 매일 임금을 지급하는 조건으로 직원 한 명을 일주일 동안 고용했다. 그는 7인치 길이의 황금 막대를 갖고 있는데, 매일 정확히 1인치씩 지급할 예정이다. 이 사람은 임금을 지급하기 위해 황금 막대를 일직선으로 두 번 잘랐다. 어떤 방식으로 막대를 나누었겠는가?

이 문제의 '정답'은 황금 막대를 자를 때 각각 1인치, 2인치, 4인치 길이로 나누었다고 보는 것이다. 자른 조각을 교환하는 방법으로, 매일 정확히 1인치씩 지불할 수 있다. 매우 기발한 해결책이다. 나는 오래된 이진법 머신을 경험한 세대이기 때문에, 이 해결책을 금방 찾을 수 있었다. 다른 사람들이 문제를 붙들고 씨름하는 모습을 보면서, 내가 정말로 똑똑한 사람이라고 생각했다.

문제 해결형 리더의 정설

몇몇 사람이 정답과는 다른 해결책을 제시하자, 내가 똑똑하다는 생각이 싹 사라져 버렸다. 문제에는 황금 막대를 구부려서는 안 된다는 언급이 없기 때문에, 막대를 S자 모양으로 구부려서, 달러 기호처럼 두 번 자르면 정확히 일곱 조각으로 나눌 수 있다.

이 문제는 대표적인 사례이다. 문제 해결형 리더는 강단 심리학계의 정설을 깨뜨리는 것을 좋아한다. 내가 어떤 문제를 제시하더라도, 또는 내가 어떤 것이 '정답'이라고 믿더라도, 항상 더 나은 무언가를 들고 나타난다. 단순히 내 머리가 더 나쁜 것일 수도 있지만, 무언가 다른 설명이 가능하다고 믿고 싶다.

문제 해결형 리더들 중에서도 가장 뛰어난 사람들은 강단 심리학계와는 달리, 다음과 같은 정설을 믿는다.

모든 문제에는 아직 아무도 찾아내지 못한 다른 해결책이 존재한다.

그 해결책을 찾아내지 못할 수도 있고, 지금 당장 찾아낼 수도 있다. 현재 상황에서 그 해결책이 의미가 없을 수도 있다. 하지만 어쨌든 다른 해결책은 존재한다.

문제 해결형 리더는 왜 항상 다른 해결책이 존재한다고 믿는 것일까? 나는 질문이 거꾸로 되었다고 생각한다. 강단 심리학계의 정설을 믿는 사람들은 애당초 다른 해결책을 찾으려고 하지 않기 때문에 당연히 그 해결책을 찾아낼 수 없는 것이다. 이런 사람들은 훌륭한 문제 해결사가 될 수 없으며, 따라서 절대로 문제 해결형 리더도 될 수 없다. 혁신가들은 오직 하나의 해결책이 존재한다고 생각하지 않으며, 그렇기 때문에 언제나 새로운 해결책을 찾아내는 것이다.

창조적 오류

위협과 보상 모델을 따르지 않는 사람들에게, 세상은 아이디어로 넘치는 곳이다. 사실 모든 실수는 준비된 사람에게는 새로운 아이디어나 다름없다. 베크렐[2]이 X선을 발견한 것은 그가 실수로 필름을 망쳤기 때문이다. 하지만 베크렐보다 앞서 필름을 망가뜨렸던 사람들은 아무것도 발견하지 못했다. 프로이트는 사소한 말실수에 주목함으로써 심리학 혁명을 시작할 수 있었지만, 수백만 명의 다른 사람들은 말실수를 듣고도 아무것도 알아차리지 못했다.

어떤 의미에서, 정말로 독창적인 아이디어는 실수를 통해서 탄생한다. 나는 오타 덕분에 많은 아이디어를 얻었다. 글을 쓰다가 'chance'라고 쳐야 할 것을 무심코 'change'라고 잘못 친 일이 있었는데, 덕분에 『An Introduction to General Systems Thinking』의 한 장 전체 내용을 쓸 수 있었다. 어떤 고객이 'turnkey system'이라고 해야 할 것을 'turkey system'이라고 실수한 일을 알아차린 적도 있는데, 이 실수를 통해 상용 시스템off-the-shelf systems의 위험성을 강의할 때 사용할 오프닝 멘트를 얻기도 했다.

훔친 아이디어

그렇더라도 창조적 오류가 아이디어로 발전하는 것은 비교적 드문 일이다. 학교에서는 무슨 수를 써서라도 오류를 피하라고 가르쳤기 때문에, 실패를 활용할 기회를 거의 누리지 못했다. 새로운 아이디어를 훔치는 것이 훨씬 더 쉽기 때문에 오류에 그다지 주목하지 않기도 했다. 훔치는 행위에는 한 사람의 아이디어를 훔치는 것(이것을 '표절'이라고 한다)과 많은 사람들의 아이디어를 훔치는 것(이것은 '조사'라고 한다)이 있다. 나는 조사라고 부르는 창조적 방법을 좋아하는데, 그렇게 하면 나의 일을 전부 다른 사람들이 하도록 만들 수 있다.

예를 들어서, 칼럼니스트인 내게 좋은 아이디어를 제공하는 수천 명의 독자들이 있다. 내가 쓴 칼럼을 읽고 이런 이야기를 하는 독자가

---

2 Antoine Henri Becquerel, 1852~1908. 프랑스의 물리학자. 방사선을 발견한 공로로 1903년에 노벨 물리학상을 수상했다.

있었다. "음, 나쁘진 않네. 하지만 그 주제에 대해서라면 내 아이디어가 더 좋은 것 같아. 와인버그에게 편지를 써서 사실은 어떻게 해야 하는지 말해줘야겠어." 그런 편지를 처음 읽었을 때는, 그 편지가 나의 NPS 신경을 건드렸다. '이 사람은 어떻게 위대한 저자인 내가 모르는 것이 있을 거라고 생각하지?' 그런 편지에 담긴 내용이 전부 다 본인 생각만큼 훌륭하지는 않았지만, 내가 처음 생각했던 아이디어보다 더 나은 내용을 포함하고 있었다. 내가 나의 NPS를 깨닫지 못했다면 이 아이디어들을 훔칠 수 없었을 것이며, 몽땅 스스로 생각해 내야만 했을 것이고, 그래서 결국에는 해야 하는 일이 더 많아졌을 것이다.

  컨설턴트로 활동하다 보면 다음과 같은 이득을 보는 경우가 많다. 지금까지 만났던 고객들은 모두 실행해보고 싶은 새로운 아이디어를 내게 열심히 설명했다. 몇몇 고객을 만난 후에는, 다른 고객들에게 일 년은 써 먹을 만한 정말 놀랄만한 아이디어를 얻는 경우도 있다. 게다가 아이디어를 '훔치는 행위'에 죄책감을 느끼지도 않는다. 항상 수많은 다른 아이디어를 그들에게 되돌려주기 때문이다. 내가 강단 심리학계의 정설을 믿는 사람이라면 이런 상호 교환은 생각하지도 못했을 것이다. 내 아이디어가 옳다는 것을 보여주기 바빠서 그 사람들의 아이디어에 결코 귀 기울이지 않았을 테니까.

  나는 고객을 잃고 싶지 않기 때문에, 고객에게 소유권이 있는 아이디어를 '훔치는 행위'는 아니라는 것을 명확히 하려고 한다. 조금이라도 고객이 원하지 않는다고 생각하면 아무것도 발설하지 않지만, 고객들이 걱정하는 아이디어는 보통 훔칠 만한 가치가 없는 것들이다. 훔치기에 적당한 아이디어는 보통 당연하다고 생각하는 '하찮은' 것이거나 아이디어라고 생각하지도 않는 것들이다. 마치 식물처럼, 어떤 환경에서 하찮은 아이디어가 더 비옥한 토양에 옮겨 심었을 때 획기적 돌파구로 꽃을 피울 수도 있다.

훔친 아이디어의 변형

내가 좋아하는 또 한 가지 요소는 오해하는 능력이다. 아이디어를 훔칠 때 잘못 가져오는 경우가 있는데, 때때로 그 오류가 가장 창조적이고 가치 있는 부분이 되기도 한다. 원래 아이디어를 낸 사람에게 훔친 아이디어를 변형해서 돌려주기도 하는데, 그 사람이 거기에서 대단한 가치를 찾아내는 경우도 있다.

어떤 조직의 관리자들이 새로운 PC 프로그램을 컴파일하는 데 대형 컴퓨터를 사용하려 한다고 내게 말한 적이 있었다. 나는 그 사람들이 대형 머신용 프로그램을 컴파일하기 위해 PC를 사용하려 한다고 거꾸로 착각했다. 컴파일까지는 아니더라도 PC를 이용해서 프로그램을 입력하거나 운영 지원 업무를 진행하거나 오류 검사를 하려고 한다고 생각했다. 내가 이런 내용을 같은 회사에 있는 다른 사람들에게 이야기하자, 그 이야기를 들은 사람들은 몹시 흥분해서 자기들에게도 각자 사용할 수 있는 PC가 있어야 한다고 결정을 내려 버렸다. 그들이 유난히 입력에 서툴렀던 것을 생각하면, 그 덕분에 대형 머신에서 발생했던 병목 현상을 해소할 수 있었다.

결국 더욱 멋진 상황이 되었다. 나는 이 조직이 시뮬레이션 터미널의 데이터 입력 담당자를 훈련시키기 위한 목적으로 PC를 사용하고 있었다는 것을 알게 되었다. 나는 순진하게도 왜 프로그래머들이 더 능숙하게 입력할 수 있도록 훈련시키기 위해, 같은 소프트웨어를 사용하지 않는지 물어 보았다. 마침내 이 아이디어를 사용하도록 하는 데 성공했는데, 그 아이디어가 나의 것이 아니라 대부분 그들의 머리에서 나온 것임을 일깨워줌으로써 가능했다. 일 년 후 원래 그 아이디어가 나왔던 조직에서 변형된 자신들의 아이디어를 다시 훔쳐서, 지금은 모든 프로그래머에게 PC를 지급하여 데이터 입력과 훈련 양쪽 모두에 사용하고 있다는 소식을 들었다.

결합

이 마지막 사례는 두 개의 아이디어가 각각의 원래 아이디어보다 더 훌륭한 것을 만들어 내는 결합의 가치를 보여준다. 사실, 대부분의 좋은 아이디어는 좋은 사람들과 마찬가지로 결합에서 태어난다. 여러분은 달걀을 좋아할 수도 있고, 설탕을 좋아할 수도 있지만, 그냥 맛있는 머랭³만 좋아할 수도 있다. 사실 나는 달걀은 매우 싫어하지만 머랭은 정말로 좋아한다.

결합의 가치를 이해하는 리더는 강단 심리학계의 정설에 대한 믿음으로 인해 생긴 대립을 융화시킬 수 있다. 한 조직에 속해 있는 두 명의 구성원이 어떤 아이디어가 더 좋은지를 두고 논쟁하면, 주의력이 풍부한 리더는 두 방법을 결합해서 제3의 방법을 찾으려고 할 것이다.

나의 고객 회사 중 한 곳에서 자신들의 소프트웨어 품질을 개선하려 하고 있었는데, 두 명의 프로그래머가 회의에서 기술 리뷰 시스템과 공식 테스트 계획 시스템 중 어떤 것을 먼저 도입할지를 두고 다투고 있었다. 관리자가 테스트 계획을 공식 리뷰할 수 없느냐고 질문하자 그들은 모든 논쟁을 멈추었다. 두 프로그래머 모두 이 제안을 자신의 아이디어라고 생각하고 그 아이디어를 지지했다.

---

3 달걀흰자에 설탕을 섞어서 만든 디저트의 일종.

왜 아이디어를 만드는 것이 나쁜 일처럼 보일까

오류, 훔치기, 결합이 아이디어를 개발하는 3대 주요 전략인 것은 결코 우연이 아니다. 이 전략의 본질이 생체 조직의 유전자 내부에서 어떤 역할을 하는지 살펴보면 분명하다. 어머니와 아버지가 당신이라는 훌륭한 존재를 만들기 위해 어떤 방식으로 유전 정보를 조합했는지 여기에서 자세히 설명할 필요는 없을 것이다. 이러한 조합 과정이야말로 유전 순환 주기의 전체에서 가장 환희에 찬 순간이라고 이야기하는 것으로 충분하다. 하지만 안타깝게도 아이디어를 이렇게 상징적으로 표현하는 것을 어색해 하는 사람들도 있다.

내가 좋은 아이디어를 찾아내기가 어렵다고 느끼는 것은, 아마도 이런 표현이 주는 혐오감 때문일지도 모른다. 학교에 다니던 무렵, 위협과 보상 모델을 따르는 사람들은 내게 하지 말아야 하는 것과 입에 담아서는 안 되는 것들을 장황하게 가르쳐 주었다. 오류, 훔치기, 결합, 즉 아이디어를 만들어 내는 바로 그 일들은 하지 말아야 하는 일 목록의 위쪽에 있었다.

시험 답안을 제출할 때, 실수를 하면 그 대가로 나쁜 점수를 받게 된다는 것을 알게 되었다. 실수를 하지 않으려고 책을 몰래 보거나 다른 친구의 답을 베껴 쓰면 그 대가가 더 커지기만 할 뿐이라는 사실도 알게 되었다. 철자나 구두점에 오류가 있으면 점수가 10점 깎일 수 있고, 최악의 경우에는 방과 후에 남아서 칠판에 정답을 천 번 쓰게 될 수도 있다. 하지만 답을 베껴 쓰면 '부정 행위자'가 되어 교장실에 불려가게 된다.

내가 이성 교제를 하는 도중에 발각되었다면, 아니 이성 교제에 대한 책을 읽다가 발각되기만 했더라도, 노벨상을 수상하려고 스톡홀름에 가는 것처럼 의기양양하게 교장실에 가서 벌을 받았을 것이다. 위협과 보상 모델을 따르는 사람들에게, 좋은 아이디어를 만들어내는 더 효과적인 방법은 더 심하게 처벌하는 것이다.

오해하지 않았으면 좋겠다. 나는 처벌의 효과를 믿지 않는 소심한 자유주의자는 아니다. 처벌은 가장 효과 있는 교육 방법 중 하나이다. 처벌을 통해 처벌을 피하도록 가르칠 수 있다. 오류, 훔치기, 결합에 대해 거듭 처벌을 받은 사람들은 위대한 아이디어를 만들어낼 가능성이 적어진다. 심지어 아이디어를 만들 생각조차 하지 않게 되는 것이다.

이쯤 되면 훌륭한 아이디어를 만들어내는 세 가지 방법과 혁신을 방해하는 세 가지 장애물의 관계를 눈치챘을 수도 있다. 자기 인식이 부족하면 자신의 오류를 알아차리지 못하고, 그래서 그 오류를 파악해서 훌륭한 무언가로 바꿀 수 없다. 자신이 훌륭한 지적 능력을 갖고 있다는 믿음은 다른 사람의 것을 베끼려는 생각을 하지 못하도록 만들기 때문에, 창조적 훔치기를 통한 혜택을 얻을 수 없다. 또 모든 문제에는 오직 한 가지 해결책만이 있다고 알고 있는 사람은 아이디어를 조합하는 것을 어리석다고 생각하며, 따라서 결합을 고려하지 않는다.

3대 주요 전략을 오류, 훔치기, 결합이라고 표현하는 것은 재미있는 일이지만, 학교에서 이런 것들을 나쁜 전략이라고 가르치는 것은 전혀 재미없는 일이다. 학교 교육은 이 전략들을 잘못 이해하고 있기 때문에, 훌륭한 문제 해결사가 될 수 없도록 가르칠 우려가 있다. 오류를 범하지 않는 것을 너무 강조하다 보면 하나의 자기 방어 전술로서 자신에 대해 무지한 사람을 만들어 버릴 수 있다. 경쟁을 너무 강조하면 협력은 '부정 행위'로 취급되고, 최고로 똑똑한 사람이 되고자 하는 욕구에 사로잡힌 인간을 만들 수 있으며, 시험을 너무 강조하면 모든 일에 오직 한 가지 정답만이 있다는 생각을 심어줄 수 있다.

나는 학창 시절에 수많은 실수를 저질렀다는 것을 안다. 나는 실수를 인정하지 못하는 맹목적 꼬마 완벽주의자로 자라났다. 또한 가끔 부정 행위를 하기도 했는데, 그 경험 때문에 지금도 다른 사람의 업적을 나의 발판으로 삼는 것에 대해 과도한 결벽증이 있다. 하지만 운 좋게도 나는 여자 아이들을 두려워했기 때문에 이성 교제를 하는 도중 선생님에게 발각될 일은 없었다. 그 결과 두 가지 좋은 아이디어로 더욱 훌륭한 하나의 아이디어를 만들어 내는 일은 전혀 두려워하지 않게 되었다. 그 전술 덕분에 지루하게 아무것도 없는 인생에서 벗어날 수 있게 된 것이다.

그러므로 문제 해결형 리더가 되기를 원하는 사람들에게 조언한다. 젊은 시절을 깨끗하고 건전하게 보내든지, 아니면 적어도 붙잡혀서 처벌 받지는 않길 바란다! 젊은 시절이 이미 아쉽게 지나가 버렸다 하더라도, 아직 희망이 남아 있을 수도 있다. 다음 장에서는 그 사실을 증명해 보려고 한다.

8장 질문

1. 지금까지 저지른 가장 큰 실수는 무엇인가? 그 실수로부터 얼마나 배울 수 있었는가? 그 비용을 교육에 참가하거나 책을 읽는 것을 통해 얻은 학습과 비교해 보았을 때 어떠한가?
2. 가장 큰 실수에서 리더십의 존재 또는 리더십의 부재가 어떤 역할을 했는가? 그 경우 어떠한 훈련이나 경험이 있었다면 당신이 발휘한 리더십의 질을 높일 수 있었다고 생각하는가? 그렇게 되었다면 결과가 어떻게 달라졌을까?
3. 지난달에 사용한 새로운 아이디어가 어디에서 나온 것인지 적어도 10가지를 목록으로 만들 수 있는가? 지금은 이용하고 있지 않은 아이디어에 대해서도 10가지를 목록으로 만들어 볼 수 있는가?
4. 당신의 아이디어 대부분은 어떤 운명을 겪게 될까? 대부분 실현될 수 있을까? 동기가 부족해서 사장되는 것은 얼마나 될까? 환경의 뒷받침 부족으로 사장되는 것은 얼마나 될까?
5. 상징적 표현에 대해서 어떻게 느끼는가? 예를 들어, 브레인스토밍에서 누군가가 "빌딩을 몽땅 태워 버립시다." 같은 '터무니없는' 제안을 했다면 당신의 반응은 어떨까?
6. 브레인스토밍은 사람들이 아이디어의 힘을 강화하기 위해 만든 기법이다. 브레인스토밍에 관한 책을 읽어본 적이 없다면, 적당한 책을 한 권 골라 공부해 보자. 아이디어의 힘이 어디에서 오는지에 대해 이번 장에 나온 생각과 브레인스토밍의 실천은 무슨 관련이 있을까?
7. 다음 번 회의에서 두 가지 아이디어를 골라서 한 가지 새로운 아이디어로 만든 다음, 두 아이디어를 낸 사람들에게 그들의 아이디어

라고 인정해 주자. 원래 아이디어를 낸 사람들은 어떤 반응을 보이겠는가?

8. 지금 겪고 있는 문제를 목록으로 만들어 보자. 두 가지 문제를 골라서 한 가지 문제를 해결하면 다른 문제도 해결할 수 있도록 조합해 보자. 예를 들어, 체중이 너무 많이 늘었고 운동할 시간이 없는 상태라면, 문제를 조합해서 점심 시간에 긴 산책을 하는 해결책을 만들어 볼 수 있다.

9장
비전

묵시가 없으면 백성이 방자히 행하거니와.

― 잠언 29장 18절

문제 해결형 리더십에서 아이디어가 중심 역할을 하는 것은 사실이지만, 리더가 된다는 것은 자신의 아이디어에서 다른 사람의 아이디어로 초점을 옮긴다는 의미이다. 다른 사람들이 혁신을 일으키도록 만들거나 혁신에 적합하도록 조직화하려면 무엇이 필요할까? 다른 사람들이 리더의 아이디어를 마치 자신의 아이디어인 것처럼 적용하길 원한다면 어떻게 해야 할까? 이 질문이 리더의 역할로 변화하는 핵심이며, 이 질문에 답변하려면 자신의 인생을 장기적 안목으로 바라볼 필요가 있다.

이력선

일기가 단기적으로 스스로를 되돌아보는 데 도움을 주긴 하지만, 장기적 안목으로 자신을 바라보는 것이 쉽지 않을 때가 있다. 다음 실습은 자신의 전체 이력을 그림으로 그려봄으로써 장기적 안목을 얻을 수 있도록 해준다.

큰 종이 한 장과 펜을 준비한 다음, 종이 한가운데에 수평선을 그린다. 이 선은 이력이 시작한 때부터 지금까지의 시간을 나타낸다. 그다음에 수평선 왼쪽에 수직선을 하나 그린다. 이 선은 감정의 높낮이를 나타내는 것이다. 이제 이력에 따라 위아래를 왔다 갔다 하면서 자신의 이력선을 그래프로 그려보자. 가능하다면 다른 사람 앞에서 자신의 이력을 이야기하면서 그리도록 한다. 그래프를 다 그리고 난 다음, 전체적으로 그 모습을 살펴본 후 적당한 제목을 붙인다. 그런 다음에는 선을 미래로 확장해 보자.

다음 내용을 읽기 전에, 자신의 이력선을 그려보고 싶을 수도 있다.

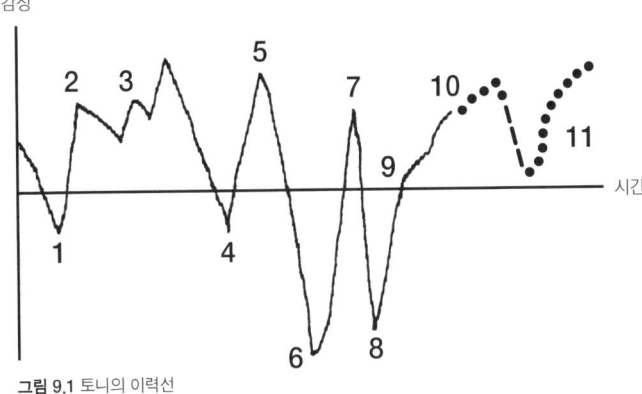

그림 9.1 토니의 이력선

우리는 수백 명에 달하는 문제 해결형 리더들의 이력선을 연구해 왔다. 우리가 알게 된 것을 이해하기 위해서, 그림 9.1을 살펴보자. 이 그림은 토니라는 컴퓨터 프로그래머가 그린 상당히 전형적인 이력선이다. 다음은 토니가 자신의 이력선을 그리면서 이야기한 내용 중 일부이다.

1. "고등학교 시절 수학과 물리를 좋아했지만, 특별히 흥미를 느꼈던 것은 아닙니다. 3학년 때는 이미 상급 과정을 모두 마쳤기 때문에, 사회 필수 과목만 공부했습니다. 그때는 정말로 지루했고, 그래서 선이 이렇게 아래로 내려갔습니다."
2. "대학에서 처음으로 프로그래밍 과목을 수강했는데, 그 때문에 선이 여기로 올라왔습니다. 전산학 과목은 전부 다 수강했는데, 수업에 지쳤을 때쯤 선이 점점 아래로 내려오기 시작했어요."
3. "3학년 때 컴퓨터 센터에서 아르바이트로 기술 문제 해결을 도와주는 일을 시작했습니다. 하루에 18시간 컴퓨터 센터에서 지냈고, 신

입 사원을 모집하는 사람들을 만났습니다. 신나는 경험이었죠."

4. "한 가전제품 업체에서 프로그래밍 일을 시작했는데, 처음에는 엄청난 열정을 갖고 있었어요. 하지만 3년 후에는 낡은 COBOL 프로그램을 유지 보수하는 일보다 더 의미 있는 일을 해야 한다고 확신했습니다."

5. "회사를 그만두고 몇 개월 빈둥거리다가 한 건강식품 회사 회계 시스템을 개발하러 갔습니다. 거긴 일하기에 너무 좋은 곳이었고, 그곳에서 한 여자를 만나 3주 만에 결혼했습니다."

6. "일 년 후에 그 회사는 부도 나버렸고 결혼도 깨졌습니다. 그때는 정말로 엉망진창이었지만 저는 곧바로 다시 일어섰습니다. 다시는 나의 신념에 기여하지 못하는 회사에서 일하지 않겠다고 생각했습니다."

7. "그다음에 취직한 곳이 지금 일하고 있는 회사입니다. 최고의 온라인 서비스를 개발하고 있는 상당히 전문성 있는 곳이었고, 제 능력을 높게 인정해 주었습니다. 일 년 동안 두 번 승진해서 프로젝트에서 가장 핵심 부분을 담당하는 수석 프로그래머가 되었죠. 행복한 시간이었고, 아무런 문제도 없었던 유토피아 같았습니다."

8. "하지만 사실 마케팅 관점에서 보면 제가 진행 중이던 프로젝트는 매우 불안했습니다. 아주 자랑스러운 결과물을 완성하자마자, 어느 늦은 금요일 오후에 경영진이 프로젝트를 중단시켰습니다. 그래서 롤러코스터를 타고 다시 내려간 거죠."

9. "이번에는 주말 동안에 일어난 일입니다. 월요일에 잠자리에서 일어났을 때 우리 시스템을 조금만 변경하면 다른 곳에 응용할 수 있다는 생각이 들더군요. 저는 관리자를 만나서 몇 주 노력한 끝에 그 아이디어를 이해시킬 수 있었습니다."

10. "그렇게 여기까지 왔습니다. 이미 프로젝트 첫 버전을 출시해서 지

금은 기능 향상 작업을 진행하고 있습니다. 지금 하고 있는 일에 전에 없이 만족하고 있지만, 선을 꾸불꾸불하게 그렸습니다. 무슨 일이 일어나고 있는지 알고 있기 때문입니다. 제 행복은 무지에서 오는 것이 아니라, 발생하는 문제에 맞서고 해결하는 만족에서 오는 것입니다."
11. "점선은 미래를 나타냅니다. 나는 이 프로젝트에서 빠져서 새로운 일을 하고 싶다고 요청했습니다. 다음에 무슨 일을 하게 될지는 잘 모르겠지만, 잘 진행될 것이라고 확신합니다. 어느 정도 롤러코스터를 타기도 하겠지만, 큰일이 없길 바라죠."

중요한 것은 사건이 아니다

토니는 자신의 이력선에 '롤러코스터'라는 이름을 붙였다. 토니는 대부분의 이력이 오르락내리락한다는 사실을 알고 놀랐다. 미국 문화에서는 이런 주제에 대해 별로 이야기하지 않기 때문에 많은 사람들이 이 사실을 알고 놀란다. 적어도 남자들은 그렇다. 하지만 이런 사실을 한번 이야기해보면, 매우 놀라운 경험을 하게 될 것이다.

한 가지 재미있는 사실은 이력선에 있는 동일한 사건에 대해서 어떤 사람은 정점으로 생각하고 어떤 사람은 밑바닥으로 생각한다는 것이다. 토니에게 이혼은 우울한 사건이었지만, 나에게 이혼은 막중한 부담감으로부터의 해방이었다. 내 생각에는 사람들이 대부분 보편적으로 내리막이라고 생각한 사건은 심각한 질병을 앓았을 때뿐이다. 하지만 나를 포함하여 많은 사람이 질병으로 인한 밑바닥을 새롭고 더 높은 이력의 시작점으로 표시한다. 직업을 잃는다든지, 시험에 떨어진다든지, 프로젝트가 실패하는 것도 모두 마찬가지다.

이력을 연구하여 얻을 수 있는 첫 번째 교훈은 다음과 같다. 중요한 것은 사건이 아니라, 사건에 대한 반응이다.

성공이 실패로 이어질 수 있는가?

침체의 원인은 여러 가지가 있다. 침체는 외부 요인 때문일 수도 있고, 자신의 결점으로 인한 것일 수도 있다. 때로는 아무런 문제가 없는 데 침체가 일어나기도 하며, 때로는 너무 높은 곳까지 올라갔기 때문에 그 성공이 많은 조건을 바꿔 침체가 일어나기도 한다. 나는 머큐리 프로젝트에서 이런 일을 경험했다. 큰 문제를 해결했기 때문에 지루하고 반복적인 일만 남았던 것이다. 다음은 이런 현상을 경험하게 되는 몇몇 일반적인 원인에 대해 설명한다.

프랭크의 경우 성공이 그의 정보 체계를 바꾸어 버렸다. "3년 동안 세 번 승진한 끝에 100명이 넘는 사람들을 관리하게 되었습니다. 그러나 교류가 부족한 상태가 되었다고 생각했고, 결국 예전에 있었던 정보의 출처와 단절되었다는 것을 깨달았습니다. 사람들과 함께 여유롭게 점심을 먹는 시간이나 커피 마시는 시간, 화장실이나 복도에서 우연히 누군가를 마주치는 기회가 사라졌습니다. 높은 사람이 되어 많은 사람들이 내게 의지하게 되었기 때문에 예정에 없는 시간을 낼 수가 없었습니다. 그래서 예정에 없던 시간을 만들려고 노력하기 시작했습니다. 옛날과 같지는 않지만 몇 달 전보다는 나아졌습니다."

아이리스는 성공으로 인한 자부심 때문에 방어적 태도를 취하게 되었다. "나는 사진 식자기 운영 시스템을 만들어서 승진했습니다. 예전에는 여자 혼자 그런 일을 해낸 사람이 아무도 없었기 때문에 정말로 자랑스러웠습니다. 하지만 사진 식자기 분야 기술은 빠르게 변화했고 일 년 만에 시스템을 개선할 수 있는 새로운 개발 방법이 나타났습니다. 우리 팀에 있던 몇몇 사람이 시스템 일부를 교체하자고 제안했을 때, 그들을 상당히 심하게 질책했습니다. 그때는 내가 완전히 합리적이라고 생각했어요. 자존심이 만들어 놓은 장막을 걷어내고 진실을 보게 된 것은 아주 나중 일이었습니다. 일 년이 지난 후 나는 해답에서 문제로 변해 있었습니다."

월스턴은 자신의 성공으로 인해 더 이상 쓸모가 없는 시스템에 너무 오래 머무르고자 하는 유혹에 빠졌다. "5년 동안 저는 보잘것없는 대학 졸업생에서 시스템 프로그래밍의 제왕으로 성장했습니다. 프로그램 툴킷과 기술 툴킷을 만들어서, 시스템이 '왈칭 마틸다^{Waltzing Matilda}'를 연주하고 거기에 맞춰서 춤을 추도록 할 수도 있었지요. 그 후 회사에서 새로운 시스템을 도입했을 때, 일 년의 병행 운용 기간 동안 이전 시스템을 관리하는 업무를 맡게 되었고, 나중에는 그 기간이 2년으로 늘어났습니다. 분명히 나는 그 일을 제일 잘할 수 있는 사람이었고, 회사는 매우 좋은 급여 조건을 제시했습니다. 게다가 정상에 있던 자리를 포기하고 새로운 시스템의 말단에서 새로 시작해야 한다는 것도 내키지 않았습니다. 결국 이전 시스템이 폐기될 때쯤 문제가 발생했어요. 새로운 시스템의 말단 이외에는 갈 곳이 없었고, 다른 사람들은 모두 나보다 2년 먼저 시작한 상태였습니다. 결국 나는 운영팀의 비기술직으로 가기로 결정했습니다. 급여는 괜찮지만 그 일이 특별히 마음에 들지는 않습니다."

이력 연구를 통해 얻을 수 있는 두 번째 교훈은 다음과 같다. 성공이 오직 실패로만 이어진다면, 누구나 실패할 것이다.

비전의 중심 역할

사람들은 대부분 성공하는 사람들이 결코 내리막을 경험하지 않을 것이라고 생각하지만, 동화 같은 인생은 없다. 미덕이 항상 보답을 해주는 것은 아니다. 지혜가 어리석은 실수를 만들기도 한다. 항상 성공하는 사람은 없다. 실패하지 않기 때문에 리더가 되는 것이 아니라 실패에 반응하는 방법 때문에 리더가 되는 것이다.

내가 아는 성공한 리더들은 자신의 패배를 새로운 성공의 발판으로 삼아 뛰어 오르는 능력이 있다.(여기에서 '뛰어 오른다'는 것은 너무 낙관적인 표현이다. '기어 오른다'는 표현이 더 적절할 때도 있다.) 리더는 단지 역경을 극복해낸 사람이 아니라, 역경을 유리하게 변화시키는 사람이다.

어떻게 그렇게 할 수 있을까? 이 질문에 대해 25년 동안 연구한 후, 혁신을 이루는 사람은 사실 비밀의 열쇠를 가지고 있다는 결론에 도달했다. 그 열쇠란 특별한 비전인데, 비전은 평범한 부분과 특별한 부분이 결합되어 있다. 평범한 부분이란 인생에서 그저 그렇게 일어나는 일이다. 정치가도 선교사도 우체부도 그런 비전을 가질 수 있다. 그러나 두 번째 부분은 특별한 비전이며, 그 비전을 개인화하여 훌륭한 아이디어를 이용해 리더의 집념으로 연결한다.

다시 말해서, 가치 있는 일은 반드시 존재하지만 오직 나만이 기여할 수 있는 유일한 부분 또한 반드시 존재한다. 그것이 비전을 달성하는 열쇠다. 대중운동 참여가 나를 한 사람의 개인으로서 살아가는 데 도움을 줄 수도 있지만, 혁신가로 살아가는 데 도움을 주지는 않는다.

캐시는 자신의 개인 비전을 다음과 같이 설명하는 대표적인 성공한 혁신가이다. "나는 항상 장애인들을 돕고 싶었습니다. 오빠가 선천성 시각 장애인이기 때문이죠. 컴퓨터가 시각 장애인에게 매우 잠재력이 있다는 사실을 알게 되었기 때문에, 컴퓨터 분야를 전공하기로 결정했습니다. 대수학 교수가 나에게 수학에 자질이 없다고 말했을 때, 그 교수가 틀렸다는 사실을 나는 알고 있었습니다. 나는 시각 장애인들과 컴퓨터 작업을 진행하려면 그 과목을 통과해야만 했습니다. 그 과목을 다른 교수님에게 두 번째로 들으면서 불현듯 감을 잡았고, 그 순간 이후 수학 과목에서 모두 A 학점을 받았습니다."

캐시는 자신의 비전을 특정 상황, 즉 자신의 오빠가 시각 장애인이라는 사실과 연관시킬 수 있었다. 하지만 무엇이 가치 있는 것인지 자연스럽게 '알고 있는' 스티브는 더욱 전형적이라고 할 수 있다. "그 프로젝트가 완성될 수 있다고 믿는 사람은 아무도 없었지만 나는 가능하다는 사실을 알고 있었습니다. 사람들은 어떻게 그렇게 확신하느냐고 물어보았는데 그런 시스템은 그때까지 만들어진 사례가 없었고, 나는 그저 가능하다는 사실을 알고 있다는 말만 했습니다. 경영진이 왜 우리에게 예산을 계속 지원하는지 몰랐지만, 어쨌든 지원을 계속했고, 마침내 내 시스템이 큰 이익을 가져왔습니다. 그러자 사람들은 일은 혼자 다 하고 모든 이익을 회사가 독차지하는 것이 화가 나지 않느냐고 말했는데, 나는 잘 이해할 수 없었습니다. 회사가 그 수익을 모두 사용하고 한참이 지난 후에도 나는 여전히 우리가 달성한 것은 아무도 할 수 없었던 가치 있는 일이라는 것을 알고 있었습니다."

캐시와 스티브는 핵심 아이디어를 통해 개인 비전, 즉 무언가 더 좋아진 미래에 대한 이미지를 실현할 수 있었던 것이다. 그들에게 비전은 돈이나 권력, 명성, 특정한 누군가를 돕는 것보다 더 중요했을 것이다. 이러한 이력 연구를 통해 얻을 수 있는 세 번째 교훈은, 성공한 테크니컬 리더는 모두 개인 비전이 있다는 점이다.

왜 비전이 혁신가를 만드는가

테크니컬 스타의 생활에는 개인의 비전이 배어 있다. 거의 모든 경우, 개인의 비전은 기준점, 즉 사소한 것으로부터 중요한 것을 분리해낼 수 있는 원칙을 제공한다. 어떤 비전이라도 중요한 것을 분리하기 위한 질문으로 바꿀 수 있다. "그게 더 좋은 OS를 설계하는 데 기여하는 일일까?" "시각 장애인이 유용한 일거리를 찾을 수 있도록 도움을 주는 것이 필요한 일일까?"

비전은 문제 해결형 리더에게 필수라고 할 수 있는 품질에 대한 집념을 불러온다. 비전을 통해 업무의 중요도가 높아지고 그 업무를 하는 사람의 영향력이 확대되는 것이다. 업무의 품질이 좋지 못하다는 것은 그 업무를 하는 사람이 일에 관심이 없거나 능력이 부족하다는 의미이다. 양쪽 모두이든가. 그런 상태에서 누군가가 비판을 하면서 비판과 비전의 관계를 보여주지 못한다면 그 사람은 비판을 참지 못할 수도 있다.

예를 들어, 컴퓨터 프로그래머는 자신의 프로그램에서 오류가 발견되는 일에 저항하는 경향이 있는데 자신의 프로그램이 완벽하다고 믿고 싶기 때문이다. 오류란 결국 누군가가 발견하기 마련이라는 사실을 이해하면 그 저항은 열정적 협력으로 바뀐다.

사실 비전은 다른 사람들과의 모든 상호작용에 영향을 준다. 비전을 가지고 움직이는 사람들이 무언가 잘못된 것을 보았다면 그 사람들은 동료들에게 이렇게 말할 것이다. "우리가 자부심을 느낄 수 있는 시스템을 만들지 못하고 있어서 그다시 기분이 좋지 않아. 이런 기분을 해소하려면 우리가 무엇을 하는 것이 좋을까?"

하지만 누군가 업무를 완수하는 것 이외에 권력, 돈, 명성과 같은 다른 동기를 가지고 있다면 그 업무는 꼬인다. 리더가 "일을 마무리하지 않으면 승진에서 누락될 것이기 때문에 기분이 별로 좋지 않아. 내가 돈을 더 많이 벌 수 있도록 더 열심히 일해 주겠어?"라고 말할 수는 없다. 이런 비전이 없는 사람들은 보통 자신의 진정한 동기를 숨기려고 할 만큼 영리하지만 거기에 속는 사람은 거의 없다. 많은 사람들의 이력을 연구하면서 네 번째 교훈을 알게 되었다. 비전이 없는 사람은 다른 사람들에게 큰 영향을 미치지 않는다.

비전은 전염된다. 히틀러의 비전처럼 그릇된 비전이라 할지라도 사람들을 그 길로 끌고 갈 수 있다. 사람들이 당신의 비전을 공유한다면, 서로를 이끌어서 위대한 업적을 이룰 수 있다. 리더가 되고자 하는 사람들의 여타 이유가 대부분 같다고는 말할 수 없다. 당신이 부자가 되거나 유명해지는 것에 관심이 있는 사람은 당신의 어머니뿐이다.

자신에게서 비전을 찾는다

개인 비전이 없다면, 리더십 기술이나 비밀을 알고 있다고 하더라도 아무런 도움이 되지 않는다. 최첨단을 이끌어가는 데 비전이 없다면 사람들과 프로젝트는 비명횡사하게 된다.

리더가 되고자 하는 사람이 그러한 비전을 갖고 있지 않다면 어떻게 되느냐는 질문을 받은 일이 있다. 나는 대답할 수 없었다. 그런 사람을 만나본 일이 없기 때문이다. 미래를 냉소적으로 바라보는 사람이나 오직 돈과 권력만을 추구하는 사람이라 할지라도, 냉소주의의 보호막 안에 숨어 있어도 누구나 비전을 가지고 있다. 돈과 권력이라는 차가운 관심사의 껍질 속에, 더 좋은 세상을 위한 비전이라는 이상을 사람들이 비웃을 것이라는 두려움이 숨어 있을 것이다.

내가 그런 사람들의 비전을 볼 수 있었던 것은 많은 사람들의 이력선을 연구했기 때문이고, 나에게 그런 경험이 없었다면 그들의 어두운 내면을 볼 수 없었을 것이다. 내가 진행한 프로젝트가 실패한 적도 있고, 프로젝트가 의도한 것과 정반대의 목적으로 사용되는 것도 보아왔다. 그로 인해 '더 좋은 세상'을 만드는 것을 생각하기는커녕, 자신의 생존 이외에는 아무것도 생각할 수 없는 그런 괴로움도 느껴 보았다. 결코 도달할 수 없는 높은 목표에 대한 두려움을 감추기 위해 돈과 권력을 추구하는 일에 몰두하면서 인생의 몇 년을 낭비하기도 했다. 나는 이런 어리석음을 알고 있었지만 그 사실을 인정하는 것이 더 이상 부끄럽지는 않다. 사람들이 대부분 그런 어리석음을 저지른다는 것을 알게 되었기 때문이다.

나는 내 안에 비전이 있다는 것을 알지만, 비전이 어떻게 거기 있게 되었는지는 모른다. 정신분석가라면 알지도 모르지만 굳이 알고 싶지는 않다. 그 비전은 내게 너무나 중요한 것이고, 수많은 문제 해결형 리더가 그렇듯이 그 비전에 대해 신성한 느낌을 갖고 있다. 영화관에서 더 좋은 세상이 가능하다고 믿는 똑똑한 젊은이가 회의적인 어른들을 극복해 내는 진부한 줄거리의 영화를 보면 나는 비명을 지르고 싶어진다.

냉소적인 사람은 문제 해결형 리더를 보고 '유치하다'고 평가하고, 그들의 '순진함'과 'SF 같은 정신세계'를 비웃을지도 모른다. 자신이 세상을 바꿀 수 있다고 믿는 것은 아이들뿐일 수도 있지만 내가 보기에 그것은 유치한 것이 아니라 '순수한' 것이다. 바꿀 수 있다고 생각하지 않는다면 왜 무언가를 하려고 하는가?

게다가, 만약 정말로 아무런 변화도 만들어내지 않는다면 비전을 믿거나 말거나 아무런 차이도 없을 것이다.

만약 그런 비전이 없다면, 아마 단지 어딘가에서 잃어버렸기 때문이다. 과거에 어딘가에서 무언가가 중요하다는 사실을 믿었다면, 그 무언가가 세상을 바꿀 수 있었을지도 모른다. 비전을 찾아서 여행을 떠나보자!

9장 질문

1. 다른 사람들과 함께 일하는 것이 기술 업무를 할 때의 느낌만큼 편안한가? 그렇지 않다면, 어떻게 할 생각인가?
2. 자신의 성공에 지나치게 몰입해 있어서 함께 있는 것이 힘들었던 사람을 만난 적이 있는가? 혹시 당신도 그런 사람들 중 하나인가?
3. 성공이 처음에 그 성공을 가져온 조건을 바꿔 버린 경험이 있는가? 만약 지금 하고 있는 일에서 성공을 거둔다면 무엇이 바뀔까? 이것에 대해 무슨 일을 하고 있는가?
4. 자신의 이력에서 최악의 시간을 기억할 수 있는가? 그때 가장 어려운 것은 무엇이었는가? 거기에서 어떻게 벗어났는가? 거기에서 무엇을 배웠는가? 지금 밑바닥에 있다면 이전과 다르게 무엇을 할 것인가?
5. 지금 어떤 어려움을 경험하고 있는가? 거기에서 무엇을 배우고 있는가?
6. 다른 사람들을 대할 때, 그 사람들은 당신의 동기를 이해하고 있을까? 그 사람들이 이해해 주기를 원하는가? 그들이 이해하고 있는지 그렇지 않은지 어떻게 확인할 것인가?
7. 자신의 이력선을 그려 보자. 가능하다면 이력선을 그리면서 친구와 그 이야기를 공유해 보자. 이력선을 미래로 연장하는 것을 잊지 말자. 만약 그 이력선이 소설이나 영화라면 어떤 제목을 붙이겠는가? 영화라면 누가 당신의 역할을 연기하는 것이 좋겠는가?

3부

동기부여

자신의 비전을 실현하기 위해서 리더가 되는 사람도 있지만, 다른 사람들에게 도움을 주는 것이 자신의 비전인 사람도 많다. 그들은 다른 사람들에게 무언가를 보여주거나, 이야기하거나, 무언가를 하게 만들거나, 하도록 설득하거나, 끌고 가거나 해서 어쨌든 다른 사람들을 도우려고 한다. 그러나 '자신들을 위한 일'이라고 하더라도 사람들은 쉽게 움직이지 않는다.

3부에서는 다른 사람들에게 영향을 미치는 데 무엇이 방해가 되는지, 영향력을 높이기 위해 어떤 일을 할 수 있는지 알아볼 것이다.

10장

동기부여의 첫 번째 장애물

신이시여 다른 이들이 우리를 보듯이
스스로를 볼 수 있는 힘을 주소서
그 많은 잘못과 어리석은 생각 속에서
우리를 해방시켜 주소서
화려한 옷과 걸음걸이에 속아
마음을 빼앗길 것 같은 오늘!

— 로버트 번스[1], '이에게(To a Louse)'

---

1 Robert Burns, 1759~1796. 스코틀랜드 출신의 영국 시인.

혁신의 첫 번째 장애물은 자신에 대한 무지, 즉 자기 자신을 바라보는 능력이 부족한 것이다. 그러나 동기부여의 첫 번째 장애물은 이와는 약간 다르다. 동기부여의 첫 번째 장애물은 다른 사람이 당신을 보는 것처럼 자기 자신을 볼 수 있는 능력이 부족한 것이다. 로버트 번스는 교회에서 화려한 차림을 한 젊은 여성의 목에서 기어가고 있는 이를 보면서 이러한 장애물을 완벽하게 표현해냈다. 그에 반해서 우리에게는 다른 사람의 반응을 예측할 수 있는 믿을 만한 방법이 없다.

자기 테스트

다른 사람에게 동기부여를 얼마나 잘할 수 있는지 알아볼 수 있는 간단한 질문이 있으면 좋겠다는 생각이 들었다. 예를 들어 다음과 같은 질문은 어떨까?

　　당신은 다른 사람이 자신을 어떻게 보는지 알 수 있습니까?
　　a) 예
　　b) 아니요
　　c) 가끔
　　d) 어떻게 알겠습니까?

　혁신가들은 전부 '예'라고 대답한다는 것이 이런 직접적인 질문의 문제점이다. 혁신의 첫 번째 장애물을 극복하고 자신의 행동을 볼 수 있다고 하더라도, 그 행동이 다른 사람들에게 얼마나 우습게 보이는지 알아차리지 못할 수도 있다. 혁신가에게는 자신의 행동에 대한 어느 정도의 편협함, 이기심, 합리화가 필요할 때도 있다. 신출내기 혁신가라면 하나의 비전에 집중하고, 그 비전이 다른 어떠한 것보다 더 중요하다고 믿으며, 다른 사람들의 말이나 생각을 의식하지 않는 것이 필요하다는 의미이다. 그로 인해 혁신가는 자신의 행동이 다른 사람들에게 미치는 흥미로운 영향을 의식하지 못하게 되곤 한다.

뛰어난 문제 해결사들은 자신이 다른 사람의 도움을 받지 않고 성공했다고 믿는 경향이 있다. 다른 사람들을 보지 못하거나, 보았다 하더라도 장애물로 인식한다. 그러나 개인적인 스타가 리더가 되려고 할 때, 다른 사람의 반응을 이렇게 인식하면 그것이 첫 번째 장애물이 된다. 사람들은 재능을 가진 사람과 함께 일하는 것을 좋아한다. 단, 그들이 자신을 방해하지 않고 존경의 대상이거나 관리의 대상일 경우에만 그렇다.

이런 유형의 리더는 육상 코치보다는 병원 외과 과장에 비유하는 것이 더 적절하다. 외과의 구성원들은 자신의 문제를 해결하기 위해 거기에 있는 것이 아니라 외과 업무를 원활하게 하기 위해서 거기에 있다고 보는 것이다. 수술과 관련된 유용한 기술은 외과 과장의 시간이나 영광을 빼앗지 않고 일을 하는 경우에만 배울 수 있다. 그 관계는 기껏해야 장인과 도제 사이로 볼 수 있고, 최악의 경우에는 주인과 노예 관계일 수도 있다.

장인이나 주인은 도제나 노예가 자신의 일을 방해하지 않는 한 그들의 존재를 신경 쓰지 않는다. 그뿐 아니라 자신이 신경 쓰지 않고 있다는 사실 자체도 모른다. 이로 인해 자신의 행동이 다른 사람들에게 미치는 영향을 알아차릴 수 있는지 실질적으로 진단하는 질문을 만드는 일은 매우 어렵다.

다행히 이러한 테스트에 아주 적당한 질문이 하나 있다.

다른 사람들 앞에서 기꺼이 어리석은 모습을 보일 수 있는가?

다른 사람들에게 미치는 영향을 확실히 알 수 없는 이상, 최선의 전략은 때때로 웃음거리가 되는 상황을 받아들이는 방법을 배우는 것이다. 많은 사람들 앞에서 어리석은 모습을 보이는 것을 참을 수 없다면, 사람들이 여러분의 일거수일투족을 자세히 관찰하는 역할에서 성공을 거두지 못할 것이다. 부모님에게 물어보라.

상호작용 모델

내가 다른 사람들에게 이러한 '능력'을 전해줄 수 있다면 좋겠지만, 내게도 그런 능력은 별로 없다. 내가 배운 것은 소프트웨어 분야 바깥에서 만난 사람들과 함께 일을 하면서 얻은 것이다. 특히 가족 치료 전문가인 버지니아 사티어[2]에게 배운 상호작용 모델을 통해서 많은 것을 알게 되었다.[3] 사티어 모델이 컴퓨터 프로그래머라는 내 기술 배경에 특히 매력적이었는데, 겉으로 보기에 복잡한 상호작용 과정을 일련의 단순한 단계로 만들어 버리기 때문이다. 이러한 단계적 분석이 처음에는 지루하게 보일 수도 있지만 사람들이 왜 그렇게 반응하는지 이해할 수 있도록 해준다.

예타와 샘의 상호작용을 통해 단계적 분석을 시작해 보도록 하자. 짧은 대화지만, 샘은 예타의 반응을 이해하기 어려운 상황이다.

예타: "누가 커피를 준비해야겠네요."

---

[2] Virginia Satir, 1916~1988. 미국의 심리 치료 전문가. 가족 치료 분야의 선구자이다. 사티어의 변화 및 의사소통 이론은 1990년대 이후에 많은 조직에서 변화 관리에 활용하고 있다.

[3] 국내에서는 한국 사티어 연구소(http://www.familycounseling.co.kr/)에서 사티어 모델에 대한 다양한 교육 프로그램을 진행하고 있다.

샘: "제가 할게요."

예타: (화난 목소리로) "당신이 그런 식으로 생각한다면, 차라리 내가 하겠어요!"

그 순간 방에 있던 사람들이 모두 조용해졌다. 방 안에 있던 한 남자가 예타를 보고 양 눈썹을 치켜 올리면서 이렇게 물었다. "무슨 일인가요?"

예타의 두 눈은 눈물로 글썽였다. "저… 잘 모르겠어요."라고 말하며 더듬거렸다. "저도 모르게 그냥….''

우리 모두에게는 예타처럼 어떤 반응이 '그냥 나왔던' 경험이 있다. 자신의 반응조차 이해하지 못한다면 다른 사람들이 반응하는 방법을 과연 어떻게 알 수 있을까? 샘이 "제가 할게요."라고 말한 시점부터 예타가 "당신이 그런 식으로 생각한다면, 차라리 내가 하겠어요!"라고 소리친 시점 사이를 살펴보면 이런 반응을 이해할 수 있다.

상호작용에서 겉으로 드러나 있는 부분

대답까지 1초도 안 되는 짧은 시간 동안 예타의 머릿속에서는 많은 일이 일어난다. 나와 여러분 사이의 피드백을 수반하는 상호작용에는 나의 내면 부분과 여러분의 내면 부분이 있고, 겉으로 드러나 있는 부분, 즉 두 사람 사이의 외부에 위치해서 이론상으로는 다른 사람들이 관찰할 수 있고 비디오로 촬영할 수도 있는 부분이 존재한다.

그림 10.1은 겉으로 드러나 있는 부분을 두 개의 선으로 표현하고 있는데, 그것이 바로 행동과 피드백이다. 그 부분은 언어 상호작용과 비언어 상호작용을 모두 포함한다. 겉으로 드러난 상호작용을 전부 알아차리지는 못하겠지만, 적어도 이론상으로는 전부 살펴볼 수 있

그림 10.1 상호작용 모델

다. 또한 제3자의 관찰과 평가도 가능하다.

우리는 겉으로 드러나 있는 부분과 숨겨져 있는 부분을 구별하지 못하는 경우도 있다. "당신이 무엇을 하려는지 알고 있어요." 또는 "기분 상하게 해서 죄송합니다."라고 말할 때가 그런 경우인데, 이런 것들은 사실상 숨겨진 부분을 꿰뚫어 볼 수 있어야만 알 수 있다.

예타는 정말로 샘의 내면을 알고 있다고 생각했지만, 상호작용에서 겉으로 드러나 있는 부분을 단서로 샘의 내면을 추측했을 뿐이다. 그리고, 예타는 자신의 내면에서 일어나는 일도 알 수는 있지만, 그러려면 자신의 내면을 보는 방법을 배워야 한다.

상호작용에서 숨겨져 있는 부분

여러분과 상호작용을 하면 나의 내면에서는 어떤 일이 일어날까? 동기부여의 첫 번째 장애물을 극복하려면 여러분은 나의 내면에서 일어나는 일을 알 필요가 있다. 모든 상호작용은 다음과 같은 결과를 불러올 수 있다.

- 새로운 가능성을 만든다.
- 원래 존재하던 가능성을 강화한다.

- 생존 규칙을 활성화한다.
- 공격성이 증가한다.
- 고통이 증가한다.

이것들은 모두 나의 내면에서 일어나는 일이므로 여러분은 알 수 없다. 심지어 나조차도 모를 수 있는데, 지금은 자신의 내면을 살펴보는 것이 더 중요하다.

여러분이 보거나 들은 모든 것은 나의 내면에서 일어난 처리 과정의 결과이다. 동시에 그 결과에 나의 내면의 것과 외부의 것이 섞여 있다는 것은 알고 있지만, 어떤 것이 내면에서 온 것이고 어떤 것이 외부에서 온 것인지 항상 분명하게 구별하지는 못한다.

나도 예타처럼 내가 무슨 말을 하고 있는지, 내 말투가 어떤지, 내 몸짓이 어떤지 의식하지 못할 때도 있다. 생각이 너무 빠르게 일어나서 그 과정을 알 수 없는 경우가 많지만, 나의 내면에서 일어나는 과정을 인식할수록 상호작용의 겉으로 드러나 있는 부분에서 여러분이 무엇을 보고 있는지 알아차리기가 더 쉬워진다.

사티어 상호작용 모델

이렇게 전광석화처럼 이루어지는 과정에 사티어 모델을 적용하면, 나의 내면에서 무슨 일이 일어나고 있는지 더 쉽게 알 수 있다. 사티어 모델은 여러분이 무언가를 겉으로 드러낸 시점부터 내가 반응하기까지 일곱 개의 주요 단계로 이루어져 있다.

1. 감각 기관을 통한 입력
2. 해석

3. 감정
4. 감정에 대한 감정
5. 방어
6. 의사소통 규칙
7. 결과

여러분이 무언가를 겉으로 드러내면서 상호작용을 시작하고, 그것에 내가 반응한다. 예를 들어 샘이 "제가 할게요."라는 말을 겉으로 드러냈다. 그러면 예타의 내면에서는 여러 가지 일이 일어난다.

1단계: 감각 기관을 통한 입력
예타의 내면에서 일어나는 일련의 과정은 샘이 겉으로 드러낸 것이 예타의 감각 기관으로 입력되면서 시작된다. 이러한 입력은 완벽하지 않으며 다양한 '허점'들을 포함하고 있다.

예타는 샘의 말을 주의 깊게 듣지 않았을 수도 있고, 샘이 사용한 단어 중 일부를 이해하지 못했을 수도 있으며, 중요한 몸짓을 놓쳤을 수도 있고, 또 "제가 할게요."와 같은 목소리 어조나 미묘한 악센트 패턴의 차이를 알아차리지 못했을 수도 있다. 예타는 샘이 스스로 하기를 원한다는 함축적 의미를 놓쳤을 가능성도 있다. 샘은 이 부분에서 자신이 의심의 여지없는 분명한 메시지를 보냈다고 생각했을 것이다.

우리는 대체로 자신의 메시지가 분명하다고 믿지만, 대개의 경우 거의 모든 수용에서 메시지 일부가 사라진다고 가정할 수 있다. 메시지를 받는 입장이더라도 마찬가지이다. 절대로 상대방이 보낸 메시지를 그대로 받을 수 없다.

그러므로 입력 단계는 사람들이 여러분에게 어떻게 반응하는지 이해하는 능력을 높이기 위해 적어도 두 가지 방법을 제시한다. 여러분은 더 정확하게 보고 듣는 능력을 키울 수도 있고, 아니면 다른 사람들이 자신의 기대처럼 반응하지 않을 수도 있다는 가능성을 깨달을 수도 있다.

2단계: 해석

샘이 보낸 메시지를 A라고 하고 예타가 받은 메시지를 B라고 하자. 예타의 내면에서 진행되는 다음 단계는 자신의 과거 경험으로 B를 해석하는 것이다.(샘이 보낸 메시지인 A를 해석하는 것이 아니다. 예타는 A를 받은 것이 아니다.) 예타의 과거 경험은 샘이 겪은 과거 경험과 다르다.

그래서 샘이 "제가 할게요."라고 말했고 예타가 실제로 그 말을 정확히 들었다고 하더라도, 샘과의 과거 경험으로 인해 이 메시지를 다음과 같이 해석할 수 있다. "제가 할게요. 하지만 별로 내키진 않네요. 당신이 억지로 시키지만 않는다면 사실은 하고 싶지 않아요." 이것을 메시지 C라고 하자.

예타가 샘과 처음 만났다고 하더라도 과거에 근거해서 이런 식으로 해석할 가능성이 있다. 이렇게 말이다. "내 전 남편은 항상 자기가 하겠다고 말은 했지만, 행동에 옮긴 적은 한 번도 없었어. 그 일은 언제나 내가 했지."

예타가 특정 인물을 생각하는 것이 아닐 수도 있다. "남자들은 항상 그렇게 말하지만, 그건 나에게 호감을 얻고 싶을 때뿐이야.", "사람들은 항상 그렇게 말하지만, 내 부탁을 별로 좋아하지 않아."처럼 일반적 원칙을 근거로 해석할 수도 있다.

해석 단계의 존재를 인식하면 새로운 능력을 두 가지 이상 얻을 수 있다. 첫째로 여러 가지 해석이 가능하다는 것을 알게 되며, 둘째로 다양한 해석 중에서 메시지를 보낸 사람이 기대하는 해석이 없을 수도 있다는 사실을 알게 된다.

3단계: 감정

여기까지 몇 분의 1초밖에 지나지 않았지만, 예타는 샘이 드러낸 행동 A로부터 벌써 두 단계를 거쳤다. 예타는 이제 A가 아니라, 자신이 관찰한 A의 일부분인 B에 의미를 부여한 C에 반응하게 된다.

예타는 C에 대해서 자신의 안전 욕구에 근거한 감정으로 반응한다. "호의로 한 말일까, 아니면 적대적으로 한 말일까?"라고 스스로에게 묻는다.

이 경우 예타는 샘이 마지못해 나섰다고 생각할 수도 있다. '이 워크숍에서 내가 리더가 되려고 노력하는 것을 샘이 방해하고 있는 것은 아닌지 두려워.' 이것을 D라고 하자.

이 단계에서 선택의 여지는 그렇게 많아 보이지 않는다. 일단 C처럼 해석해 버리면, 무슨 일이 일어나고 있는지 알아차리기도 전에 감정이 먼저 나타난다.

적어도 여러분에게는 그 감정을 인식하고 다른 감정과 구별할 수 있는 선택권이 있다. 화가 나 있거나 상처를 입었거나 두려워하고 있다는 사실을 알고 있고, 다른 사람이 여러분에게 반응할 때에도 똑같이 이러한 감정을 느낄 수 있다는 것을 알고 있다면, 모든 것을 바로잡을 수 있다.

4단계: 감정에 대한 감정

예타는 이제 감정에 대한 감정인 E를 통해 D에 반응한다. 사티어에 따르면, 여기가 매우 중요한 지점인데, 이 감정에 대한 감정은 예타의 자존감에 달려 있기 때문이다.

만약 예타가 자존감이 높다면, 리더십을 발휘하려는 노력을 샘이 방해해서 걱정스럽더라도 그 감정을 그대로 받아들일 수 있다. '두렵긴 하지만, 이런 상황에서 두려운 것은 당연한 일이야.' 반대로 예타의 자존감이 낮다면, 그러한 메시지는 자신을 두렵게 만들고 상처를 입히며 화가 나게 하기 쉽다.

감정에 대한 감정(E)은 아마도 예타가 어린 시절에 배운 생존 규칙(F)과 관련이 있을 것이다. 예를 들자면, 예타는 "남자를 두려워하고 있다는 것이 알려지면 그 남자는 너를 이용하려고 할거야."라는 무언의 규칙을 갖고 있을 가능성도 있다.

대표적인 또 다른 생존 규칙으로 이런 것도 있다. "나는 강해져야 하기 때문에 절대로 누군가를 두려워해서는 안 돼."라는 규칙이다. 이 규칙은 예타가 자신이 두려워한다는 사실을 부끄럽게 느끼도록 만들 수도 있다.

생존 규칙에 대해서 알고 있으면 사람들이 자신이 예전에 겪은 경험을 통해서 반응하는 경우가 많다는 것을 인식하게 된다. 이러한 이해가 사람들의 반응을 바꿀 수는 없지만, 그 반응을 더욱 잘 처리할 수 있게 해준다.

5단계: 방어

예타의 생존 규칙(F)이 이러한 감정을 느끼는 것이 괜찮다고 판단했다면, 곧바로 여섯 번째 단계로 가서 응답을 준비하게 된다.

그러나 예타의 생존 규칙이 이러한 감정을 느끼는 것이 좋지 않다고 판단한 경우, 방어를 하게 될 것이다. 다음과 같이 문제를 어딘가 다른 곳으로 투사project할 수도 있다. "당신은 나를 화나게 하고 있어, 샘."

주제를 바꿔서 무시ignore할 수도 있다. "그런데, 내일 비가 올까?"

자신이 정말로 그러한 감정을 느끼고 있다는 것을 부인deny하면서 "나는 상처받지 않았어. 당신이 내 리더십을 어떻게 생각하든지 누가 신경이나 쓰겠어?"라고 할 수도 있다.

자신이 들은 것을 더욱 왜곡distort할 수도 있다. "샘이 말하고 있는 것은 사실 다른 의미야."

분명히 예타는 여기에서 다양한 선택을 할 수 있다. 우선 방어를 할지 말지 선택할 수 있고, 방어를 하기로 결정했다면 다양한 방어 방법을 사용할 수 있다. 여러분으로부터 자신을 방어할 필요가 있는 사람이 존재한다는 사실을 믿기 어려울 수도 있겠지만, 왜 동기부여를 시도해도 잘 통하지 않는지 이해하고 싶다면 내 말을 믿는 것이 좋다.

6단계: 의사소통 규칙

예타가 어떤 선택을 하든지 이제 내면의 응답(G)을 만들어야 할 때이다. 그 응답은 샘이 말한 시점에서 여러 단계를 거쳐 왔다. 예타 내면의 응답이 "당신의 비협조적인 태도가 나를 화나게 하고 있어, 샘."이라고 하자.

이 킥도 예타에게는 선택의 여지가 남아 있다. G는 아직 내면의 응답일 뿐이다. 샘이 듣게 되는 것은 G가 아니다. 예타는 먼저 내면의 응답에 자신의 의사소통 규칙을 적용해야 하기 때문이다.

예타는 "항상 예의 바르게 행동하라."라는 규칙을 갖고 있을 수도 있다. 이 규칙은 G를 H1으로 변형한다. H1은 다음과 같다. "(미소 짓고 이를 꽉 깨물면서) 도와주셔서 고마워요, 샘."

다음과 같은 규칙이 있을 수도 있다. "남자에게 단호하게 행동하라."

이 규칙은 예타가 H2로 말하도록 만든다. H2는 다음과 같다. "그런 말로 나를 어쩔 수는 없을걸요. 원하든 원하지 않든 그 일을 하게 될 거예요."

이런 규칙이 있을 수도 있다. "분노를 명확하게 표현하면 안 되지만, 남자에게 직접 무언가를 요구하는 것도 안 된다." 이 경우, G를 다음과 같은 H3으로 변경할 것이다. "당신이 그런 식으로 생각한다면, 차라리 내가 하겠어요!"

7단계: 결과

마지막 단계는 실제 결과이다. 이 결과는 예타의 언어 표현 H를 포함하고 있지만, 그 언어 표현은 지금까지 쌓아온 일종의 잔여물과 함께 섞일 가능성이 높다. 예를 들어서, 이 단어들을 액면 그대로 받아들이면, 상처를 받았다거나 화가 났다기보다 오히려 회유하는 것으로 들릴 수도 있지만, 예타의 말투에서 상처받은 마음이 새어 나올 수도 있고, 슬쩍 비난하는 듯이 샘을 가리키는 손가락에서 분노가 엿보일 수도 있다.

예타는 이런 식으로 감정을 드러낼지 말지 선택할 수 있지만, 비언어 선택은 보통 언어 선택보다 훨씬 더 어렵다. 그렇긴 하지만, 모든 행동이 감정을 드러내는 것은 아니다. 예타는 샘을 때릴 수도 있지만 그렇게 하지 않을 수도 있다. 방에서 나가 버릴 수도 있고 계속 머물러 있을 수도 있다. 움직임이 분명할수록 선택의 여지는 더 커진다.

"그 사람을 때릴 수밖에 없었어요. 도저히 참을 수가 없더라고요."라고 말하는 사람들은 자신에게 거짓말을 하고 있거나 심각한 질병을 앓고 있는 것이다. 자신이 어떻게 보이는지는 제어하기 어렵지만 자신이 어떤 행동을 할지는 기꺼이 제어할 수 있다.

결과 단계에서 예타의 한 사이클이 끝난다. 그 결과는 외부로 드러난 것이기 때문에 이제 샘으로부터 새로운 사이클이 시작된다. 한 사이클에 아마 1초도 걸리지 않을 것이다.

겉으로 보기에 샘은 성의 있게 "제가 할게요."라고 말했다. 이에 대해 예타는 상처받은 어조와 화가 난 손가락질로 "당신이 그런 식으로 생각한다면, 차라리 내가 하겠어요!"라고 반응한 것이다.

왜 의사소통에 실패할까

A에서 H까지의 긴 과정을 보면, 사람들이 서로의 반응을 이해하기가 몹시 어렵다는 것을 알 수 있다. 이런 과정을 많이 살펴보면, A와 H 사이의 변형이 왜 이렇게 혼란스러운지에 대해 다섯 가지 주요 원인이 있다는 것을 알게 된다.

인식Perception : 우리는 겉으로 드러난 부분조차 똑같이 인식하지 않는다. 우리는 서로 다른 사람이고 그렇기 때문에 다르게 인식하는 것이다.

부적절한 시간 Wrong time : 현재의 의사소통과는 논리 관계가 없는 과거 또는 미래의 일을 끌어오면 변형이 발생한다. 예를 들자면 이런 것들이다. "당신은 항상 그런 식으로 행동해 왔어.", "당신은 그 약속을 지키지 않을지도 몰라.", "예전에 나는 화가 난 사람들을 어떻게 할 수 없었지. 지금도 마찬가지야."

부적절한 장소 Wrong place : 상황이 다르기 때문에 생기는 변형이 있다. "다른 사람이 아무도 없을 때 당신이 내게 이런 개인적인 것들을 이야기할 수 있으니까, 다른 사람과 있어도 그런 이야기를 할 수 있을 거야." "당신은 점심 식사 전에 배고프다고 말했으니까 저녁 식사 전인 지금도 분명히 배가 많이 고프겠지."

부적절한 사람 Wrong person : 사람이 다르기 때문에 생기는 변형이 있다. "어머니는 내가 장난을 치면 손가락질을 하곤 했지. 당신도 여자잖아.", "형은 돈 문제에 대해서는 항상 거짓말을 해. 당신도 내 형처럼 곱슬머리군.", "이전 직장 상사 세 명 모두 나와 한 약속을 지킨 적이 없었어. 그러니까 당신도 분명히 믿을 수 없어."

자존감Self-worth : 스스로의 감정이 반응하는 방법에 강력한 영향을 미치지만, 스스로에게 어떤 감정을 가지는지 상대방은 알 수가 없다.

이러한 상황에서 사티어가 모든 의사소통의 90%는 비일치, 즉 진정으로 원하는 의사소통과 다르다고 한 것은 당연한 일이다. 비일치 의사소통은 동기부여에 치명적이다. 동기부여는 우리가 서로에게 어떻게 반응하는지에 대해 자유롭고 정확한 정보의 흐름을 전제로 하기 때문이다.

원활한 의사소통을 시작하는 방법

버지니아 사티어의 모델은 인간의 상호작용에서 발생하는 커다란 역설 중 하나를 이해하는 데 유용하다. 내가 상대방의 문제에 집중하면 사람들은 더 잘 반응하겠지만, 상대방의 문제에 집중하는 방법 중 하나는 나의 문제를 솔직하게 드러내는 것이다. 사티어 상호작용 모델을 통해서 알 수 있듯이 상대방이 가진 문제의 상당수는 나를 상대하려는 것으로부터, 그리고 도대체 왜 내가 말도 안 되는 짓을 하고 있는지 이해하려고 하면서 발생한다. 상대방은 내가 스스로를 허심탄회하게 드러내지 않으면 나의 내면에서 일어나고 있는 반응 과정을 알 수 없기 때문에, 자신에 대한 일치적 표현이 상대방에게 도움을 준다.

워크숍 참가자들과 고객들은 자주 나를 궁지에 빠뜨리는 문제를 일으킨다. 내가 자신을 어리석다고 느끼면서 그런 느낌을 갖는다는 사실을 숨기려 했다면 나는 명확하고 믿을 만한 정보를 주고 있지 않은 것이다. 내가 농담 삼아 "이야, 진짜 모르겠네요. 여러분 앞에서 바보처럼 보이는 것이 조금 당황스럽네요."라고 말했다면, 이것은 나의 내면 과정에 대한 충분히 명확하고 솔직한 발언이라고 할 수 있다.

이 정보를 이용하면, 그들은 내가 어떤 위치에 있는지 보다 분명히 알 수 있게 되고, 리더로서 궁지에 빠졌을 때 어떻게 행동할 수 있는지에 대한 본보기로 삼을 수도 있다. 이것은 리더에게 또 리더를 따르는 사람들에게 수많은 새로운 가능성을 열어주며, 자신들 내면의 반응 과정이나 내 반응에 대한 그들의 인식에 대해 정확한 정보라는 선물로 화답할 수 있게 된다.

내가 아는 한, 오직 다른 사람들에게서만 이런 선물을 받을 수 있다. 여러분이 정확한 정보를 갖고 있지 않다면, 먼저 그런 정보를 상대방에게 주지 않는 이상 사람들은 굳이 애써서 여러분에게 솔직한 정보를 주고 싶어 하지 않는다. 선물 제공 기법을 다음과 같은 공식으로 만들어 볼 수 있다. '자신이 무엇을 인식하는지, 그 인식에 어떤 감정을 느끼는지, 그리고 가능하다면 그 감정에 어떤 감정을 느끼는지 상대방에게 이야기하라.'

다음은 또 하나의 대표적 사례이다. "지연된 업무가 언제 마무리될지 벌써 세 번째 재촉하고 있다는 것을 깨달았을 때, 내가 여러분을 믿지 못하고 독재자처럼 행동하고 있다는 사실이 부끄러웠습니다. 하지만 프로젝트 일정이 지체된 불안감을 어떻게 해야 할지 잘 모르겠네요."

다른 사람에게 이렇게 이야기한다는 것이 쉬운 일은 아니다. 사실상, 이렇게 이야기한 것이다. "나에게는 약점이 있지만 그 약점을 드러낼 수 있을 만큼 나와 여러분에게는 충분한 자신감이 있습니다." 약점을 보여줌으로써 자신이 알 필요가 있는 정보를 얻을 수도 있는 통로를 여는 것이다.

다른 사람이 여러분을 공격할 목적으로 이 통로를 사용할 위험은 존재한다. 하지만 내 경험으로는 이것이 그렇게 큰 위험 요소는 아니었지만, 처음 몇 번은 확실히 이런 시도에 커다란 위협을 느낀다. 스스로를 드러낸다고 해서 정말로 자신을 노출하는 것은 아니라는 것을 알아두면 도움이 된다. 숨기려고 할수록 다른 사람들은 더 쉽게 여러분의 어리석음을 볼 수 있기 때문이다. 로버트 번스의 시에 나오는 이는 화려한 드레스로 교구 주민들을 속였다고 생각하는 여성의 목을 기어 올라갔기 때문에 더 더럽게 보였던 것이다.

다른 사람들이 자신을 보는 것처럼 스스로를 볼 수 있는 방법을 배울 수 있는 가장 좋은 곳은 워크숍이다. 다만 모든 참가자들처럼 나도 내게 가장 필요한 메시지를 들으려면 약간의 용기가 필요하다. 그 메시지는 나를 안락한 고원에서 협곡으로 떨어뜨릴 수도 있다.

10장 질문

1. 최근에 어리석은 일을 했던 상황을 돌이켜보자. 그 사실을 알았을 때 어떻게 반응했는가? 이력이 쌓여 가면서 더 방어적으로 행동하고 있는가 아니면 덜 방어적으로 행동하고 있는가? 자신의 방어적 행동에 대해 어떻게 하고 있는가?
2. 최근에 이해할 수 없었던 상호작용을 한 가지 생각해 보자. 당신은 그 상호작용과 어떤 연관이 있는가?
3. 최근에 사람들이 당신과 어떠한 관계에 있는지 이해할 수 있도록 그들에게 무슨 일을 했는가? 예를 들어, 당신이 다른 문제로 정신이 산만해졌을 때 마음이 다른 곳에 있다는 사실을 다른 사람들이 알 수 있도록 해주었는가?
4. 가장 최근에 스스로를 비웃은 것은 언제인가? 가장 최근에 당신을 비웃는 사람들과 함께 웃은 것은 언제인가?
5. 보통 회의에서 스스로를 관찰하는 시간이 얼마나 되는가? 함께 일하는 다른 사람들을 관찰하는 시간은 얼마나 되는가? 구성원 사이의 상호작용을 관찰하는 시간은 얼마나 되는가?
6. 자주 함께 상호작용을 하는 사람들을 모두 생각해 보자. 그들 중 누가 당신과 상호 관찰하기에 가장 적당한가? 그러한 관계를 만들지 못하고 있는 것은 무엇 때문인가?
7. 자신을 비디오로 촬영해 보자. 가급적 다른 사람들에게 자연스럽게 반응하면서 다른 사람들도 자연스럽게 반응할 수 있도록 한다. 촬영한 비디오를 최소 두 번 이상 보고, 두 번째 볼 때에는 첫 번째 볼 때 알아차리지 못한 것에 특히 주의를 기울여 보자. 가능하다면, 새로운 것을 발견하지 못할 때까지 검토한다. 그런 다음 그 비

디오에서 새로운 것을 발견하기 위해 6개월 후에 다시 한 번 보자.
8. 촬영한 비디오에 있는 상호작용을 이용하여 내면의 과정을 상세히 적어 보자. 상호작용에서 겉으로 드러난 부분 전체를 설명할 수 있을 때까지 이것을 해당 상호작용에 참여했던 다른 사람들과 공유해 보자.
9. 상호작용을 한 가지 선택하여 자신이 이야기한 것을 기록하고, 각각의 문장이 어떤 인식, 시간, 사람, 자존감을 담고 있는지 적어 보자. 자신의 고유한 패턴을 찾을 수 있는가?

11장
동기부여의 두 번째 장애물

해야 할 일이 있고, 그 일의 성공이 위협받고 있는 팀을 책임지고 있을 때 나는

a. 일을 사람보다 중요하게 생각한다.
b. 일보다 사람을 중요하게 생각한다.
c. 사람과 일 사이의 균형을 맞춘다.
d. 그 상황에서 도망간다.
e. 위의 네 가지 모두 아니다.

이 장 맨 처음에 나오는 질문은 관리에 대한 교재에서 발췌한 것이다. 그 질문은 일상 언어를 통해 리더가 흔히 만나는 딜레마를 표현하고 있다. 일이 확실한 결과를 내야 하거나 기한을 맞추지 못하면 당신만이 알고 있는 끔찍한 일이 일어나는 상황이다. 모든 사람들이 초과 근무를 해야 하거나 일을 끝내기 위해 필요한 일은 뭐든지 하도록 행동하고 있다면, 사람보다 일을 우선으로 생각하고 있는 것이다. 만약 사람들과 그 업무가 얼마나 중요한지 공유하고 있고, 그렇게 함으로써 사람들이 스스로 그 일을 어떻게 할 것인지 결정하도록 행동하고 있다면, 일을 완수했더라도 일보다 사람을 우선으로 생각하고 있는 것이다.

개인의 성공은 이런 딜레마에 직면하지 않고도 달성할 수 있다. 개인의 성공과 관련이 있는 사람은 오직 자신뿐이기 때문에, 의식하지 않아도 필연적으로 일과 사적 요구 사이에서 균형을 잡는다. 그러나 다른 사람들과 함께 일을 하는 경우에는 이러한 갈등이 충격으로 다가올 수 있으며, 거기에 적절히 대응하지 못할 수도 있다.

사실, 실제로는 일과 사람 사이에 갈등이 존재하는지조차 전혀 깨닫지 못할 수도 있다. 만약 그렇다면, 좋은 회사에서 근무하고 있는 것이다. 그러나 관리에 대한 교재를 쓰는 사람들을 포함하여 많은 이들이 사람과 일 사이에는 갈등이 존재한다고 생각한다. 그들은 동기부여의 두 번째 장애물을 만난 것이다.

이 장애물은 매우 빠지기 쉬운 함정이다. 이 장에서는 사람과 일이 관련을 맺는 몇 가지 방식을 설명할 것이며, 마감 시한까지 혼자 일해야 했던 즐겁지 않았던 일 이야기로 시작하겠다.

즐겁지 않은 일

한 달 정도 여행을 마치고 돌아와서, 나는 우편물이 산더미처럼 쌓여 있는 것을 보았다. 한 봉투 안에는 경영 잡지에 발표될 논문이 한 다발 들어 있었고, 그 논문에 대한 검토를 요청한다는 편집자의 편지가 함께 들어 있었다. 그 논문들은 다음과 같은 질문을 다루고 있었다. 사람을 더 중요하게 생각하는 리더와 일을 더 중요하게 생각하는 리더 중에서 어떤 리더가 더 훌륭한가? 나는 그 질문이 흥미롭다고 생각했지만, 논문 자체는 매우 지루했기 때문에 검토 보고서 작성을 마감일 아침까지 늦추고 있었다.

마감일 아침에 나는 아주 일찍 일어났는데, 화장실에서 돌아다니고 있는 쥐 한 마리와 마주치고 깜짝 놀랐다. 쥐 역시 나를 보고 매우 놀랐다. 지루한 논문을 검토하는 것보다 내가 더 싫어하는 일이 있다면, 그것은 바로 쥐를 잡는 일이다. 그래서 고양이 비벌리를 데려와서 쥐를 잡는 임무를 넘겨주고, 나는 논문 더미를 싸 들고 아내가 사무실로 쓰는 방으로 도망갔다.

업무 중심 스타일에서 얻은 교훈

첫 번째 논문의 저자는 일을 우선으로 생각하고 있었다. 내가 할 일은 그 논문을 읽는 것이었는데, 집중하기가 너무 어려웠다. 머릿속에서는 자꾸 쥐와 내 안전에 대한 생각이 맴돌았다. 계속해서 똑같은 문장을 읽고 있었고, 의미를 파악할 수 없었다. 거기에 무언가 교훈이 있다는 생각이 들었고, 메모를 한 장 적었다.

> 첫 번째 교훈: 생존이 걱정되는 상황에서는 사람을 우선으로 생각할 수밖에 없다.

자신의 생명이 위협 받고 있는 사람은 개인의 안전 이외의 일은 잘 할 수 없다.

내 문제 중 하나는 비벌리를 완전히 믿을 수 없다는 데 있었다. 그 고양이는 문을 지키는 것보다 내가 무릎 위에 올려놓고 쓰다듬어 주는 것을 더 좋아했다. 비벌리는 쥐를 잡을 능력이 없지만, 쥐들은 그 사실을 모르기 때문에 비벌리는 쥐들에게 좋은 리더가 될 수 있다. 나는 동기부여에 대한 또 다른 교훈을 얻었다.

두 번째 교훈: 기술과 아주 깊은 관련이 있는 일이 아니라면, 리더가 그 일에 능숙할 필요는 없으며, 두려움을 이용하여 다른 사람들을 이끌 수 있다.

내 방에 쥐가 들어올 수 없도록 하는 것이 비벌리의 일이라면 쥐들에게 좋은 리더가 될 수 있겠지만, 만약 쥐들이 곡예를 하도록 훈련시키는 일이라면 비벌리는 실패할 것이다.

비벌리가 일을 더 잘할 수 있도록 마루에 놓아두고, 논문을 검토하러 돌아왔지만 여전히 집중할 수가 없었다. 이런 난처한 상황을 피할 방법을 찾으면서 X의 논문에 대해서 내용이 아니라 글쓰기 스타일을 분석하기 시작했다. 내가 무슨 일을 하고 있는지 깨달았을 때, 세 번째 메모를 작성했다.

세 번째 교훈: 강력한 기술 배경을 가진 사람은 어떤 일이든 기술과 관련된 일로 바꿔 버릴 수 있다. 이런 식으로 자신이 하고 싶지 않은 일을 회피한다.

일을 회피하는 이러한 상황을 예방하려면 리더는 자신이 이렇게 한다는 것을 알아차릴 수 있을 만큼 충분한 감각이 있어야 하며, 그 일을 멈추어야 한다.

내가 논문 검토를 회피하려고 사용했던 기술은 '안개 지수$^{Fog\ Index}$'라고 부르는 것이었다. 비교적 긴 단어들의 평균 길이와 출현 빈도를 토대로 글의 난이도를 측정하는 방법이다. 대부분의 기술 문서는 안개 지수가 12 정도라고 볼 수 있는데, X의 글은 계속해서 30을 넘고 있었다. 그 논문의 수면 효과는 수면제 두 알, 따뜻한 우유 한 잔, 심야 영화보다 훨씬 강력했다.

작가는 리더다. 작가의 일은 여러분을 해당 주제로 이끄는 것이고, 글쓰기 스타일은 일종의 리더십 스타일이라고 볼 수 있다. 안개가 짙은 X의 스타일은 그가 독자인 나에 대한 배려가 부족한 것이라고 믿는다. 그 사실은 X가 완전히 업무 중심 스타일의 리더라는 것을 의미한다. 나는 안개 지수라는 증거로 무장하고 X의 논문을 비판하기로 결정했고, 또 하나의 메모를 작성했다.

네 번째 교훈: 사람을 배려하지 않는 리더는 아무도 따르지 않는다. 그 사람들에게 선택의 여지가 없는 경우를 제외하고.

보통 영리한 문제 해결사들은 선택의 여지를, 그것도 많이 갖고 있다. 그러므로 그들은 배려심 없는 리더에게 괴롭힘을 당하면서 그 주위에 머무르려고 하지 않을 것이다.

사람 중심 스타일이 더 나은가?
X는 자신의 독자를 배려하지 않는 업무 중심 저자의 완벽한 사례였다. Y라는 사람이 쓴 두 번째 논문은 훨씬 읽기 쉬웠고, 안개 지수는 8 정도였다. Y는 자신의 메시지가 잘 전달될 수 있도록 신경을 많이 썼

다. 문제는 내용이 없다는 것이었다. 나는 여러분을 배려하고 싶기 때문에 Y의 논문 중 일부를 발췌하는 짓은 하지 않기로 했고, 나 자신도 배려하고 싶었기 때문에 두 쪽 정도 더 읽은 후에 검토를 중단했다.

케네스 볼딩[1]이 이런 이야기를 한 적이 있다. 세상에는 두 종류의 사람이 있는데, 하나는 세상에 있는 것들을 두 종류로 분할하는 사람들이고 나머지는 그렇지 않은 사람들이다. Y는 첫 번째 부류에 속하는 전형적인 사람이다. 이 유형으로 볼 때 Y는 어떤 주제로라도 여러 권의 책을 쓸 수 있는 사람이다. 다만 내용은 아무것도 없을 것이다.

'분할bifurcation'이라는 말이 변태 같은 단어로 들리기도 한다. 그 단어는 나를 혐오감으로 외면하게 하는 변태적인 생각이다.[2] 거기서 또 하나의 메모를 썼다.

다섯 번째 교훈: 아무리 사람들을 배려한다 하더라도 실제로 제시하는 것 없이 그런 척만 한다면, 사람들을 붙잡을 수 없다.

그러면, X와 Y의 스타일 중에서 어떤 것이 더 나쁠까? 나는 Y가 더 나쁘다고 생각한다. X의 논문을 읽으면 그 저자에 대해 좋지 않은 느낌을 갖게 되지만, Y의 논문을 읽은 경우 그 논문이 다루는 주제에 대해 좋지 않은 느낌을 갖게 된다. X는 나를 그 논문에서 멀어지게 하지만, Y는 그 주제에 관심을 갖는 일 자체에서 멀어지게 하는 것이다. 내 생각에는 그것이야말로 작가, 교사, 코치, 혹은 그 밖의 리더가 저지를 수 있는 가장 큰 잘못이다.

---

1 Kenneth Boulding, 1910~1993. 영국 출신의 미국 경제학자.
2 'bifurcation'은 남성의 요도를 세로로 길게 절개하는 신체 변형을 지칭하는 속어이다. 호주 원주민들의 전통 성인식이었으나, 최근에는 서구에서도 성적 만족이나 장식을 목적으로 행해지고 있다.

와인버그의 목표

나는 책이나 논문 또는 소설을 쓰거나 워크숍을 진행할 때 나의 성공 여부를 다음의 간단한 테스트를 통해 측정한다.

내가 그 일을 마쳤을 때, 그 주제에 대한 걱정이 줄어들었는가?

만약 대답이 '예'라면, 실패한 것이다. 반대로 대답이 '아니요'라면 성공한 것이고 매우 기쁘게 생각한다. 이것이 와인버그의 목표이며 나의 지향점이다. 너무 평범하다고 생각하는가? 자신의 교육 경험을 돌이켜보자. 선택한 과목도 좋고, 읽어본 책도 좋고, 보았던 영화도 좋다. 그 가운데 와인버그의 목표를 충족하는 것이 어느 정도나 있었는가? 10개 중 하나? 그 대답으로부터 나는 또 다른 교훈을 얻었다.

여섯 번째 교훈: 업무 중심의 리더는 자신의 성과를 대체로 과대평가한다.

이것은 20명의 학급을 가르치고 있든, 4명으로 구성된 팀을 코칭하고 있든, 몇 백만 명의 생활에 영향을 주는 계획을 만들고 있든 상관없이 모든 리더에게 도움을 주는 교훈이다.

계획과 미래

이 메모를 쓰고 있는데, 쥐가 화장실에서 뛰쳐나와서 잠들어 있던 비벌리 옆을 지나갔다. 그때 갑자기 200년 전 다른 쥐를 떠올렸던 로버트 번스가 생각났다. 번스는 쟁기로 쥐구멍을 찾으면서, 유명한 시 '쥐에게'를 읊었다.

하지만 쥐야, 예측이 소용없다는 것이 증명되었을 때
너는 혼자가 아니었다.
쥐가 짠 최고의 계획도, 인간이 짠 최고의 계획도
때로는 어긋날 때가 있단다.
우리에게는 약속된 기쁨 대신
슬픔과 아픔만이 남았네!

리더들은 자신이 사회에 긍정적 영향을 준다고 과도하게 낙관하는 경향이 있다. 자신의 비전이 세상에 기쁨을 준다고 믿는 나머지, 자신의 리더십이 사람들에게 어떤 영향을 미치는지 걱정하지 않는다. 내 경험에 의하면, 엔지니어와 컴퓨터 프로그래머들이 이러한 낙관론에 물들어 있는 경우가 많은데 그 때문에 정보가 폭발적으로 늘어나게 된다. 결국 비전은 중요하지 않게 되고, '우리에게는 약속된 기쁨 대신 슬픔과 아픔만이 남았네!'와 같은 상황이 된다. 200년이나 지났지만 쥐나 사람이나 그다지 변한 것이 없다.

고전적인 리더십 연구는 거의 대부분 기술 업무 상황과 비슷한 환경에서 이루어진 것이 아니다. 리더십과 관련한 많은 연구들이 조직의 명분을 위해 병사들이 기꺼이 목숨을 바치는 군대에서 이루어졌다 프로그래머나 엔지니어는 말할 것도 없이, 학교 교사들에게조차 이런 상황은 비현실적이다. 이런 생각을 따르다 보니 자연스러운 결론에 도달했고, 거기에서 또 다른 교훈을 얻었다.

일곱 번째 교훈: 우리가 하고 있는 일 중에서 사람들의 미래 가능성을 희생하면서까지 정당화할 수 있을 만큼 중요한 일은 거의 없다.

사람들을 희생시키지 않고서 그 일을 할 수 있는 방법이 없다면 아마도 해서는 안 되는 일일 것이다.

이 이야기에 두 가지 측면이 있다는 사실을 부정할 수는 없다. 만약 일보다 사람을 우선으로 생각한다면 프로젝트가 성공을 거둘 수 있는 기회를 잃을 수도 있지만, 그 프로젝트가 끝나고 잊혀진 뒤에도 사람들은 오랫동안 남아 있을 것이고, 다른 프로젝트를 진행하면서 사람들의 인생에 계속 영향을 미치게 될 것이다.

그렇다면 성공을 거둘 수 있는 기회를 잃는 것이 아닐 수도 있다. 리더십 스타일에 대한 많은 연구가 조립 라인처럼 반복적인 업무를 대상으로 이루어져 왔다. 조립 라인에서는 일을 먼저 고려하는 사람들의 주장이 옳을 수도 있지만, 복잡한 기술 업무에서 업무와 사람을 분리하는 것은 옳지 않다. 일이 계획대로 진행되지 않을 때 사람의 적응성만이 일을 구해낼 수 있다. 나는 경험을 통해 이 교훈을 알고 있다.

여덟 번째 교훈: 일이 복잡한 경우에는, 계획이 항상 '어긋나지 않는다'고 단정할 수 있는 리더는 없다.

복잡한 환경에서는 가장 업무 중심적인 리더조차 사람을 먼저 고려하지 않을 수 없다. 그러지 않으면 일이 끝나지 않기 때문이다.

두 번째 장애물

나는 이 교훈들을 통해 이 장 첫 부분에서 던진 질문에 대한 최선의 답이 테크니컬 리더십에서는 'e. 위의 네 가지 모두 아니다'라고 생각하게 되었다. 일이 복잡할 때 나는 사람이 먼저인지 일이 먼저인지 선택할 수 없다. 사람과 일을 분리하는 것 자체가 불가능하기 때문이다.

비록 개인의 일이라고 할지라도, 일은 언제나 사람과 연관이 있다. 우리는 관념적 이로움을 위해 일하는 것이 아니라 어떤 사람을 이롭게 하기 위해 일한다. 즉, 우리는 평화를 위해 일하는 것이 아니라, 어떤 사람이 평화로운 삶을 즐길 수 있도록 하기 위해서 일하는 것이다. 그 사람이 고객일 수도 있고 관리자일 수도 있고 구성원일 수도 있으며 경영진일 수도 있다. 그들이 직접 눈에 보이지 않더라도 그들은 사람이다.

사람과 일 사이의 선택을 믿는다면 진정한 선택, 즉 어떤 한 그룹의 사람들과 다른 사람들 사이의 선택을 부정하거나 왜곡하고 있는 것이다. 그룹 사이의 진정한 선택을 부정하는 것이 마주하는 것보다 더 쉽기 때문에 그런 경우가 있다. "주주들이 배당을 불만스러워 하고 있기 때문에 여러분의 아이디어를 실행할 수 없습니다."라고 말하는 것보다 "예산을 지켜야 하기 때문에 여러분의 아이디어를 실행할 수 없습니다."라고 말하는 것이 더 쉽다.

불행하게도 이런 왜곡은 자신의 문제를 올바로 정의할 수 있는 가능성을 부정해서 사람들에게서 문제를 해결할 기회를 빼앗는다. 그러므로 업무의 배경에 사람이 있다는 현실을 부정한다면 절대 문제 해결형 리더로 성공할 수 없다. 이것은 또 하나의 교훈이며, 가장 중요한 교훈 중 하나이다.

아홉 번째 교훈: 문제 해결형 리더로 성공하려면, 모두가 사람이라는 사실을 가장 중요하게 생각해야 한다.

일이냐 사람이냐 하는 이분법은 성공적인 동기부여의 두 번째 장애물이다. 그렇게 생각하면 일이 사람으로부터 나오는 것이 아니라 사람과 거의 동등한 현실의 존재라고 간주하게 된다. 거짓된 이분법으로 잠깐 동안은 사람들에게 동기를 부여할 수도 있겠지만, 결국에는 여러분이 알아차리지 못하더라도 사람들이 알아차리게 된다. 자신들이 속아 왔다는 것을 깨닫게 되면 동기부여는 모두 끝난 것이다.

리더도 사람이다

이 시점에서 직접 논문을 쓸 수 있을 만큼 충분한 교훈을 얻었기 때문에 내가 사람이라는 사실을 부정하는 것을 멈추고, 검토를 중단한 다음 필요한 일을 하기로 했다. 나는 리더도 사람이라는 것을 버지니아 사티어가 어떻게 생각하고 있는지 살펴보았다. 다음은 사티어가 심리 치료 전문가들을 대상으로 쓴 글이지만, '심리 치료 전문가'라는 단어를 '리더'로 바꿔서 읽어도 무방하다.

"자기 자신을 심리 치료 전문가로 활용한다는 것은 놀라운 일입니다. 그 일을 훌륭하게 해내려면 끊임없이 자신의 인간성과 성숙함을 높일 필요가 있습니다. 우리는 사람들의 인생을 다루고 있습니다. 내가 생각하기에 심리 치료 전문가가 되는 방법을 배우는 것과 배관공이 되는 방법을 배우는 것은 다릅니다. 배관공은 기술만 생각해도 살아갈 수 있습니다. 심리 치료 전문가에게는 그 이상이 필요합니다. 배관공이 파이프를 사랑할 필요는 없습니다. 어떤 기술이나 철학, 학파에 속해 있더라도, 우리가 내담자와 하는 모든 일은, 인간으로서 우리 자신을 통해 펼쳐져야 합니다.

사람들을 가르칠 때 나는 심리 치료 전문가의 인간성의 깊이에 집중합니다. 우리는 다른 사람들을 다루는 사람입니다. 우리는 스스로를 이해하고 사랑할 수 있어야 하고, 우리가 보는 것들을 보고, 듣고, 접촉하고, 이해할 필요가 있습니다. 우리는 우리가 보고 듣고 접촉하고 이해할 수 있는 조건을 만들어 내는 능력이 필요합니다."

Satir and M. Baldwin, Satir: Step by Step
(Palo Alto, CA: Science and Behavior Books, 1983), pp.227-28

왜 그런지 이 구절은 내게 이 논문 반대편에서 걱정스럽게 검토를 기다리고 있는 사람들을 생각나게 했다. 그래서 나는 논문을 한 번 더 검토해 보기로 결정했다.

나는 논문과 함께 동봉되어 온 편지를 재차 읽어 보았는데, 편집자는 '정확하고 공정한 검토'를 위해 저자들과 내가 익명이어야 한다는 내용을 적어 두었다. 이로 인해 서로를 보고 듣고 접촉하고 이해할 수 없다는 생각이 들었다. 일에서 사람을 분리한다는 명분으로 사람과 사람을 완전히 떼어 놓고 있었던 것이다. 이 경우 일은 무엇인가? 편집자 관점에서 볼 때 내가 할 일은 논문을 판정해서 어떤 것이 '승자'이고 어떤 것이 '패자'인지 결정하는 것이었다.

이러한 익명 검토는 인간의 상호작용에 대한 위협과 보상 모델에서 나온 것이다. 편집자는 내가 호의적으로 논문을 검토하지 않으면 저자들이 내게 앙심을 품고 어떻게든 피해를 줄 것이라고 생각했고, 익명이 아닐 경우에 일어날 수 있는 일을 내가 두려워한다면 정직하게 검토하지 못할 것이라고 예상하고 있다. 그리고 저자가 누구인지 안다면 정직하게 검토하지 못하고 편향될 것이라고 보고 있다.

나는 위협과 보상 형태의 문제 정의를 받아들일 수 없었기 때문에, 금세 마음이 불편해졌다. 고양이와 쥐 놀이를 그만 두고 편집자에게 편지를 써서 이런 상황에서 일하는 것이 불가능하다고 전했다. 또한 저자들이 논문 개선에 내 도움을 원한다면 개인적으로 대화하고 싶다고 제의했다. 그들 중 두 명은 제안을 받아들였다. 그 사람들은 두 편의 개선된 논문을 작성했고 나는 다음의 교훈뿐 아니라 두 명의 훌륭한 동료를 얻었다.

열 번째 교훈: 만약 당신이 리더라면, 사람에 대한 것이야말로 당신의 일이다. 그 외에 해야 할 가치 있는 일은 없다.

하나 더: 쥐는 감쪽같이 도망가 버렸다.

11장 질문

1. 가장 최근에 두려움을 이용하여 사람들을 이끌려고 했던 것은 언제인가? 그 결과 어떤 일이 일어났는가?
2. 가장 최근에 어떤 일을 더 자신 있는 유형의 기술 분야 업무로 바꿔 보려고 했던 것은 언제인가? 그 결과 무슨 일이 일어났는가?
3. 지금은 후회스럽지만 사람보다 일을 우선시한 선택을 한 경험이 있는가? 반대로 일보다 사람을 우선시한 선택을 한 적이 있는가?
4. 사람들이 당신의 동료로서 함께 일한 후에 어떻게 바뀌었는가?
5. 사람들이 당신의 부하 직원으로 일한 후에 어떻게 바뀌었는가?
6. 당신이 회피하는 상황은 보통 어떤 상황인가? 회피하는 전형적 패턴은 어떤 것인가?
7. 당신과 같은 방식으로 행동하는 사람으로부터 당신은 동기부여가 될까?

12장

다른 사람들을 돕는 문제

다른 사람들에게 해주고 싶은 일을 전부 다 할 수는 없다는 것은 분명한 현실이다. 그렇기는 하지만 많은 카운슬러들이 그 사실을 자신의 활동 안으로 받아들이고 활용하는 것이 매우 어려운 것 또한 현실이다.
카운슬러는 자신을 위하여, 고객에게 도움을 주기 위해 자신이 달성할 수 있는 것이 무엇인지 추정하는 단순하고 믿을 만한 방법이 필요하다.

— 유진 케네디[1], 『카운슬러 되기(On Becoming a Counselor)』

---

1 Eugene Kennedy, 1928~ . 미국의 종교 심리학자.

유기적 모델에서는 리더십이란 사람들이 능력을 발휘할 수 있는 환경을 만들어 내는 과정이라고 정의한다. 사람들은 대부분 다른 사람들을 돕길 원하며, 능력을 발휘할 수 있는 환경을 만드는 것은 다른 사람을 돕는 방법 중 하나이기 때문에 이러한 정의는 매우 매력적이다. 그러나 도움이 되는 환경을 만드는 것은 쉬운 일이 아니다. 이 장에서는 그 이유를 알아보려고 한다.

도움을 줄 수 있는 능력은 타고나는 것이다

우리는 앞에서 문제 해결형 리더십 스타일이 프로세스, 즉 일을 진행하는 방법과 어떤 관련이 있는지 살펴보았다. 우리 사회에서는 일의 내용 그 자체는 어려운 것이며 전문가에게 맡겨야 한다고 여긴다. 반면에 일의 프로세스는 누구나 당연히 알아야 한다고 생각한다. 수업을 진행하는 능력보다는 해당 과목에 대한 지식을 근거로 교사를 채용하고, 프로그래밍 팀 리더는 기술력에 따라 선발한다. 거기에는 정상적인 사람이라면 일을 진행해 가면서 리더십 기술을 익힐 수 있을 것이라는 가정이 포함되어 있다.

 이러한 근거 없는 믿음이 지속되는 이유는 가끔 눈에 띄는 노력을 하지 않는데도 프로세스에 대한 능력을 얻은 것처럼 보이는 사람이 나타나기 때문이다. 직접 교육을 받지 않고서도 프로그래밍을 익히는 사람들이 있는 것처럼, 사람들을 잘 도와줄 수 있는 방법을 처음부터 알고 있는 것처럼 보이는 사람도 있다. 그 사람들에게는 좋은 일이겠지만, 그렇다고 해서 의식적으로 노력해서 그런 능력을 몸에 익힌 사람들보다 더 뛰어나다고 볼 수 있을까? 위협과 보상 모델은 그렇다고 판단하도록 유도하기 때문에 우리는 배우려고 노력하는 것을 부끄럽다고 생각하게 된다.

그러한 부끄러운 감정은 왜 사람들이 일을 사람으로부터 분리할 수 있다고 믿는지 설명해 준다. 유진 케네디가 말하듯 "다른 사람들에게 해주고 싶은 것을 전부 다 할 수는 없다."는 걸 깨닫기 시작하면서 자신의 부족함을 부끄러워한다. 일을 어떻게든 사람으로부터 분리하는 척해서 대인 관계의 실패를 기계적 실패로 바꿔 버리려고 한다. 예를 들어, "나는 잭이 더 좋은 프로그래머가 되도록 도울 능력이 부족했어요."라고 말하는 것보다 "기한 내에 프로그램을 동작하도록 만들 수 없었어요."라고 말하는 것이 더 쉽다.

'도움을 줄 수 있는 능력은 타고나는 것'이라는 근거 없는 믿음은 악순환을 낳는다. 다른 사람들과 함께 일하기를 원하는 사람들은 그 방법을 연습할 기회가 별로 없는 것이 보통이기 때문에, 도움을 주는 방법을 모르는 것이 당연하지 않은가? 이번 장에서는 도움이 되는 환경을 만들어 내기 위해 테크니컬 리더에게 필요한 몇 가지 교훈을 보여줌으로써 이러한 근거 없는 믿음과 맞서고자 한다.

도움을 주려는 노력: 실습

우리는 리더가 되고자 하는 사람이 다른 사람들에게 도움이 되는 환경을 만들어낼 수 있는 실습을 다음과 같이 설계했다. 두 개 팀이 각각 팅커토이Tinkertoy[2]를 이용하여 혁신적 설계를 하고, 그 설계를 구현한 다음 자신들의 설계 내용을 문서로 만든다. 각 팀은 나중에 서로 설계 문서(그림은 포함할 수 없음)를 교환하여 상대 팀 설계를 재현해야 한다는 사실을 알지 못한다. 각 팀은 종이에 쓴 메시지로만 서로 의사소통을 할 수 있는데, 이것은 실습이 끝난 다음에 상대 팀을 도우려고

---

2 블록 장난감의 일종.

했던 다양한 시도를 분석하기 위한 것이다.

한번은 청색 팀이 상대 팀인 녹색 팀이 재현할 수 없을 정도로 추상적 모양을 만든 일이 있었다. 나는 실습 전체를 포기하지 않으면서 녹색 팀이 그 복잡한 모양을 좀 더 쉽게 재현할 수 있기를 원했다.

"작품에 이름을 붙이는 것이 더 좋지 않을까요."라고 나는 슬쩍 말했다. 청색 팀은 이름을 생각했고, 결국 팅커토이의 철자 순서를 바꿔서 '무기력한 토키$^{Inert\ Toky}$'라고 이름 붙였다. 확실히 독창적인 이름이긴 했지만, 그 이름이 녹색 팀의 상황에 도움이 될 것 같지는 않았다. 녹색 팀의 반응을 상상해 보니 오싹한 느낌이 들었다.

잠시 후 청색 팀과 녹색 팀이 서로의 설계 문서를 교환한 다음, 청색 팀은 녹색 팀의 '휴대용 밴조$^{Hurdy\ Gurdy\ Banjo}$'의 설계를 재현하고 있었는데, 그 팀의 알렉스가 갑자기 "녹색 팀은 우리가 설계한 토키를 만들 수 없을 것 같아요."라고 말했다.

"왜 그렇죠?"라고 캐시가 물었다.

"우리는 녹색과 노란색 블록에서는 블록과 틀 사이를 연결하던 부분을 떼어내지 않고 토키를 만들었기 때문이죠."

"그래서요?"

"이 밴조 설계를 보면, 그들이 이미 블록에서 연결 부분을 떼어냈다는 것을 알 수 있죠. 그걸 다시 붙일 수 없기 때문에, 토키를 만들 수 없을 거예요."

"우리 팀이 갖고 있는 연결 부분이 달린 블록을 저쪽 팀이 갖고 있는 블록과 바꾸면 어떨까요?" 캐시가 나를 돌아보며 허락을 구했다.

"규칙은 알고 있겠지요."라고 나는 말했다. "메시지는 종이에 적는 방법으로만 교환할 수 있어요."

"그렇지만, 부품 세트를 교환하면 안 되나요? 그러지 않으면 녹색 팀에 토키를 만드는 데 필요한 부품이 없다는 사실을 알리기가 너무 어려워요."

"좋습니다."라고 나는 동의했다. 도움을 주고 싶었기 때문이다. "녹색 팀이 동의한다면 그렇게 하세요."

알렉스와 캐시는 메시지를 작성했고, 내가 그 메시지를 녹색 팀에게 전달해 주면서 읽어 보니 이렇게 쓰여 있었다.

녹색 팀에게
가능하다면 우리가 서로 부품들을 교환했으면 합니다. 무기력한 토키를 만들려면 조금 까다로운 부품이 필요해요.

애정을 담아, 청색 팀이

녹색 팀은 메시지를 받았지만 그 의미를 정확히 알 수 없었다. 부품 교환에 특별히 반대할 이유는 없었지만, 무기력한 토키를 만드는 작업을 이미 시작한 상태였고, 처음부터 다시 작업을 하는 데 그다지 적극적이지 않았다.

닐스가 나를 바라보고 이렇게 물었다. "청색 팀은 왜 부품을 교환하려 하는 거죠?"

"나는 그저 메시지를 전달하는 사람일 뿐이에요. 잘 모릅니다."

"아마 '비공식 부품' 때문일 거에요."라고 비네타가 말했다. "청색 팀은 우리가 상자 뚜껑하고 고무줄을 비공식 부품으로 사용했다는 것을 알아내지 못할 거라고 말했잖아요."

"그 이야기는 그만하죠. 만들어야 하는 것이 밴조라는 사실을 알게 되면 문제가 없을 거예요."

"저쪽 팀에는 고무줄이 없는 것 아닐까요? 작은 팅커토이 세트에는 고무줄이 없어요."

"알았어요."라고 닐스가 말했다. "나는 부품 교환이 필요없다고 생각하긴 하지만, 청색 팀을 도와줘야 한다고 생각해요." 그는 청색 팀의 원래 메시지 아래에 답변을 썼다.

청색 팀에게
기꺼이 부품을 교환하도록 하죠. 1번 조립품의 부품은 깡통 안에 들어 있습니다.

녹색 팀

이 메시지의 의미를 파악하는 데 정신을 빼앗긴 청색 팀은 녹색 팀의 답변 메시지에 '애정을 담아'라는 말이 빠져 있다는 사실을 신경 쓰지 않았다. "녹색 팀은 개별 부품을 교환하고 싶은 걸까요?"라고 캐시가 물었다. "그렇게 해줘도 될까요?"

"녹색 팀은 완성된 것을 교환하자고 말하고 있는 것 같은데요."라고 알렉스가 말했다. "그렇게 해도 될까요?"

"아니요. 완성된 것을 교환하면 실습 목적을 달성할 수 없잖아요."

"알았어요." 다시 캐시는 "하시만 남은 시간이 점점 줄어들고 있어요."라고 말한 다음, 녹색 팀 메시지 아래에 메시지를 하나 더 쓴 다음 내게 건네주었다. 그러고 나서 지갑에서 25센트를 꺼내서 내 코앞에 내밀었다. "이 메시지를 전달하시고 녹색 팀의 부품을 3분 내로 가져오시면, 팁으로 드릴게요."

복도에 멈춰 서서 메시지를 읽을 시간도 없을 만큼 그 팁이 대단한 액수는 아니었다. 메시지는 다음과 같았다.

위에 적어 보내주신 메시지가 무슨 뜻인지 명확하지 않네요. 우리는 팅커토이 부품들을 교환하고 싶어요. 생각 있으시면 그쪽 부품들을 보내주세요.

분명한 것은, 캐시도 서두르다가 '애정을 담아'라는 말을 빼먹었지만 녹색 팀 역시 신경 쓰지 않았다는 사실이다. "자, 봅시다. 저쪽은 필요한 부품을 다 가지고 있다는 사실을 모르고 있어요. 이제 부품 전체를 교환하는 것은 불가능하다고요. 하던 작업을 분해해서 다시 시작할 만한 시간이 없어요."라고 비네타가 말했다.

"자, 계속 작업하고 계세요. 제가 청색 팀하고 해결할게요." 이번에는 닐스가 말했다. 그는 이전 메시지 아래에 다음과 같이 썼다.

팅커토이 세트에는 휴대용 밴조에 필요한 부품들이 하나씩 다 있습니다. 우리는 무기력한 토키에 필요한 부품에만 관심이 있습니다.

비네타는 닐스가 쓴 메시지를 읽어보고 다음과 같은 글을 추가했다.

추신: 상자 뚜껑과 고무줄은 '비공식 부품'입니다.

비네타는 아마 이 메시지를 남기지 말았어야 했다. 알렉스가 좋지 않은 반응을 보였기 때문이다. "녹색 팀은 우리가 멍청이라고 생각하는 건가요? 우리는 뚜껑과 고무줄이 필요하다는 사실을 2분 만에 알아냈지만, 녹색 팀은 우리가 말해주지 않으면 연결 부분을 분리하지 않았다는 사실을 알아내지 못할 거예요."

"그냥 포기하는 것이 좋을 것 같아요."라고 캐시가 슬쩍 말했다.

알렉스는 "안 돼요. 녹색 팀을 도와주지 않는 것은 공정하지 않은 일이에요. 다시 한 번 더 시도해 볼게요." 라고 말하고 다음 메시지를 추가했다.

이 시점에서 분해하는 건 불가능합니다. 부품을 교환하지 않는다면 무기력한 토키를 완성하지 못할 거예요.

나는 이것이 무슨 의미인지 정확히 몰랐고, 닐스 또한 그랬다. "저쪽 팀이 우리를 위협하고 있는 걸까요?"
"그렇게 생각하지 않아요."라고 비네타가 말했다. "어쩌면 우리가 청색 팀의 설계대로 만들지 못할 거라고 생각하는지도 몰라요."
"이 경우에" 닐스가 나를 바라보며 말했다. "저쪽에 말해 주세요. 팅커토이 상자를 계속 가지고 있으라고요."
나는 "죄송합니다."라고 대답했다. "구두 메시지를 전달하는 것은 내 역할이 아닙니다. 메시지는 적어서 전달해야 합니다."
결국, 닐스는 종이에 차라리 농담을 적는 편이 더 낫겠다고 생각했기 때문에, 글로 적은 메시지 전달은 더 이상 없었다. 나는 참가자들에게 조상이나 해부학에 대한 몇 가지 이야기를 더 듣긴 했지만, 그 이야기를 더 적는 것은 별 의미가 없을 것이다.

도움에 대한 교훈

하나의 독립된 사건으로 보면 이러한 일은 단지 우스꽝스럽기만 할 뿐이지만, 불만스럽고 화가 나는 감정은 충분히 현실적이다. 비슷한 일이 문제 해결형 리더가 되고자 하는 사람들에게 매일 일어난다. 세부 내용은 다르지만 패턴은 결코 변하지 않는다. 그 패턴은 도움을 주고 싶은 진심 어린 욕구에서 시작해서 약간 혼란스러운 의사소통을 거처, 감정적 비난으로 상황이 점점 나빠지고, 사태가 악화되면서 마무리된다.

유일하게 다른 점이 있다면, 이 이야기에서는 관찰자와 작성한 기록이 존재하기 때문에 무슨 일이 일어났었는지 다시 검토할 기회가 주어졌다는 점이다. 돈이나 권력 같은 개인의 이익을 추구하는 사람이 좌절을 맛보았을 경우 그들의 동기에 대해서 훈계하기는 쉽다. 우리는 단지 도움을 주고자 했던 청색 팀과 녹색 팀이 처한 위기 상황으로부터 무엇을 배울 수 있을까?

첫 번째 교훈은 다음과 같다.

사람들을 돕고 싶다는 마음은 훌륭한 동기일 수 있지만 그렇다고 일이 더 쉬워지지는 않는다.

청색 팀은 자신들이 도와주려 하고 있었기 때문에 쉽게 성공할 수 있으리라고 생각했다. 결과적으로 그들은 첫 번째 메시지를 부주의하게 작성했고 그 때문에 전체적인 상황이 잘못된 방향으로 흘러갔다.

우리가 배워야 할 두 번째 교훈은 다음과 같다.

만약 사람들이 당신의 도움을 원하지 않는다면, 당신이 아무리 똑똑하고 훌륭한 사람이라고 해도 절대 성공적으로 도움을 줄 수 없다.

녹색 팀이 만약 자신들의 근본 문제를 이해하고 있었다면 청색 팀의 도움을 기꺼이 받아들였을 수도 있다. 그 이해가 부족했기 때문에 청색 팀의 제안을 잘못 해석했고, 청색 팀이 도움을 주겠다는 첫 번째 제안에 대해 그들이 자신들의 능력을 얕보고 있다고 생각했다.

청색 팀의 실수는 세 번째 교훈을 잘 보여주고 있다.

효과적으로 도움을 주려면 문제를 명확히 정의하고, 그 정의를 상호 합의할 필요가 있다.

재미있는 것은, 청색 팀은 녹색 팀의 제안을 모욕이라고 생각했지만 자신들의 제안이 그런 식으로 해석될 수도 있다는 것을 꿈에도 생각하지 않았다는 점이다. 그것은 녹색 팀도 마찬가지였다. 이것이 뛰어난 문제 해결사들 사이에서 일어나는 동기부여의 가장 흔한 실수다. 다른 사람들을 관리할 때 무심코 상대방이 언짢아할 수도 있는 도움을 제의하는 것이다.

자신이라면 이런 도움을 원할지 스스로에게 물어보면 이 오류를 미리 예방할 수 있지만, 상대방이 도움을 원하는지 100퍼센트 확신할 수 없을 때에는, 확인해 보는 것이 제일 좋다. 상대방이 도움을 원한다고 확신하지 못하거나, 심지어 문제를 이해하고 있는지도 확실히 알 수 없기 때문에 네 번째 교훈은 다음과 같다.

상대방이 도움을 바라고 있는지 아닌지 항상 확인하자.

확인하는 가장 간단한 방법은 도움이 필요한지 직접 물어보는 것이다. 청색 팀과 녹색 팀 모두 그렇게 하지 않았다.

두 팀이 문제를 해결해 가면서, 작업이 점점 더 진행되어 감에 따라 상황이 바뀌었고 문제의 정의도 바뀌었다. 또한 도움에 비용이 든다는 사실을 알고 나서, 자신들의 생각을 바꾸었다. 그래서, 다섯 번째 교훈은 다음과 같다.

사람들이 도움이 필요하다는 사실에 동의했다고 하더라도, 보통 그 동의가 영원히 지속되는 것은 아니다.

도움 주기에 실패했다는 것을 인정하는 것은 옳은 일이다. 특히 상황을 더 악화시키기 전에 멈추는 것이 더 나을 때 그렇다.
여섯 번째 교훈은 받아들이기 어려운 리더들이 있을 수 있다. 일단 도움을 제의한 다음에는, 계약을 하지 않았더라도 약속을 깨는 일은 이기적이라고 느끼는 것이다. 그들은 도움을 주고자 하는 모든 제안은 사실은 도움을 주는 사람을 위한 일이라는 것을 깨닫지 못한다. 성인군자가 그렇게 많지는 않다.

다른 사람들을 도와주고 싶어하는 사람들은, 스스로 인식하지 못할 수도 있지만, 보통 무언가를 얻고자 한다.

앞의 사례에 대해서 토론했을 때, 청색 팀은 녹색 팀이 자신들의 걸작을 만들지 못해서 교육 참가자 절반이 그 작품을 다시 보지 못할까봐 두려워하고 있다는 사실을 알게 되었다. 청색 팀의 첫 번째 메시지가 다음과 같았다면 이야기가 꽤 달라졌을 수도 있다.

우리가 무기력한 토키를 만들 때 한 가지 실수를 했네요. 그 실수로 인해 여러분이 상당히 어려움에 처할 수도 있습니다. 여러분에게 없는 특별한 부품이 필요하기 때문이죠. 우리는 토키가 다시 만들어지는 것을 보고 싶지만, 규칙상 여러분이 부품 교환에 동의하지 않으면 우리가 그 부품을 보낼 수 없습니다. 부품을 교환해서 저희를 도와주지 않겠어요?

물론 나중에 이렇게 말하는 것은 쉬운 일이지만, 도움을 주려고 했던 나의 시도는 어떤가? 내가 제안해서 무기력한 토키라는 이름을 붙였고, 규칙을 약간 바꿔서 부품을 교환할 수 있도록 했지만, 나 자신의 동기는 생각해 보지 않았다. 그것 자체가 하나의 교훈이다.

사람들은 대부분 도움을 주는 사람들이 이기적이라고 생각하지만, 자신은 그 규칙에서 예외라고 생각한다.

토론하는 동안, 녹색 팀은 무기력한 토키라는 이름이 문제를 더 어렵게 만들었다고 털어놓았다. "우리는 상대 팀이 약아빠진 방법으로 우리를 어렵게 만들려 한다고 생각했습니다."라고 닐스가 말했다. 완전히 전형적인 반응이었다.

도움을 주려는 시도를 방해하려는 시도로 받아들이는 경우가 많다.

이 교훈은 두 가지로 해석할 수 있다. 먼저 도움을 주려고 할 때 저항에 부딪친다는 의미이며, 또 하나는 다른 사람이 여러분을 방해하려 하고 있다는 생각이 들 때 생각해 볼 부분이 있다는 의미다. 이것이 가장 중요한 교훈이다.

이상하게 들릴 수도 있겠지만, 사람들 대부분은 사실 도움을 주려고 한다.

그렇다고 해서 그 사람들이 성공한다거나 그들의 도움을 반드시 받아들여야 한다는 의미는 아니지만, 그 행동이 어디에서 비롯된 것인지 이해한다면 더 편안한 느낌이 들 것이다.

도움과 자존감

앞에서 살펴본 메시지 교환 과정을 돌이켜보면, 나는 첫 번째 메시지 맨 아래에 적혀 있던 '애정을 담아'라는 문장과 그 말에 담긴 의미 모두에서 감명을 받았다. 그 말은 황금률을 생각나게 하는데, 황금률을 두 가지 다른 방법으로 표현한 것을 본 일이 있다.

남에게 대접 받고자 하는 대로 너희도 남에게 대접하라.
네 이웃을 네 자신과 같이 사랑하라.

첫 번째 말은 보통 이렇게 해석하기도 한다.

네 이웃을 도와라.

다른 사람들을 도와주거나 도움을 받았던 경험을 바탕으로 나는 약간 다르게 해석하는 것을 좋아한다.

이웃에게 도움을 제의하는 것은 자신도 같은 상황에서 도움 받기를 원하는 경우에만 하는 것이 좋으며, 도움을 줄 때에는 도움을 받고 싶은 방법으로 하라.

우리는 어떤 방법으로 도움을 받고 싶어할까? 동정심 때문에 도움을 받고 싶지는 않다. 이기심 때문에 도움을 받고 싶지도 않다. 이것들은 도움을 주는 사람이 나를 하나의 인간으로 배려하지 않는 상황이다. 다른 사람들에게 내가 해주었으면 하고 바라는 것은 나를 사랑해 주는 것이다. 물론 로맨틱한 사랑이 아니라 진정한 인간적 배려를 말하는 것이다.

그러므로 다른 사람들에게 직접 도움을 주거나 또는 도움을 주는 환경을 만들어서 동기부여를 하고 싶다면, 먼저 그 사람들을 배려하고 있다는 것을 믿도록 해야 하며, 그렇게 하는 유일한 방법은 실제로 배려하는 것이다. 사람들이 거짓 배려에 속아 넘어갈 수도 있지만 오래 가지는 못한다. 그렇기 때문에 황금률이 '네 이웃을 사랑하는 척하라'가 아니라 '네 이웃을 사랑하라'인 것이다. 스스로를 속여서는 안 된다. 자신이 이끌고 있는 사람들을 진정으로 배려할 수 없다면 리더로서 성공할 수 없다.

나는 불특정 다수를 배려하라고, 또는 특정한 사람을 배려하라고 가르칠 수는 없지만 자기 자신을 배려하지 않으면 다른 사람을 배려하는 것이 불가능하다는 것을 알고 있다. 황금률은 '자신을 하찮은 벌레처럼 생각할지라도 네 이웃을 사랑하라'라고 하지 않는다. 다른 사람들을 사랑하는 능력, 나아가서는 다른 사람들을 도와주는 능력, 그리고 이끌어가는 능력은 자기 자신을 사랑하는 능력에서 출발한다.

우리가 본 바와 같이, 다른 사람들을 도와주려고 하는 시도가 성공을 보장하지는 않는다. 도움을 주는 사람으로서 어려움에 부딪혔을 경우, 스스로에 대한 감정이 여러분의 반응을 결정할 것이다. 스스로를 배려하는 사람이라면 어려움을 극복하고 앞으로 계속 나아갈 수 있을 것이고, 필요하다면 자기 자신을 망가뜨리는 일 없이 프로젝트를 취소할 수도 있다. 만약 자존감이 낮다면 스스로를 보호할 필요를 느낀다. 인내심이 필요한 순간에 도움을 포기할 수도 있다. 도와주려는 시도가 상대방에게, 심지어 자기 자신에게도 해롭다는 것이 밝혀진 뒤에도 그 시도를 계속하기도 한다. 또는 실패를 자신이 아닌 다른 사람에게 투사하여, 처음 도우려고 시도한 그 상대를 비난할 수도 있다.

만약 자존감이 낮다면, 다른 사람들에게 동기부여를 하려는 모든 시도는 방해를 받을 것이다. 다른 사람들을 도우려 하기 전에 먼저 자신을 살펴보는 것이 좋다. 이것이 바로 다음 장의 주제다.

12장 질문

1. 『On Becoming a Counselor』에서 유진 케네디는 이렇게 말한다. "확신에 찬 공상적 사회 개혁론자들, 즉 고결한 눈빛으로도 숨길 수 없을 만큼 인간에 대해서는 가혹하고 강력한 집단이 역사상 얼마나 많은 해를 끼쳐 왔는가? 공상적 사회 개혁론자란 자신의 필요에 따라 다른 이들에게 행동하는 사람을 말한다. 따라서, 어떤 목적을 가지고 무슨 수를 써서라도 다른 이들에게 도움을 주려는 일과 비교해 보면, 순수하게 도움을 주는 일이 반드시 피해야 할 일은 아니다." 다른 사람들에게 도움을 주기 위해 리더가 되기를 원하는가? 당신이 무슨 수를 써서라도 도움을 주고자 하는지 아니면 순수하게 도움을 주고자 하는지 어떤 방법으로 알 수 있는가?
2. 누군가 도움을 강요하려 했을 때를 떠올려 보자. 어떤 느낌이었는가? 당신은 어떻게 반응했는가?
3. 현재 도움을 주고받는 관계에 있는가? 만약 그렇다면 그 계약은 어떤 것인가? 상대방이 이해하고 있는 계약은 어떤 것인가?
4. 최근에 경험한 도움을 주는 상황에서 당신이 얻으려고 했던 것은 무엇이었는가? 가능하다면 다양한 상황을 떠올려 보고 패턴을 발견할 수 있는지 살펴보자.
5. 함께 일하고 있는 사람들 중에 황금률을 적용하기 어려운 사람을 생각해 보자. 그 사람을 배려하기 어렵다고 느끼는 것은 무엇 때문인가? 같은 이유에 대해 자신에게는 어떻게 하고 있는가?
6. 최근에 사람들이 의식적으로 당신의 일을 방해하는 것처럼 보인 경우를 떠올려 보자. 결과가 좋지 않았더라도 그 사람들이 도움을 주려는 것이었다고 상상해 보자. 가능하다면 관계된 사람들과 이

야기해 보고 그들의 입장에서 그들이 하려고 했던 일을 들어보자.

7. 백금률이란 '남이 대접받고 싶어 하는 대로 남을 대접하라'라는 가르침이다. 도움에 대한 실질적 지침으로서 황금률과 비교했을 때 어떠한가? 당신이 원하지 않는 것을 다른 사람들이 원한다면 어떻게 할 것인가?

13장
동기부여를 잘할 수 있는 사람이 되려면

친구를 사귀는 방법을 알기 위해 왜 이 책을 읽고 있는가? 왜 이 세상에서 친구를 가장 잘 사귀는 이의 방법을 연구하지 않는가? 그는 과연 누구일까? 내일 길에서 우연히 그를 만날지도 모른다. 당신이 다가가면 그는 매우 반가워하며 꼬리를 흔들 것이다. 걸음을 멈추고 쓰다듬어 주기라도 하면 얼마나 당신을 좋아하는지 보여주기 위해 펄쩍펄쩍 뛰며 좋아할 것이다. 그의 이러한 애정 표현에는 어떤 동기도 숨어 있지 않다는 것을 곧 알게 된다. 그는 당신에게 부동산을 팔려는 것도 아니고, 결혼을 원하는 것도 아니다.

— 데일 카네기(Dale Carnegie), 『인간관계론(How to Win Friends and Influence People)』

다른 사람들에게 영향을 미치는 데 자존감이 중요하다고 이야기하는 것은 훌륭한 일이지만, 그렇다면 어떤 방법을 사용해야 할까? 자기 자신을 별로 좋아하지 않는 경우에도, 다른 사람들을 원하는 대로 움직일 수 있는 힘을 얻는 방법이 있다면 좋지 않을까?

어쩌면 그런 방법이 있을지도 모르지만, 이번 장을 쓰려고 앉아 아무리 생각해 봐도 중요한 내용이 아무것도 생각나지 않았다. 그뿐 아니라 중요한 내용이 왜 생각나지 않는지도 이해할 수 없었다. 이 장을 완성하려고 여러 가지 방법을 시도해 보았지만 아무런 도움이 되지 않았다. 결국, 문제가 있다는 사실을 스스로 인정하기로 결심했다. 그러자 마치 둑이 터진 것처럼 글을 쓸 수 있었고, 이번 장 원고를 완성할 수 있었다.

항상 진실하라 (진심이든 아니든)

이번 장을 쓰기 위한 아이디어를 찾으면서 나는 데일 카네기의 『인간관계론』을 보았다. 지금까지 나온 책 중 가장 인기 있는 자기계발서이며, 40년 이상 베스트셀러 자리를 지키고 있고, 그동안 비슷한 주제를 다룬 책도 수없이 출간되었다. 이보다 더 영감을 불러오는 책이 또 있을까?

내가 열 살 때 이 책이 우리 집에 있었다. 그 당시 집에 있는 책을 몽땅 읽고 있었기 때문에, 물론 이 책도 읽었다. 별로 인상적이지 못했다. 인상적이지 못한 정도가 아니라 완전히 혐오스러웠다. 그 후 40년간, 누군가 데일 카네기나 그의 책을 언급하면 나는 근거 없는 혐오감을 표현하곤 했다.

몇 년 전에, 콜로라도 라와 황무지에 있는 오두막에 고립된 채로 3일 내내 몰아치던 폭풍우가 그치기를 기다리는 동안, 너덜너덜한 카네기 인간관계론 한 권을 발견한 일이 있었다. 내가 지난 40년간 어떻게 변화했는지 알아보려고 그 책을 읽는 것도 재미있겠다고 생각했다.

결과를 빨리 알고 싶어서 각 장마다 요약되어 있는 원칙 목록들을 대략 훑어 보았다. '미소를 지어라' 또는 '상대방으로 하여금 중요하다는 느낌이 들게 하라' 같은 규칙을 보았을 때, 끔찍하게 화가 나기 시작했다.

왜 화가 났을까? 그 규칙들은 내가 아는 최고의 위선자에게서 배웠던 규칙을 떠오르게 했다.

항상 진실하라.(진심이든 아니든)

내가 생각하기에는, 규칙을 외워서 친구를 얻거나 다른 사람에게 영향을 주는 방법을 배운 사람들은 최악의 위선으로 사기를 치고 있는 것이어서, 나는 그런 사람들과 어떠한 관계도 맺고 싶지 않다. 세상에서 두 번째로 나쁜 짓은 그런 규칙을 가르치는 책을 읽는 것이다. 물론 가장 나쁜 짓은 그런 책을 쓰는 일이다.

생존 규칙

나는 몹시 화가 났고, 앞으로 40년 동안 그 책을 두 번 다시 볼 일이 없을 뻔했다. 하지만 오두막에는 책이 딱 한 권밖에 없었기 때문에 참을 수밖에 없었다. 지금 생각해 보면 다행스러운 일이다.

카네기가 의도한 대로, 책을 앞에서부터 차례대로 읽어보기로 했다. 우선, 천오백만 독자들이 그 책을 읽는 동기와 상관 없이 카네기 본인은 그 책을 분명히 진심으로 썼다는 사실을 알 수 있었다. 나는 그를 만나본 적은 없지만, 그가 정말로 친구를 얻고 사람들에게 영향을 줄 수 있도록 도움을 주고 싶어 한다는 느낌을 받았다.

가만히 생각해 보니 나는 40년 사이에 무언가가 바뀌어 있었다. 내가 열 살 때에는 그렇게 느끼지 않았기 때문이다. 열 살 무렵에는 내게 다음과 같은 강력한 규칙이 있었다.

도와주고 싶다고 말하는 사람을 믿지 마라.

이 규칙은 어디에서 왔을까? 정확히는 모르겠지만, 내가 그런 규칙을 갖고 있었다는 것은 놀라운 일이다. 10장에서 상호작용 역동을 분석했을 때, 모든 사람에게는 다른 사람을 대하는 어떤 규칙이 있다는 사실을 이야기했다. 이러한 '생존 규칙' 중에는 성인이 된 후 의도적으로 배운 것도 있다. 은행원이라면 어떤 종류의 정장을 입어야 할지, 군인이라면 누구에게 경례를 해야 할지에 대한 규칙이 있다. 그러나 생존 규칙 대부분은 어린 시절에 생겨난 것이고, 분명하게 기억이 나지 않는 아주 어린 시절에 배운 규칙도 있다.

그러한 규칙은 정말로 생존이 위협받던 상황으로부터 온 것이기 때문에 적절히 상호작용을 하지 않으면 강렬한 감정을 불러 일으킨다. 그리고 그 규칙들은 우리가 아직 세상이 돌아가는 방식을 그다지 분명히 인식하지 않고 있던 때 생겨난 것이기 때문에, 규칙을 배웠다고 생각하는 것이 아니라 보편적 진리를 배웠다고 믿기 쉽다. 따라서 다음과 같은 규칙을 갖고 있었던 것은 당연하다.

너에게 보편적 진리를 가르치려고 하는 사람을 주의하라.

이 규칙이 내가 데일 카네기의 리더십을 받아들이는 데 방해가 된 분노의 근원이었다.

메타 규칙

문제 해결형 리더는 규칙을 중요하게 생각하는데, 규칙이 아이디어의 흐름에 강력한 영향을 주기 때문이다. 사람들이 새로운 방법으로 일을 하도록 동기를 부여하려고 할 때, 상대방이 권한을 가진 사람들을 의심하는 규칙을 가지고 있다면 그 일이 쉽지 않을 것이다. 규칙을 이해하면 그 사람과 밀접하게 접촉할 수 있는 방법을 알아내는 데 도움이 된다.

보편적 진리를 가르치려고 하는 사람을 주의하라고 말하는 내 규칙처럼 특별히 중요한 규칙이 있다. 그 이유는 그 규칙이 규칙에 대한 규칙, 즉 메타 규칙이기 때문이다. 메타 규칙은 규칙에 대한 아이디어의 흐름을 제어하고, 따라서 손쉽게 새로운 규칙을 배울 수 있거나 낡은 규칙을 잊어버릴 수 있는 방법을 결정한다. 그러므로 메타 규칙은 다른 사람들과 상호작용하는 방법을 얼마나 쉽게 바꿀 수 있는지 결정한다.

내가 열 살이었을 때 이미 메타 규칙에 사로잡혀 있었기 때문에 데일 카네기의 책이나 그의 워크숍을 좋은 뜻으로 받아들일 수 없었던 것이다. 인간의 상호작용을 다루는 다른 책이나 워크숍도 마찬가지였다. 내가 다른 사람들과 상호작용하는 방법을 바꿀 수 있게 되기까지, 생존 규칙과 메타 규칙을 찾아내는 방법 또는 원하는 경우 그 규칙들을 변화시키는 방법을 배워야 했다.

생존 규칙은 그 규칙에 대해 특별한 노력을 기울이지 않더라도 바꿀 수 있지만, 규칙에 대해 명확하게 알지 못한다면 변화가 일어나기까지 매우 오랜 시간이 걸릴 수도 있다. 내가 마흔 살쯤 됐을 무렵 규칙은 다음과 같이 바뀌었다.

도와주고 싶다고 말하는 사람을 믿지 마라.

다른 사람들과의 오랜 경험을 통해 이 규칙은 서서히 다음과 같이 바뀌었다.

도와주겠다고 말한 사람들을 믿을 수 있다. 실수로 누군가를 믿었더라도, 스스로 나와 나의 생존을 다룰 수 있기 때문이다.

이 새로운 규칙으로 인해 나는 데일 카네기의 책을 계속 읽을 수 있었다.

규칙을 지침으로 바꾸기

당신이 최근 한 프로그래머 조직의 리더로 승진했다고 가정하자. 프로그래머들이 당신을 '고압적'이고, '간섭'이 심하고, 업무를 '위임'할 줄 모르는 사람으로 생각하고 있다는 것을 경영진의 조사를 통해 알게 될 때까지, 스스로 꽤 잘해내고 있다고 생각했다. 조사 결과를 안 후 상처를 받고 화가 날 것이며, 속으로 '난지 도움을 주고 싶었을 뿐인데'라고 생각할 것이다.

당신은 조직 구성원들과 이야기를 해서 단지 도움을 주고 싶었을 뿐이라고 설명할 수도 있지만, 그들이 이런 행위를 또 다른 간섭으로 받아들일 수도 있다는 사실을 깨달았다. 아마 다른 사람이 아니라 스스로에게 할 수 있는 일이 있을 것이다. 상처와 분노는 사람들에게 도움을 주어야만 한다는, 내면에 존재하는 어떤 생존 규칙을 건드리고 있다는 것을 의미할 수도 있다. 이러한 생존 규칙은 훌륭한 리더가 되는 것을 방해하고 있는 듯 보이기 때문에, 그 규칙을 바꾸는 데 40년이나 기다리고 싶지 않을 것이다. 대신 더 유용한 방법, 즉 규칙이 아니라 지침을 통해 단계적 변화를 적용해 볼 수 있다.

1단계: 규칙을 명확하고 구체적인 문장으로 만든다.
어떤 남자들은 다음과 같은 규칙을 갖고 있다.
나는 모든 여자들에게 도움을 주어야 한다.

사람에 따라서는 다음과 같은 규칙이 있을 수도 있다.
나는 모든 젊은이들에게 도움을 주어야 한다.

다음과 같은 규칙을 갖고 있다고 가정해 보자.
나는 항상 모든 사람들에게 도움을 주어야 한다.

이 문장이 변화의 출발점이 된다.

2단계: 그 규칙의 생존 가치를 인정하고, 자신의 잠재의식과 합의를 이룬다.
일단 "나는 항상 모든 사람들에게 도움을 주어야 한다."라는 규칙을 확인하게 되면, 그것을 없애버리고 싶은 충동을 느끼겠지만 그렇게 하는 것이 가능하더라도 규칙을 없애는 것은 중대한 잘못이다. 그 이유를 알아보자.
모든 규칙에는 이유가 있다. 그 이유를 분명하고 쉽게 밝혀낼 수 있다면 규칙을 바꾸는 것이 비교적 쉽다. 예를 들어, 나는 '우측 통행'이라는 운전 규칙을 지킨다. 영국이나 호주에서 차를 빌려서 운전하는 경우, 그 규칙을 '좌측 통행'으로 바꾸는 데 어려움을 겪는다. 그러나 생존의 가치는 분명한 것이기 때문에 며칠 이내로 현지인들처럼 운전할 수 있게 된다.

운전 방향을 바꾸는 것이 그 이외의 생존 규칙을 바꾸는 것보다 중요한 일이라고 생각할 것이다. 잘못된 방향으로 운전하면 목숨을 잃을 수도 있기 때문이다. 대부분의 행동에서 일부분의 변화로 받는 불이익이 이 정도로 심각한 것은 없다. 하지만 많은 사람들이 규칙을 바꾸려는 자신의 시도에 다음과 같은 메타 규칙을 적용해서 실패를 맛본다.

나는 반드시 전부 바꾸거나 아니면 아무것도 바꾸지 말아야 한다.

규칙의 이면에 존재하는 이유가 명확하지 않다면 메타 규칙은 변화를 매우 위험하게 만든다. 규칙 이면의 이유가 규칙이 정말로 생존과 관련이 있었던 먼 과거에 파묻힌 경우도 있다. 우리는 '엄마가 장난감 정리하는 것을 돕지 않으면, 엄마가 더 이상 나를 사랑하지 않을 테고 그러면 나는 굶어 죽을지도 몰라.'라고 분명하게 생각하는 것은 아니다. 이런 어린 시절의 이유는 희미한 과거 속에 사라지고, 항상 모든 사람들에게 도움을 주지 않으면 무서운 일이 일어날지도 모른다는 공포처럼 그것을 둘러싸고 있던 강렬한 감정만 남아 있는 것이다.

규칙의 이면에 존재하는 이유를 찾아내려면 7년간 정신 분석을 받을 필요 없이 스스로에게 이렇게 말하기만 하면 된다. "이 규칙은 내가 생존하는 데 가치 있는 규칙이었기 때문에 그 규칙을 없애 버릴 생각은 없어. 적절한 상황에 다시 사용할 수 있도록 그냥 둘 거야. 새로운 규칙은 추가할 수도 있지만, 예전 규칙은 필요하면 사용할 수 있도록 계속 유지하겠어."

이런 새로운 생각이 잠재 의식의 일부가 되고, 그 잠재 의식은 끊임없이 자신을 보살핀다. 예를 들어, 여러분은 무언가 다른 말을 하거나 생각을 하면서도 운전을 할 수 있다. 특별히 자각하는 일 없이 목적지에 도착한 경험이 있다면, 잠재 의식이 의식적인 생각의 지시를 듣고 이해할 수 있다는 사실을 이미 알고 있는 것이다. 그러나 잠재 의식은 안전에 대해서는 절대 타협하는 법이 없다.

규칙의 변화를 시도하는 경우 가능하다면 모든 단계가 안전한 것이 중요하다. 그렇지 않으면 잠재 의식이 안전을 지키기 위해 저항할 것이기 때문이다. 이러한 변화의 각 단계를 시도할 때에는, 아마 잠재 의식이 말을 걸어오는 경우는 없겠지만, 감정에 반응한 신체가 다음 단계로 나아가도 괜찮은지 아닌지 말해줄 것이다.

3단계: 자신에게 선택의 여지를 남긴다.
일단 예전 규칙으로 돌아갈 수 있는 안전한 길이 항상 존재한다고 잠재 의식이 확신하면, 규칙은 스스로의 선택이기 때문에 어떤 상황에서 그 규칙을 적용할지 말지도 스스로 결정하는 것이라는 생각을 절반쯤 확립한 것이다. 이제 규칙 문장을 선택에 대한 일종의 강요로부터 다른 형태로 변화시킬 수 있다는 것을 의미한다. 예를 들어,

나는 항상 모든 사람들에게 도움을 주어야 한다.

위와 같은 규칙은 항상 그 규칙을 따라야만 한다는 절대성을 담고 있다. 어떤 사람들에게 이 규칙은 다음과 같은 의미를 담고 있다. "나는 항상 다른 사람들에게 도움을 주어야 한다. 누군가를 도와줄 수 없

다면, 내게 나쁜 일이 일어날 거야."

3단계에서 선택을 강요하는 규칙을 다른 식으로 바꾼다.

나는 항상 (내가 원하는 경우) 모든 사람들을 도와줄 수 있다.

4단계: 필연성을 가능성으로 바꾼다

한 가지 규칙을 단계별로 변화시키다 보면 다른 규칙을 마주치는 일이 있다. 물론, 전지전능한 사람은 아무도 없으며 그렇게 될 수 있는 사람도 없지만 다음과 같은 규칙을 갖고 있는 사람이 있다.

나는 언제나 완벽하게 효율적이어야 한다.

만약 '완벽함'을 추구하는 규칙을 갖고 있다면, '도움'에 대한 규칙 변화에서 이 단계를 통과하지 못할 것이다. 이 경우에는 과정을 중단하고 '완벽함'에 대한 규칙 또는 진행을 방해하고 있는 그 밖의 다른 규칙에 대한 새로운 과정을 시작한다.

완벽함에 대한 암묵적 규칙을 처리하면, 변화의 다음 단계는

나는 언제나 (내가 원하는 경우) 모든 사람들을 도와줄 수 있다.

에서

나는 (내가 원하는 경우) 모든 사람들을 도와줄 수도 있다.

로 바뀌게 된다. 또한, 이 문장에는 아직 완벽함에 대한 문제가 남아 있는데, 거기에서 다음 단계로 진행한다.

5단계: 규칙을 전체적인 것에서 그렇지 않은 것으로 바꾼다.
항상 완벽한 사람은 없기 때문에 보편성을 제거해서 위의 규칙을 다음과 같이 바꾼다.

나는 (내가 원하는 경우) 다른 사람들을 도와줄 수도 있다.

이 정도까지 오면 어떤 사람을 언제 도와줄지 결정하는 비교적 쉬운 문제를 다룰 수 있게 된다.

6단계: 일반적인 것을 특정한 것으로 바꾼다.
여기까지의 변화는 자신이 선택권을 갖고 있다고 깨닫게 만드는 단계였기 때문에 다른 규칙, 즉 '오직 하나의 올바른 방법만이 존재한다'고 믿는 혁신의 세 번째 장애물에 대한 규칙을 갖고 있는 경우에는 조심해야 한다. 융통성 없는 규칙을 똑같은 다른 규칙으로 대체하기를 원하지는 않을 것이기 때문에, 다음의 경우처럼 최소한 세 가지 이상을 확인해 보는 것이 좋다.

나는...
다른 사람들이 명확하게 도움을 요청할 경우
내게 다른 사람들을 도와줄 수 있는 능력이 있는 경우
내게 다른 사람들을 도와줄 수 있는 자원이 있는 경우
다른 사람들을 도와주는 일에 내가 적합한 경우
내가 다른 사람들을 도와주겠다고 결정한 경우
나는 기꺼이 실패를 감수하고 도움을 줄 것이다.

버지니아 사티어로부터 이러한 방법을 배운 후 이 특별한 변화를 나 자신에게 적용했고, 또한 많은 리더들이 이 방법을 통해 변화하는 데 도움을 주었다. 그들은 간섭에 대한 비난이 줄어들고 효과적으로 일을 위임하는 능력이 증가하였다. 리더들이 다른 사람들과 효과적인 관계를 맺는 것을 가로막는 다른 흔한 수많은 생존 규칙에도 이 변화 방법을 적용해 보았다. 대부분 도움이 되었지만, 강력한 만큼 단점도 있었다. 우리 모두에게는 무언가를 잊는 능력이 있다.

나는 일단 변화가 이루어지면 그 변화의 각 단계를 일기에 써 두는 것이 좋다는 사실을 알게 되었다. 그러면 나중에 연습할 기회가 생겼을 때 일기를 다시 읽어보고 스스로 얼마나 잘하고 있는지 살펴볼 수 있다. 이를 통해 무의식중에 한 약속을 지키게 되고, 자신이 완벽하지 않다는 것을 인정하게 된다. 예를 들어, 내가 특정 조건 하나를 바꾸거나 명확히 하기를 원한다는 것을 발견할 수도 있다.

가령, 어느 정도 경험을 쌓은 뒤 다음 문장

다른 사람들을 도와주는 일에 내가 적합한 경우
를

양쪽 모두 도움에 개방적이고 구체적이며 경계가 명확한 계약을 할 수 있고, 그 계약에 만족스러운 느낌이 들 경우
와 같이 더 구체적으로 만들 수 있다.

다른 사람들에 대한 순수한 관심

데일 카네기의 책에는 다음과 같은 단순한 원칙이 한 가지 더 실려 있다.

다른 사람들에게 순수한 관심을 기울여라.

이러한 순수한 관심이 없다면 미소를 짓거나 다른 사람의 이름을 기억하거나 중요한 사람이라고 생각하는 것 같은 모든 행동은 단지 위선에 지나지 않는다. 지금 되돌아보면 나는 열 살이 될 때까지 다른 사람들에게 순수한 관심을 받지 않으려는 생존 규칙을 갖고 있었다. 카네기가 '미소'를 지으라고 이야기했을 때, 나는 그것을 순수하게 받아들이지 않았다. 진심이 아닌 미소가 어떻게 보일지 알고 있었고, 그런 일은 하고 싶지 않았다. 내가 좋아하지 않는 사람의 이름을 기억하고 싶지 않았고, 사람들이 나에 대해 이야기하는 것도 듣고 싶지 않았으며, 나의 대화를 그들의 관심사에 맞추고 싶지도 않았다.

그리고 무엇보다도, 나는 그들이 중요하다는 느낌을 갖고 싶지 않았다. 마음속으로 나 자신이 중요한 사람이라고 느끼고 있지 않았기 때문이다. 카네기는 다른 사람들에게 집중했지만, 버지니아 사티어가 말한 것처럼 "자존감은 나라는 존재의 중심"이다. 데일 카네기가 이 점을 놓친 것은 그가 자존감이 강하게 발달해서 의심의 여지가 없는 관점을 가지고 있었기 때문일 수도 있다. 또한, 강아지에게는 아무런 숨은 동기가 없다는 글을 쓴 것으로 보아, 카네기는 '이기심'에 대한 생존 규칙을 가지고 있었던 것으로 보인다. 우리 집 강아지들이 나를 사랑한다는 것을 알지만, 가능하면 나에게서 먹이를 얻으려고 하는 강아지들의 욕구를 사랑으로 착각하지는 않는다.

우리 대부분은 다음과 같은 메타 규칙을 가지고 있다.

이기적으로 행동하지 마라.

이 메타 규칙 때문에 우리는 어떤 방식으로든 자신을 발전시키기 위해 시간을 들이는 일에 죄책감을 느낀다. 잡지를 읽거나, 운동을 하거나, 생존 규칙을 바꾸거나, 심지어 특정 대화를 생각할 때도 그렇다. 그러나 문제 해결형 리더가 되기 위해, 즉 다른 사람들이 능력을 발휘하도록 만들기 위해 다음과 같은 방식으로 '이기적'이 될 필요가 있다. 정신과 의사인 나다니엘 브랜든Nathaniel Branden은 이렇게 말했다.

"동굴에서부터 현재 수준의 문명에 이르는 모든 과정에 걸쳐서 인류 진보의 역사와 그 진보를 가능하게 한 천재성, 대담성, 용기, 창조성의 역사를 살펴보면, 자신의 '운명'을 발견하고 달성하는 데 대부분의 삶을 바친 사람들, 즉 인생의 길이 분명한 자아를 실현(자기 개발, 자기 달성)하는 데 있었던 예술가, 과학자, 철학자, 발명가, 기업가 같은 사람들에게 우리가 얼마나 많은 빚을 지고 있는지 감명을 받지 않을 수 없다."

N. Branden, The Psychology of Romantic Love
(Los Angeles: J.P. Tarcher, Inc., 1980), pp. 55-56.

왜, 언제 데일 카네기의 책을 읽어야 할까?

이미 자존감이 잘 발달되어 있는 사람이라면 카네기 인간관계론을 통해서 훌륭하게 동기부여를 할 수 있는 사람이 되는 다양한 방법을 배울 수 있다. 또한 자존감을 테스트해 볼 목적으로 카네기의 책을 이용할 수도 있다. 여러분의 반응이 나의 열 살 때 반응처럼 부정적이라면, 내면 깊숙한 어딘가에 다음과 같은 생존 규칙이 있는 것이다.

나는 별로 가치 없는 인간이야.

만약 그렇게 느낀다면, 마치 너무 자주 채찍을 맞은 강아지가 보여주는 모습과 비슷할 것이다.

그런 강아지는 카네기가 설명한 것처럼 여러분을 반기지 않을 것이다. 자신을 사랑하지도 않고, 인간을 사랑할 특별한 이유도 없다. 그러므로 강아지가 비록 마음을 사로잡으려고 아주 살짝 재롱을 부리려고 할지라도 먹이를 주고 싶은 마음이 그다지 들지 않을 것이다. 채찍을 맞은 강아지에게 동정으로 먹이를 주려는 사람도 있겠지만, 그것이 정말로 당신이 다른 사람들에게 영향을 주기 위해 원하는 방법인가?

다른 사람에게 동기부여를 하는 법을 배우고 싶다면, 최선의 방법은 자신을 채찍 맞은 강아지처럼 가치 없고 무력한 존재로 느끼도록 하는 생존 규칙을 바꾸는 것이다. "나는 별로 가치 없는 인간이야."라는 말을 다음과 같이 현명한 지침으로 바꿀 수 있다.

나는 다른 모든 사람들과 똑같이 소중한 인간이야.

이 말은 정말로 훌륭한 효과가 있다.

13장 질문

1. 자신의 생존 규칙을 인식했을 때 일기에 기록해 보자. 생존 규칙을 찾아내고 그것을 지침으로 바꿔 보자.
2. 앞에서 나왔던 실습을 진행하면서 메타 규칙을 만나지 않았는가? 그렇다면 그것을 메타 지침으로 바꿔 보자.
3. 데일 카네기의 인간관계론을 읽고 자신에게 나타난 규칙들을 알아내 보자. 그 규칙들을 지침으로 바꿔 보자.
4. 사람들이 자신의 규칙을 지침으로 바꾸는 데 리더로서 도움을 주고 싶을 수도 있다. 이런 종류의 도움에 너무 깊게 개입하기 전에, 규칙 목록을 교환하고 서로 규칙을 지침으로 바꾸는 일을 도울 수 있는 친구를 찾아보자.

14장
힘은 어디에서 오는가

전쟁터에서 사기의 힘은 물리적 힘보다 세 배의 영향력을 발휘한다.

— 나폴레옹(Napoleon)

적절한 자존감을 가져야만 다른 사람들에게 쉽게 영향을 미칠 수 있다는 생각을 받아들이기 어려워하는 사람이 많다. 힘이 부족한 사람들은 누군가 다른 사람이 자신에게 어떤 부족한 요소를 보충해 주거나 비밀의 열쇠를 건네기만 하면 갑자기 강력해질 것이라고 믿는다. 이것은 위험한 생각인데, 주로 이런 생각이 사람들을 맹목적으로 만들고 영향력을 키울 수 있는 길을 막기 때문이다. 리더의 위치에 오르는 것처럼 인생에 어떤 변화가 일어났을 때, 이런 생각이 얼마 안 되는 힘마저 잃어버리는 원인이 될 수도 있다.

이번 장에서는 힘에 대해 문제 해결형 리더가 알고 있어야 할 것들, 특히 힘이 어디서 와 어디로 가는지 살펴볼 것이다.

관계의 힘

힘의 기원은 논란이 많은 주제인 동시에 다루기 힘든 문제이기도 하다. 마오쩌둥은 모든 권력이 총구에서 나온다고 말했지만, 나폴레옹은 물리적 힘의 비중은 단지 25퍼센트 정도일 뿐이라고 생각했다. 그러나 대포가 없다면, 힘이 어디에서 오는지에 대해 모두 의견이 다를 것이다.

아무것도 할 수 없는 무력함을 느꼈던 어느 지루한 기획 회의에서 빠져 나왔을 때가 생각난다. 회의가 끝난 후 의장은 사무실에서 내가 힘을 무책임하게 사용한 것을 질책했다. 그는 무슨 일이 있어도 벌떡 일어나서 회의실을 빠져 나오지 않았을 것이기 때문이다. 내가 회의실을 떠난 것은, 그가 볼 때 내가 큰 힘을 가졌기 때문이라고 생각했지만, 내 입장에서는 그런 행위가 무력함을 의미했다. 내 생각에는 그가 의장으로 임명된 이상 모든 힘을 가진 사람은 분명히 그 사람이었다.

우리 둘 다 잘못이 있었다. 두 사람 모두 힘이 '소유하는' 무언가라고 생각했기 때문이다. 힘은 소유하는 것이 아니라 관계이다. 내가 의장에게 힘이 있다고 느낀 것은 그를 의장으로 임명한 조직과 나의 관계 때문이다. 나는 조직에 종속된 사람이고, 그 힘이 생계에 지장을 줄 수도 있기 때문에 내게는 분명히 강력한 힘이다. 내가 그 조직에 덜 종속되어 있었다면 그렇게 강력하게 보이지 않았을 것이다. 나는 전국 롤러 경기 협회를 강력한 조직이라고 생각하지 않는데, 그것은 내가 롤러스케이트를 타지 않기 때문이다.

의장이 나를 강력하다고 느낀 것은, 그가 자신의 상황을 내가 영화 스크린인 것처럼 나에게 투사했기 때문이다. 자신에게 필요했던 힘을 내가 사용하는 것처럼 보였을 때, 그는 내가 힘이 있는 사람이라고 판단한 것이다. 같은 상황에서 한 여성이 회의실을 떠났다면 의장은 그 여성을 '약하다'고 보았을 수도 있다. 그런 경우 그 여성을 개인으로 보는 대신에 스크린을 이용해서 자신의 여성에 대한 고정관념을 투사한 것이다.

기술의 힘

테크니컬 리더는 힘에 대해 독특한 관점을 갖고 있다. 사람들과 영화를 보기 전에 저녁 식사를 하면서 토론했던 상황이 생각난다. 오스틴은 "힘은 지위로부터 온다."고 열 번이나 주장했다. "나는 승진하기 전까지 우리 조직에 어떤 일도 일어나게 할 수 없었어요."

"그렇지 않아요." 케반이 말했다. "나는 승진하기 전에도 기술력으로 정말 여러 가지 일을 달성했거든요. 오히려 지금은 그렇게 할 수가 없네요."

"두 사람 의견에 모두 동의할 수 없어요." 이나벨이 말했다. "현장에 있을 때는 기술력이 도움이 될 수도 있지만, 개인의 힘이 없다면 관리자급으로 승진했을 때 아무것도 할 수 없죠."

"들어 보세요." 내가 끼어들었다. "내 개인의 힘을 사용해서 시간이 다 됐다고 말하고 싶네요. 서두르지 않으면 영화 시간에 늦겠어요."

우리가 함께 본 영화는 〈E.T.〉로 외계인과 지구인이 만나는 이야기였다. 영화가 시작되었지만 힘이라는 주제 때문에 영화에 집중할 수가 없었는데, 그 고민 때문에 E.T.의 어려운 상황을 바라보는 나의 관점이 영향을 받았다. 우주선이 지구에 불시착했는데 그때 E.T.가 우연히 남겨졌고, 그것은 무력함의 완벽한 상징이었다.

E.T.는 벌거벗고 있었다. 아무런 도구도 갖고 있지 않았다. 게다가 집에서 몇 광년이나 떨어진 외계 환경에서 헤매고 있었다. 이미 모든 상황이 최악이었지만, 사람들은 그를 내버려두지 않았다. 미국 정부 전체가 E.T.를 잡기로 결정했기 때문에 실험실의 개구리처럼 해부당할 수도 있었다. 지구에서 가장 강력한 국가와 길을 잃고, 벌거벗고, 이상하게 보이는 작은 생물 사이의 힘겨루기가 〈E.T.〉의 줄거리이다.

〈E.T.〉가 서스펜스 영화는 아니다. 맨 처음부터 나는 이 우주 여행자가 이긴다는 쪽에 내기를 걸었고 정부에게는 승산이 없다고 생각했다. 나도 그 사실을 알고 있었고, 극장 안에 있던 모든 어린이들도 그 사실을 알고 있었다. 영화가 재미있는 것은 정부 쪽에 있는 어느 누구도 그 사실을 몰랐기 때문이다.

영화가 끝난 후 우리는 서스펜스 측면에서 영화에 대해 이야기했다. 오스틴은 당혹스러운 표정으로 앉아 있었다. "E.T.가 이기리라는 것을 어떻게 알았죠? 나는 정부 쪽에 모든 힘이 있다고 생각했어요."

"E.T.가 가진 개인의 힘을 이길 수 없었던 거죠."라고 이나벨이 대답했다.

"개인의 힘이 아니에요."라고 케반이 말했다. "E.T.는 뛰어난 기술력을 갖고 있었어요."

"개인의 힘? 기술력? 나는 마술이라고 하고 싶어요. 그건 비현실적이에요."

"비현실적이지 않아요."라고 내가 말했다. "단지 인식할 수 없는 것 뿐이죠."

"그게 무슨 뜻이죠?"

"그것을 클라크의 제3법칙¹이라고 해요. 기술이 고도로 발달하면 마술과 구별하기 어렵다는 뜻이에요."

케반이 끼어들어서 설명을 덧붙였다. "관리자와 프로그래머의 경우하고 비슷하네요. 관리자가 보면 내 업무는 완전히 마술이거든요."

"음, 그 반대도 생각할 수 있어요." 오스틴이 말했다. "우리 관리자도 프로그래머들이 이해하지 못하는 조직력이 많이 있거든요. 우리는 일을 끝내기 위해서 자원을 동원할 수 있죠. 그걸 과소평가하지 마세요!"

"에이, 당신은 마치 영화에 나왔던 그 공무원들처럼 말하네요."

"비난은 그만 합시다."라고 말하면서 내가 끼어들었다. "오스틴과 관리자들은 프로그래머들이 게임, 그러니까 파워 게임의 규칙대로 행동하지 않는 것이 불만인 거죠. 프로그래머들은 권력 투쟁을 하지 않고 단지 프로그램을 개발하고 싶을 뿐이에요. E.T.는 권력 투쟁을 하지 않고 단지 집으로 돌아가고 싶었을 뿐이고요. E.T.가 집으로 가야 한다고 결정했다면, 정부는 아무것도 할 수 없어요."

---

1 『2001 스페이스 오디세이』로 유명한 영국의 소설가 아서 C. 클라크가 주장한 법칙. 아이작 아시모프의 로봇 3원칙과 더불어 SF계에 널리 알려져 있다. 1 저명한 노과학자가 어떤 것이 가능하다고 말했다면 그것은 옳은 말이다. 그러나 어떤 것이 불가능하다고 말했다면 그것은 아마 틀린 말일 것이다. 2 가능성의 한계를 확인하는 유일한 방법은 불가능의 영역으로 살짝 들어가 보는 것뿐이다. 3 고도로 발달한 기술은 마술과 구별하기 어렵다.

"그렇지만 프로그래머의 힘은 어디에서 오는 걸까요?" 오스틴은 알고 싶어 했다.

나는 "때가 무르익은 아이디어만큼 강력한 것은 세상에 없다."라고 한 빅토르 위고$^{Victor\ Hugo}$의 말을 설명했다. 우리 시대에 그러한 아이디어는 기술, 특히 정보 처리 기술이다. E.T.가 어떤 신비로운 생명력을 얻은 것처럼 프로그래머는 이러한 기술의 힘을 얻었다. 유일한 차이점은 E.T.가 자신이 무슨 일을 하고 있는지 알고 있었던 것과는 다르게 프로그래머들은 보통 자신이 무슨 일을 하고 있는지 의식하지 못한다는 것이다. 대개의 프로그래머는 기술력을 당연하게 생각한다. 단, 그 힘이 사라질 때까지.

"프로그래머들이 관리자가 되는 경우가 그렇죠." 케반이 말했다. "그래서 바보가 되는 경우라면요."

"케반, 나는 당신이 바라보는 힘에 대한 관점이 왜 프로그래머들이 관리자의 자리, 그러니까 힘이 있는 자리를 받아들였을 때 힘을 잃어버리는지 이해하기에는 너무 단순하다고 생각해요." 나는 그렇게 말한 다음 그들에게 관계의 힘에 대해서 계속 설명했다.

전문성의 힘

케반은 그다지 만족스러워하지 않았다. "그 이야기는 너무 추상적이에요. 그냥 자신들에게 없는 것들을 나 같은 프로그래밍 전문가가 갖고 있다는 사실을 인정하고 싶지 않은 거잖아요?"

"당신은 분명히 무언가를 갖고 있어요. 하지만 그건 힘이 아니라 전문성이에요. 전문성으로부터 힘을 이끌어낼 수 있다면, 그건 다른 누군가와의 관계를 통해서 가능한 거죠. 만약 당신이 산악 등반대 리더였다면, 당신이 갖고 있는 프로그래밍 전문성은 아무런 힘이 되지 못할 겁니다."

"하지만 나는 산악 등반대 리더가 아니에요. 프로그래밍 팀 리더죠. 그러니까 나의 전문성이 바로 내 힘이에요."

"당신 팀에서는 그럴지도 모르지만, 다른 팀에 있더라도 그렇다고 말할 수는 없어요. 그것은 리더와 팀 구성원 사이의 관계에 달린 문제지요."

"예를 들어 주세요."

"내가 예를 들어 볼게요."라고 오스틴이 말했다. "만약 당신 팀원들이 전부 초보 프로그래머라면 당신이 가진 전문성은 상당한 힘이 되겠죠. 하지만 팀원들이 전부 전문가라면, 그 사람들에게는 당신의 기술 전문성이 그다지 중요하지 않을 거예요. 이런 경우에 팀원들은 추가 하드웨어를 얻어내거나, 일정을 늘리거나, 더 흥미로운 업무를 할당 받는 것 같이 조직과 관련한 힘에 더 신경을 쓰겠죠."

"오스틴, 당신에게 사과해야겠네요. 우리 둘 다 바른 방향으로 가기 시작했어요. 그렇지만 정말 헷갈리네요."

"힘에 대한 생각은 항상 혼란스러운 부분이 있는 것 같아요."라고 내가 말했다. "왜냐하면 사람들은 보통 관계에 대해서는 생각하지 않거든요."

"내가 팀원에서 팀 리더로 승진했을 때처럼요? 나는 분명히 힘이 사라지는 것을 경험했어요. 그것 때문에 오스틴의 의견에 그렇게 강하게 반대했던 거예요."

"맞아요. 당신의 전문성은 변하지 않았지만, 사람들의 기대가 바뀌었기 때문에 그 힘이 예전만큼 중요하지 않게 된 거예요."

케반은 웃었다. "여러분도 알다시피, 나는 팀원들에게 내 기술력이 여전하다는 사실을 보여주려고 정말로 노력했어요. 하지만 그런 행동이 오히려 나를 약한 리더로 생각하도록 만들었네요."

"물론이죠."라고 이나벨이 말했다. "당신에게 정말로 힘이 있다면 그것을 증명하려고 애쓸 필요가 없어요. 그것이 바로 개인의 힘이죠."

"음……" 오스틴이 말했다. "힘을 얻으려고 할 때 이런 일이 일어난다면 우리가 어떻게 하는 것이 좋을까요?

"들어보세요." 케반이 말했다. "힘을 얻는 일에는 관심 없지만, 지금 가진 힘을 잃고 싶지는 않아요. 일을 해내는 능력을 잃지 않으면서 더 많은 책임을 지려면 어떻게 해야 할까요?"

힘의 유지

"이나벨이 옳은 이야기를 했네요."라고 내가 말했다. "힘을 유지하는 첫 번째 단계는 힘을 유지하려고 열심히 매달리는 일을 그만두는 거예요."

"당신은 항상 역설적으로 말해요."

"역설이 아니에요. 관계의 힘에 대한 생각에서 직접 얻은 결론이죠. 힘을 얻고자 하는 욕구는 어떤 대상에 대한 욕구가 아니라 관계에 대한 욕구예요."

"…… 그리고 그 대상에 대해 힘을 유지하거나 구축한 것과 같은 방식으로, 관계를 유지하거나 만들 수 없겠죠."라고 이나벨이 덧붙였다.

"맞아요. 당신은 무언가를 원하고 있지만, 그것이 무엇인지 밝혀내지 못한 거죠. 원하는 것을 얻을 수 있는 힘을 갖고 있지 못하기 때문에 불만족스럽다고 생각하지만, 문제는 당신이 정말로 원하는 것을 생각해낼 수 없다는 겁니다."

"그러니까 이런 환상에 사로잡혀 있는 동안 나는 무언가가 변화하면 힘을 잃을 수 있는 위험에 빠져 있는 건가요?"

"만약 당신이 원하는 것을 모른다면 페라리를 소유한 시각 장애인처럼 당신에게 힘이란 아무 의미도 없는 겁니다. 우연히 길을 따라 잘 운전할 수도 있겠지만, 아마 어딘가에서 사고가 나겠죠."

"그러면 자신이 원하는 것에 확실히 집중하고 있으면 힘은 자연스럽게 생긴다는 뜻인가요?"

"반드시 그렇다고 말할 수는 없어요. 나는 앞이 잘 보이지만 페라리를 타고 가다가 사고가 날 수도 있어요. 볼 수 있는 능력이 필요하긴 하지만 잘 보이더라도 힘을 잃는 것을 막지 못할 수도 있죠."

"그러면 어떻게 해야 되죠?"

"계속 그렇게 질문하는 사이에 당신 역시 답변을 이해할 수 있는 시야를 잃었어요. 더 큰 힘을 얻으려고 승진하고 싶다면, 잊어버리세요! 힘의 유혹에서 한 발 물러나서 자기 자신을 더 알아야 합니다."

"그것이 바로 내가 개인의 힘이라고 말한 거예요."라고 이나벨이 말했다.

"이제 알겠네요." 케반이 말했다. "내가 승진을 받아들였을 때 왜 그랬는지 전혀 몰랐는데 내가 더 강한 존재가 된다는 생각에 정말 우쭐했어요."

"그러니까 힘을 얻을 수 있는 기회를 만나면, 무엇을 위해 그 힘을 갖고 싶은지 스스로에게 물어보세요. 그 질문의 답을 모르는 상태에서 새로운 힘이 성장하기 전에 가지고 있던 힘이 흔들리기 시작하면 분명히 길을 잃게 될 겁니다."

이나벨이 웃음을 지었다. "그러니까 E.T.가 생각나네요. E.T.는 힘을 원하지 않았지만 자신이 원하는 것을 분명하게 알고 있었기 때문에 게임에서 '강력함'을 이길 수 있었던 거죠."

"나는 그 영화를 이해하지 못했어요."라고 오스틴이 불만스럽게 이야기했다. "그래서 별로 도움이 안 됐어요."

"음……" 내가 오스틴에게 마지막으로 한마디를 덧붙였다. "E.T.는 집으로 돌아가기를 진정으로 원했어요. 당신이 진정으로 원하는 것은 무엇인가요?"

14장 질문

1. 게임을 할 때 점수에 얼마나 흥미가 있는가? 또 게임 그 자체에 얼마나 흥미가 있는가? 팀 게임의 경우, 팀의 성과에 얼마나 관심이 있으며 자신의 통계에는 얼마나 관심이 있는가? 게임의 결과에 당신의 영향력이 얼마나 관련이 있을까? 조직으로 일하는 경우에는 어떨까?
2. 업무에서 당신의 힘은 주로 어디에서 오는가? 그 힘은 어떤 관계를 기반으로 하는가?
3. 현재 얻으려고 노력하는 힘은 무엇인가? 그 힘을 포기하면 일어날 수 있는 최악의 상황은 무엇인가? 또는 최상의 상황은 무엇인가?
4. 500만 달러의 복권에 당첨된다면 어떻게 할 것인가? 그 돈이 없어서 할 수 없었던 일은 무엇인가?
5. 마지막으로 힘을 얻었을 때는 언제인가? 어떤 상황이었는가?
6. 마지막으로 무언가를 할 수 있는 힘을 얻었지만 그 힘의 사용을 자제했던 것은 언제인가? 어떤 상황이었는가?

15장
힘, 불완전, 일치성

성숙한 사람이란, 자기와 타인, 그리고 현재 자신이 놓여 있는 상황을 정확하게 인식하여 선택과 결정을 할 수 있고, 그러한 선택과 결정이 온전히 자신의 것이라고 인정하며, 그 결과에 대한 책임을 받아들이는 사람을 말한다.

― 버지니아 사티어(Virginia Satir), 『사람 만들기(Peoplemaking)』

내 방식에서 개인의 힘에 대한 중요한 전제는 모든 사람이 자신은 도움을 주는 사람이라고 느끼고 싶어 하며 기여하기를 원한다는 것이다. 당연히 이것은 씨앗 모델로부터 나온 것이다. 하지만 우리 중 상당수는 이 가정이 성립하기 어려울 만큼 무기력하고, 비협조적이며 심지어 파괴적으로 보이는 사람들을 알고 있다. 모든 사람이 좋은 일을 하기를 그토록 간절히 원한다면, 어째서 그렇게 많은 사람들이 그런 바람직하지 못한 행동을 하는 것일까?

더욱 나쁜 것은, 좋은 일을 하기를 간절히 원하는데도, 나는 왜 그렇게 자주 실패를 겪을까? 왜 나는 말실수를 하고 나서 두 시간이 지난 다음에 후회할까? 왜 바른말을 가장 부적절한 순간에 해 버리는 걸까? 자신을 깊이 책망할 때 내 안에 있는 개인의 힘은 모두 어디로 간 것일까?

기계적 문제

우리는 이러한 대부분의 문제가 낮은 자존감 때문이라는 것을 알고 있지만, 문제와 낮은 자존감의 관계를 항상 쉽게 인식하지는 못한다. 많은 문제들이 기계적 문제이며, 자존감과 전혀 관계가 없어 보이기도 한다. 여기에서 기계적 문제란 심각하고 복잡해 보일 수도 있지만, 감정 또는 심리의 큰 혼란 없이 기술적 방법으로 해결할 수 있는 문제를 말한다.

기계적 문제를 해결하는 방법은 심리학보다는 물리학과 좀 더 가깝다. 우리는 자신이 가장 잘 알고 있는 방법으로 문제를 해결하려는 경향이 있으며, 그것이 바로 테크니컬 리더들이 문제를 기계적 측면으로 이해하기 쉬운 이유이다. 예를 들어서, 어떤 프로그래머에게 문제가 있을 경우 그 문제를 해결하는 첫 번째 시도는 거의 항상 프로그램을 작성하는 것과 관련이 있다. 예를 들어보자.

나는 『프로그래밍 심리학』에서, 악취가 너무 심해서 다른 사람들이 함께 일하는 것을 꺼리는 젊은 프로그래머 이야기를 썼다. 그 때문에 그 후 몇 년 동안 내가 지금까지 쓴 어떤 이야기보다 더 많은 편지를 받았다. 편지의 내용은 대개 이러했다. "그 일을 어떻게 알았나요? 랄프는 지금 내 밑에서 일하고 있는데, 그의 몸 냄새를 어떻게 하지 않으면 다른 사람들이 그만 두겠다고 압력을 가하고 있어요. 저는 어떻게 해야 할까요?"

겉보기에 이것은 기계적 문제이며 비누와 물이라는 단순한 기계적 해결책이 존재한다. 프로그래머들의 첫 번째 해결책은 조금 다르다. 아마도 랄프의 프로그램과 자신의 프로그램의 연결을 최소화하도록 소프트웨어를 설계할 것이다. 그러면 랄프가 다른 프로그래머들과 연결되는 것을 최소화할 수 있기 때문이다. 깔끔한 기계적 해결책이다.

불행하게도, 프로그램 로직을 언제나 그런 식으로 깨끗하게 짤 수 없기 때문에 프로그래머들은 결국 관리자에게 불평을 하러 가게 된다. 하지만 관리자 역시 비누와 물이라는 기계적 해결책으로 접근한다. 랄프에게 이렇게 말해보자. "함께 일하는 몇몇 사람들이 당신에게 나는 냄새 때문에 당신 근처에서 일을 하면 속이 메스꺼워진다고 말하고 있어요. 우리는 당신의 업무 성과를 높이 평가하지만 다른 사람들과 함께 일할 수 없다면 분명히 우리가 생산성이 뛰어난 팀이 될 수 없다는 뜻이죠. 이 문제를 해결하려면 어떻게 하는 것이 좋을까요?" 만약 이 문제가 정말로 기계적인 것이라면, 왜 관리자는 랄프에게 이렇게 이야기하지 않았을까? 사실, 왜 관리자가 내게 편지를 보냈는지도 분명하지 않다. 왜 동료들은 랄프에게 이렇게 말하지 않았을까?

우선, 그들은 랄프의 상황에 완전히 당황하고 있는 것이다. 그렇게 냄새가 나는 사람이 나였다면 어땠을까? 음, 그게 나였다면? 냄새가 다른 사람에게 매력적이지 않다면 나의 인간 가치가 떨어지는 것일까? 그렇게 생각하는 것은 내 자존감이 낮을 때뿐이다. 그렇지 않다면 동료들의 그런 충고에 감사하고 더 빨리 알아차리지 못한 것을 미안해 하며, 그 상황에 어떤 조치를 취할 것이다.

관리자가 나의 조언을 듣고 프로그래머에게 직접 이야기했던 어떤 사례에서는 그 프로그래머가 정확히 나의 예측대로 행동했다. 나중에 알고 보니 그 프로그래머의 취미는 가죽을 다루는 일이었다. 가죽에 사용하는 화공 약품 때문에 손에서 좋지 않은 냄새가 났던 것이다. 다만, 자신은 냄새에 익숙해져 있었기 때문에 그 사실을 깨닫지 못했다. 그 프로그래머는 자신이 알아차리지 못했던 것을 알려준 관리자에게 고마워했고, 의사를 방문해서 그의 피부가 화공 약품에 반응하는 방식을 바꿔주는 약을 처방 받았다. 분명히 기계적 해결책이었다.(확실히 해두자면, 항상 이렇게 간단하지는 않으며, 문제를 직접 이야기할 만큼 스스로에게 힘이 있다고 느끼지 않는다면 절대 이런 식으로 해결되지 않을 것이다.)

프로그래머들이 이 문제를 직접 처리할 수 없는 또 하나의 이유는, 랄프가 부정적으로 반응할 경우 자신들이 감당할 수 없기 때문이다. 그들은 다른 사람들이 자신에 대해 유쾌하지 못한 진실을 이야기하는 경우 나쁘게 반응할 때도 있다는 것을 안다. 하지만 그들이 모르는 것은 이러한 나쁜 반응이 그 사람의 낮은 자존감으로부터 나온다는 점이다. 랄프가 순수한 배려로 제공된 정보에 화를 냈다면, 이것은 그들의 문제가 아니다. 랄프가 화를 냈다고 해서 현재보다 상황이 더 나빠질까? 단지 자신들의 낮은 자존감을 지키기 위해서, 랄프가 이유도 모른 채 해고되기를 바라는가?

행동 성숙 패턴

랄프의 기계적 문제는 왜 그렇게 다루기 어려울까? 다시 말하면 그러한 문제는 사건, 즉 기계적인 부분 때문에 일어난 것이 아니라 사건에 대한 반응 때문에 일어난 것이다. 어떤 행동 패턴을 사용하는지에 따라 사건을 문제로 바꿀 수 있다. 다른 행동 패턴을 사용함으로써 문제를 사라지게 만들 수도 있다. 문제의 일부분이 될지 해결책의 일부분이 될지는 우리의 선택이다.

문제의 일부분이 되는 행동 패턴을 역기능^{dysfunctional} 패턴이라고 부르며 개인의 힘이 낮은 미성숙한 사람의 특징이다. 해결책의 일부분이 되는 행동 패턴은 기능^{functional} 패턴이라고 부르며 개인의 힘이 높은 성숙한 사람의 특징이다. 물론 이것은 단순한 설명인데, 모든 문제 상황에서 동일하게 기능하는 사람은 존재하지 않기 때문이다. 나는 냄새 나는 프로그래머 문제를 꽤 효과적으로 다루는 방법을 알게 되었지만, 거미가 바지 위로 기어오를 때에는 성숙한 모델과는 거리가 먼 행동을 한다. 더 정확히 말하면, 성숙이란 행동의 통계 집합체이며 우리는 그러한 행동을 조금씩 개선해 나갈 수 있다.

버지니아 사티어는 사람이 '세상을 비교적 능숙하고 정확하게 다루는 방법'에 도움이 되는 행동을 목록으로 만들었다. 사티어는 그런 사람들을 다음과 같이 정리한다.

a. 다른 사람들을 대할 때 분명히 행동한다.
b. 자신의 사고와 감정을 인식하고 있다.
c. 자신 외부에 있는 것들을 정확하게 보고 들을 수 있다.
d. 다른 사람들을 독립된 유일한 존재로 대한다.
e. 차이를 갈등의 조짐으로 생각하는 것이 아니라, 학습하고 탐색할 수

있는 기회로 여긴다.
f. 어떻게 존재하기를 바라거나 기대하는 대신, 존재 그 자체에 대해 맥락에 맞도록 사람과 상황을 대한다.
g. 자신이 느끼고 생각하고 듣고 본 것을 부인하거나 다른 사람의 탓으로 돌리는 것이 아니라 그 책임을 받아들인다.
h. 다른 사람과 의미를 주고받고 확인하는 개방적 기술을 갖고 있다.

성숙함에 대한 설명은 사회적 능력과 의사소통 능력을 강조하고 있으며, 그것이 바로 기술 측면이 별로 중요하지 않은 이유다. 만약 이러한 사회적 능력과 의사소통 능력을 갖고 있다면 필요한 기술은 바로 만들어낼 수 있다. 그것을 냄새 나는 프로그래머의 사례에 어떻게 적용할 수 있는지 살펴보자.

자신의 기계적 문제 처리

먼저, 당신이 랄프라고 생각해보자. 당신은 사회적 능력과 의사소통 능력을 전부 갖추고 있지만 가죽 다루는 일을 하고, 자신의 손에서 나는 냄새를 알아차리지 못하고 있다. 당신은 다른 사람들이 당신을 대할 때 이상하게 행동한다는 것을 알아차렸을 것이며(c), 무슨 일이 일어나고 있는지 다른 사람들을 살펴볼 수 있었을 것이다(h). 당신은 사람들의 행동을 판단하지 않고(f), 솔직하고 분명한 태도로 행동하고 있기 때문에(a), 당신에게 필요하긴 하지만 스스로는 얻을 수 없는 믿을 만한 정보를 사람들이 전달해 주는 것을 두려워하지 않는다. 일단 그 정보를 얻으면, 다른 사람들이 당신의 몸에서 나는 악취를 충분히 참을 정도로 애정이 없다고 비난하기보다 그 문제를 처리하는 책임을 질 수 있다(g).

이번에는, 당신이 랄프의 악취 때문에 괴로워하고 있다고 가정하자. 당신은 랄프가 당신 자신이 아니고(d), 당신에게 위협이 되는 존재도 아니라는 것을(e) 알고 있을 것이다. 당신은 알아듣기 쉽게(h), 그리고 비난하는 것처럼 들리지 않게(f) 랄프에게 정보를 줄 수 있기 때문에 어떤 행동이든지 하기 쉽다.

분명한 것은, 성숙한 사람이 단 한 명이라도 존재한다면 이러한 문제가 신속하고 명쾌하게 그리고 인간적으로 해결될 가능성이 매우 높아지며 다른 사람들도 좋아할 것이라는 점이다. 다시 말해서, 문제 해결에 도움을 주는 환경을 만드는 첫 번째 단계는 자기 자신의 성숙함을 높이는 일이지만 이것은 어떤 기술 측면을 통해 달성할 수는 없다. 몸에서 산뜻한 냄새를 내는 것은 어떤 의미에서는 의사소통 기술과 마찬가지이다. 힘이나 영향력에 대해 다룬 책들 중 상당수는 개인의 겉모습이 중요하다고 이야기하고 있다. 이런 책들이 옳기는 하지만, 리더가 되고자 하는 사람들에게 그런 이야기가 얼마나 많은 도움이 되겠는가? 만약 자신의 자존감에 대한 인식이 없고 일반적으로 사회적 능력과 의사소통 능력이 부족하다면, 세계에서 가장 크다고 알려진 메이시스 백화점에 있는 방향제와 향수를 몽땅 사용해도 자신의 결점을 숨길 수는 없다. 반대로 사회적 능력과 의사소통 능력을 갖추고 있다면 겉모습에 대해 알아야 할 필요가 있는 모든 것을 재빨리 찾아낼 것이다.

예를 들어, 몇 년 전에 한 고객이 이런 이야기를 한 일이 있다. 내가 속으로는 행복해 보일 때에도 별로 웃지 않아서 어떤 사람들은 내가 화가 났다고 생각한다는 이야기였다. 내 얼굴에 나타나는 뚱한 표정이 나 자신이나 다른 사람들을 좋아하지 않았던 시절부터 남아 있던 습관이라는 것을 바로 깨달았다. 나는 나 자신이나 인간에 대한 생각을 바꾸었지만, 아직 그 사실이 얼굴에 영향을 미치지 않고 있었던 것이다. 그래서 그 문제를 해결하려고 노력했고, 지금은 내 웃음이 내면의 감정과 좀 더 일치한다. 즉, 다른 사람들을 더욱 분명하게 대하게 된 것이다. 내게 그 이야기를 해준 고객이 성숙한 사람이었기 때문에, 내가 사실은 행복하지만 어떤 이유로 인해 그것을 드러내지 않는다는 것을 분명하고 두려움 없이 내게 이야기할 수 있었던 것이다. 그 결과 나의 성숙도를 높일 수 있었고, 이것이 그 사람 개인의 힘에 의한 효과이다.

  마음속에서 행복함을 느낄 때 웃음을 잊지 않는 것은, 손에서 나는 나쁜 냄새를 처리하는 것처럼 기계적 문제이다. 내가 '그 문제를 해결하려고 노력했다'고 말한 것은, 그것이 마치 가죽을 다루는 사람이 악취 제거제를 사용하는 것을 잊지 말아야 하는 것처럼, 해야 할 일을 기억하기 쉽도록 기계적 장치를 이용했다는 의미이다. 예를 들어, 엄지손가락에 붕대를 감고 그것을 만지작거리고 있다는 사실을 깨달을 때마다 내가 행복하다는 것을 기억해내고 웃음을 지었다. 실제로는 아무런 상처도 없었기 때문이다. 붕대를 감고 있는 사람을 보면 금세 웃음을 짓게 되었고, 남자 얼굴이나 여자 다리에 면도칼로 베인 상처를 보면 미소를 짓게 되었다. 얼마 후에는 75퍼센트 정도까지 웃는 얼굴이 찡그린 얼굴을 대신하였고, 이런 방법을 사용하지 않아도 웃을 수 있게 되었다.

나는 항상 자연스럽고 마음에서 우러나오는 행동을 해야 한다
내가 웃음에 익숙해지면서, 이 성공에 그림자가 드리우는 것을 느꼈다. 결국 나는 다음 규칙으로 이 그림자를 찾아냈다.

다른 사람들을 대할 때, 나는 항상 자연스럽고 마음에서 우러나오는 행동을 해야 한다.

나의 상호작용 행동을 변화시킬 때 이 규칙은 감당하기 어려운 메타 규칙이 되었다. 내가 상호작용을 개선하기 위해 어떤 방법을 사용하려고 할 때마다 스스로가 진실되지 못하고 무언가 잘못 생각하고 있으며 그냥 분명히 나쁜 사람처럼 느껴졌다. 이 규칙은 매우 강력해서 다른 사람들과 상호작용을 할 때 내가 무엇을 하고 있는지 생각하는 것조차 가로막는 경우도 있었다.
나는 이 규칙이 가지고 있는 생존에 대한 가치를 인정하고, 그것을 바꾸기 시작했다.

다른 사람들을 대할 때, 나는 항상 자연스럽고 마음에서 우러나오는 행동을 할 수 있다.

그러나 이 규칙을 다음과 같이 바꾸자 아무래도 이상하다는 생각이 들었다.

다른 사람들을 대할 때, 나는 내가 원하는 경우 자연스럽고 마음에서 우러나오는 행동을 할 수도 있다.

나는 내가 항상 자연스럽게 행동할 수 있다는 것을 알고 있다(아무 일도 할 수 없어도, 사람은 누구나 자연스럽게 행동할 수 있다). 그리고 그것은 항상 내가 원하는 선택이었다. 그 지점에서 막혀 버렸다.
나는 아이들을 상대하는 일을 하는 수전과 이 감정에 대해 의논했다. 웃음을 지을 때 정직하지 못한 일을 하고 있다는 느낌이 든다고 이야기하자, 수전은 웃으면서 "내면은 웃고 있는데 찡그린 얼굴을 하는 것이 자연스럽다고 생각하는 이유가 뭐죠?"라고 물었다.

나는 "자연스러워야 합니다."라고 대답했다. "마음에서 우러나야 하기 때문이에요."

"당신은 영어를 사용해 이야기하고 있는데, 분명히 영어로 말하는 법도 배운 거예요. 나는 당신이 찡그리는 방법도 배운 것이라고 생각해요. 당신은 '자연스러운 것'과 '어린 시절에 인식하지 못하고 배운 것'을 헷갈리고 있어요. 사실 당신이 배운 것은 부자연스러운 행동이라고 생각해요. 왜냐하면 자연스러운 것은 내면에서 진짜로 일어나고 있는 것을 외부로 보여주는 일치적인 것이기 때문이죠."

수전이 준 단서 덕분에 나의 변화를 제자리로 되돌려 놓을 수 있었다. 첫 번째 단계가 적절하지 않았던 것이다. 규칙을 명확한 문장으로 만들지 못했기 때문에 다음과 같은 문장으로 다시 시작했다.

다른 사람들을 대할 때, 나는 항상 일치적이어야 한다.

나는 이 규칙을 다음과 같은 지침으로 쉽게 바꿀 수 있었다.

다른 사람들을 대할 때, 나는 가능하면 일치적이 되기를 원한다. 예전 규칙을 바꾸고 어린 시절에 배운 습관을 고쳐서 지금의 나라는 사람과 내일 내가 되고 싶은 사람이 더 일치적인 규칙이나 습관을 가지도록 변화시키는 것이다.

이렇게 바꾼 문장은 훌륭하다는 느낌이 들었다.

나는 항상 완벽하게 효율적이어야 한다

내가 원하는 것이 마음에서 우러나오는 것이 아니라 일치적이라는 것을 알고 나서, 웃어야 할 때 웃는 방법을 배우는 일이 약 75퍼센트 지점의 고원에 도달할 때까지 빠르게 발전했다. 예전보다는 더 나아졌다는 것을 알고 있었지만 그 이상 발전하지는 못했다. 다음과 같은 내 예전 규칙으로 인해 내면의 웃음을 보여주는 것을 잊을 때마다 기분이 별로 좋지 않았다.

나는 항상 완벽하게 효율적이어야 한다.

친구들의 도움으로 이 규칙이 위협과 보상 모델과 관련이 있다는 사실을 밝혀낼 수 있었다. 위협과 보상 모델에서는 어떤 상황에서도 나는 승자나 패자가 될 수밖에 없다. 내가 완벽하게 효율적이지 못한다면 분명히 승자가 될 수 없기 때문에 패자가 될 것이다. 그래서 나는 패자가 되었다는 느낌이 들었다.

반면에, 씨앗 모델은 선택의 모델이다. 내가 승자의 감정 또는 패자의 감정을 선택할 수 있는 것은 사실이지만 세 번째 선택 또한 가능하다. 학습자로서의 감정을 선택하는 것이다. 내가 패자라고 느끼더라도, 학습자처럼 느낄 수도 있다.

문제를 잘못 정의하면 학습은 불가능하다. 내가 아는 한 분명하고 일반적 정의에 도달하는 유일한 방법은 의사소통의 질을 제어하는 데 집중하는 것이다. 늘 그렇듯이 내가 할 수 있는 유일한 방법은 나 자신에 대한 것뿐이지만, 품질은 품질을 낳는다. 나의 의사소통 품질이 좋다면 품질이 좋은 의사소통을 돌려받게 될 것이다. 거기에서 더욱 많은 것을 배울 수 있다.

내가 일치적이 될 수 있다면, 비록 의사소통에 서투르더라도 다음 번에 더 잘할 수 있는 방법을 배우기 위해 이용할 신뢰도가 더 높은 정보들을 얻을 수 있다. 내가 로드와 함께 다음과 같이 고함을 치면서 상당히 어려운 상호작용을 시작했다고 가정하자. "네가 꾀병을 부리지만 않았더라면 우리는 일정을 맞출 수 있었을 거야. 정신 똑바로 차리지 못해?" 로드가 나에게 고함으로 맞받아치거나 입을 꽉 다물고 있다면, 나는 그가 내 메시지의 형식에 반응하고 있는지 내용에 반응하고 있는지 알 수 없다. 상호작용에 문제가 있지만, 그것이 나 때문인지 로드 때문인지도 모른다.

내가 동일한 상호작용을 더 일치적인 문장으로 시작했다고 가정하자. "나는 화가 나. 우리가 제 시간에 일을 마무리하지 못했기 때문이지. 왜 그런 일이 일어났는지 모르겠어. 나는 그 이유를 찾고 있고, 네가 이번 달에 여섯 번 결근했다는 것이 생각났어. 네 결근이 일정 문제에 영향을 주고 있다고 생각해? 아니면 그 외에 다른 이유가 있을까?"

이제 로드는 이 문제에 대응할 수 있을 정도로 정확한 내용을 알고 있다. 만약 답변이 "음, 일정 문제가 있다는 것을 잘 몰랐어요. 다음 주 금요일까지 아니었나요?"라면, 얽힌 실타래를 풀 수 있는 다양한 기회를 얻게 된다.

하지만 로드가 고함을 맞받아치거나 입을 꽉 다물었다면, 문제가 나의 내면이나 나의 상호작용이 아닌 로드의 내면 어딘가에 있다는 것을 더욱 분명히 알 수 있다. 여전히 나의 잘못이 있을 수도 있지만, 즉 내가 생각만큼 일치적이지 못한 것일 수도 있지만, 보다 나은 출발점에 설 수 있다.

일치성이 주는 이득

모든 의사소통 기술이 그렇지만, 100퍼센트 일치적이 될 수는 없다. 하지만 일치적이 되면 얻을 수 있는 이득은 매우 크며, 반드시 완벽해질 필요는 없다. 조직에 속해 있는 한 사람이 단 한 번 일치적 행동을 하고 나머지 사람들은 뒤틀린 방식으로 행동하더라도 그 결과는 천 번의 실패를 보충할 만한 값어치가 있다.

몇 년 전에 내가 뉴욕에 있는 IBM 시스템 연구소에서 학생들을 가르치고 있었을 때, 많은 교수들이 '어떻게든 수료만 하려는' 학생에 대한 불평을 했다. 캔자스에서 온 스티브라는 학생은 몇 주 동안 과제도 제출하지 않고 있었고, 화가 난 교수들은 그를 집으로 돌려보내라고 아우성이었다. 스티브는 내 수업을 하나도 듣지 않았기 때문에 나는 그 상황에 그다지 감정적 상태는 아니었다. 우리가 문제를 이해하지 못하고 있는 것일 수도 있다는 말을 하면서, 나는 학생들이 모두 IBM의 엘리트 직원들 중에서 신중하게 선발되었다는 사실이 분명히 생각났다. 동기부여가 됐더라면 스티브는 분명히 과제를 제출할 수 있었을 것이다.

그렇기는 하지만 스티브를 집으로 돌려보내는 것은 아마도 그의 경력을 끝내는 일이 될 수도 있기 때문에, 나는 우리가 상황을 이해하고 있는지 더욱 신중하게 확인해야 한다고 주장했다. 그들은 내가 스티브와 만나 이야기하는 것에 마지못해 동의했고 나는 스티브에게 마지막 기회가 되었다. 사무실에서 스티브와 한 시간 정도 이야기한 후에 나는 아무런 진전을 보지 못했다는 느낌이 들었다. 나는 "무슨 일이지? 왜 과제를 하지 않는지 설명해줄 수 있겠나?"라는 질문을 통해 일치적 방식으로 대화를 시작했다고 생각했지만, 스티브는 아무런 문제도 없다고 부인했다.

하지만, 나는 스티브가 아무런 문제도 없는 것처럼 보이지 않는다는 사실에 주목했다. 그는 의자에 딱딱하게 앉아 있었고, 내 눈을 똑바로 쳐다보지 못했다. 그가 무언가 숨기고 있다고 확신하기 시작했고, 그것은 정직하지 못한 일이라고 생각했다. 내가 나의 내면에 있는 것을 말하기보다는 그의 내면에 있는 것을 추론하고 있다는 사실을 깨달았을 때는, 그의 정직하지 못한 태도를 비난하려던 참이었다.

그래서 더욱 일치적인 내용으로 대화를 다시 시작하기로 결심했다. 나는 이렇게 말했다. "스티브, 나는 여기 앉아서 점점 더 화가 나고 있어. 자네에게 도움을 주려고 하는데 자네는 무슨 일이 있는지 아무 말도 하지 않고 있기 때문이야. 자네는 아무런 문제도 없다고 말하지만, 내가 생각하기에는 문제가 있는 것으로 보여. 다른 교수들은 자네를 집으로 돌려보내기를 원하고 있어. 그런 일이 일어난다면, 자네는 아마 일자리를 잃게 될 거야. 나는 그 일을 심각한 문제로 생각하고 있지만, 자네는 아니라고 말하고 있어. 자네를 도와주는 데 내가 미처 생각하지 못하고 있는 게 뭐지?"

그 순간 스티브의 모습이 딱딱한 회피에서 극심한 분노로 바뀌었다. 스티브는 내 눈을 바라보면서 이렇게 소리쳤다. "당신은 자신을 어떤 사람이라고 생각하고 있는 거죠? 당신이 나를 도울 수 있다고 생각해요? 자신이 어른이고 힘이 있다고 생각하고 있지만, 당신은 아무것도 아니에요. 아무것도!" 그러고 나서 그는 말을 멈추고 돌아섰다.

처음으로 떠오른 '자연스러운' 욕구는 스티브의 고함을 맞받아치는 것이었지만, 나는 왠지 그가 심한 고통을 겪고 있다는 생각이 들었다. 그 고통이 무엇인지는 잘 몰랐지만 나는 '자연스러운' 습관을 극복하고 아무 말도 하지 않은 채로 살며시 손을 뻗어서 그의 팔을 붙잡았다.

갑자기 스티브는 몸을 떨기 시작하더니 흐느끼면서 알아들을 수 없는 말을 했다. 나는 거기에 앉아 그의 팔을 잡은 채로 그가 이야기할 수 있을 만큼 진정될 때까지 기다렸다. 그러자 스티브는 내게 모든 것을 이야기해 주었다.

그가 연구소로 오기 일주일 전에 아내가 말기 암 진단을 받았던 것이다. 그의 아내는 6개월 이상 살 수 없는 상태였다. 당연히 그는 연구소에 가지 않기로 결정했지만, 아내는 이 기회를 거절하면 경력에 흠집이 날 것이라면서 그가 가야만 한다고 고집했다. 아내가 세상을 떠난다면 스티브는 혼자서 아이 셋을 키워야 했기 때문에 업무를 잘해내는 것은 매우 중요한 일이었다.

내 입장에서는 스티브가 잘못된 결정을 한 것으로 보였지만, 슬픔 때문에 판단력이 흐려졌고 아내의 바람을 거부할 수 없었던 스티브는 뉴욕에 있는 학교로 출발했다. 이런 상황에서 과제가 의미 있을 리 없었고, 스티브는 호텔 방에 앉아서 눈물을 흘리는 것 이외에는 아무것도 할 수 없었다. 그는 다른 사람들에게 그 이야기를 하는 것을 꺼려 했기 때문에 교수들은 스티브를 최악의 학생이라고 생각했던 것이다.

도움을 줄 수 있다고 생각한 나를 공격한 것은, 스티브가 옳았다. 스티브의 아내가 암에서 회복할 수 있도록 도와줄 수 있는 사람은 세상에 아무도 없었고, 그것은 과제와는 비교도 안될 만큼 중대한 문제였다. 그가 나를 공격했을 때 맞받아치고 싶다는 '자연스러운' 본능에 내가 저항하지 않았더라면, 이 이야기 전체는 더 큰 비극이 되었을 수도 있다. 내가 스티브 아내의 암 치료에 도움을 줄 수는 없었지만, 그가 아내의 암을 덜 고통스러운 방법으로 내처할 수 있도록 도움을 줄 수는 있었다.

사정이 밝혀지자 IBM은 스티브를 캔자스로 돌려보내고, 그에게 휴가를 주어 아내와 마지막 시간을 함께 보낼 수 있도록 해주었다. 1년 후 그는 연구소로 돌아와서 새 출발을 할 수 있었다. 완벽해지고 싶다면 항상 성공해야 하지만, 영향력을 갖기 위해 항상 성공해야 할 필요는 없다.

15장 질문

1. 해야 할 일이 무엇인지 알고 있었지만, 그 일을 하는 것을 잊었을 때의 상황을 떠올려 보자. 제때에 기억하지 못한 것은 무엇이 부족했기 때문인가?
2. 해야 할 일이 무엇인지 몰랐던 상황을 떠올려 보자. 그때 어떻게 했는가? 해야 할 일을 모르는 상황이 발생한다면, 지금은 어떻게 할 것인가?
3. 다른 사람의 기계적 문제로 인해 겪고 있는 문제를 생각해 보자. 왜 그 문제를 외면하고 있는가? 발생할 수 있는 최악의 상황은 무엇인가? 그 상황을 직시해 보자!
4. 아무런 기여도 할 수 없는 조직에 속해 있었을 때 어떤 느낌이었는지 떠올려 보자.
5. 무언가 실패했을 때 스스로에게 보낸 메시지는 무엇이었는가? 이 메시지의 이면에는 어떤 규칙이 있는가?
6. 최근 '패배'했을 때 힘의 거래를 떠올려 보자. 그 거래에서 무엇을 배웠는가? 지금 새로운 관점으로 재평가한다면 무엇을 배울 수 있겠는가?
7. 평상시에 당신이 외부로 자신을 표현하지 않는다면 내면에서 무슨 일이 일어날까? 그것을 어떻게 바꿀 수 있는가? 그것을 바꾸기를 원하는가?
8. 자신을 표현하지 않으려고 노력하면 당신의 내면에서 무슨 일이 일어날까? 그 일이 일어났다는 것을 어떻게 알 수 있는가? 만약 그 에너지가 다른 곳으로 향한다면, 무슨 일이 일어날까?

4부

조직화

조직화는 보통 테크니컬 리더가 되고자 할 때 가장 마지막에 익히는 MOI 모델의 구성 요소이다. 테크니컬 리더는 자신이 혁신가이며, 다른 사람에게 모범이 됨으로써 동기부여를 할 수 있는 능력이 있으므로, 조직화 능력이 필요하지 않다고 생각하거나 조직화 능력에 대한 고민은 그다지 재미없는 일이라고 생각하는 경우가 많다. 이런 사람들은 성공적 문제 해결에 필요한 조직화의 역할을 잘 모르기 때문에, 조직상의 문제가 발생하면 꼼짝없이 어려운 상황에 처하게 된다.

4부에서는 왜 조직화의 힘이 중요한지, 기존의 힘을 조직력으로 바꾸려면 무엇을 해야 하는지, 훌륭한 조직가가 되려면 무엇을 배워야 하는지 살펴본다.

16장

조직화의 힘을 얻기

사실, 최근 전쟁을 통해 드러난 것처럼 많은 나라 학자들의 사고 수준이 대중보다 못한 경우가 많다. 그것은 절제되지 않은 힘, 그리고 가치 있는 높은 목표를 지향하지 않는 모든 힘은 타고난 위험성을 지니고 있기 때문이다.

— 마리 퀴리(Marie Curie), '지적 협력(Intellectual Cooperation)'

다른 사람들을 돕는 능력은 대부분 개인의 힘에서 비롯하지만, 개인의 힘 이외에는 아무것도 필요하지 않다는 단정은 순진한 생각이다. 큰 조직에서는 교육 비용, 지원 인력, 업무 공간, 더욱 훌륭하게 업무를 진행할 수 있게 해주는 도구, 도움이 되는 사람들과의 접촉 등 리더가 활용할 수 있는 자원이 많다. 이 자원들이 공정하게 분배되지 않기 때문에 문제 해결형 리더가 되려면 조직화의 힘, 즉 다른 혁신가들이 자원을 얻을 수 있도록 해주는 힘이 필요한 것이다.

리더십이 필요한 직책에 있는 혁신가들 대부분은 조직화의 힘에 대해 아는 것이 거의 없다. 그들은 기술 능력은 부족하지만 함께 일하는 사람들을 위해 부족한 자원을 얻어 내는 재능이 탁월한 경쟁자들을 만나게 된다. 그러므로 새로운 리더는 기술력이 약해질 때쯤 새로운 힘이 필요하게 된다. 기술력이 한순간에 사라지는 것은 아니기 때문에, 새로운 리더가 힘의 전환을 이해할 수 있다면 그 힘을 다른 힘과 바꿀 수 있는 시간은 여전히 남아 있다.

힘의 전환

내가 처음으로 힘의 전환을 알게 된 것은 폴트리스 컴퓨터사 최고의 여성 엔지니어인 에드리를 인터뷰할 때였다. 인터뷰 도중에 전화가 와서 방해가 될까봐, 우리는 카페테리아 구석 자리에 앉아서 인터뷰를 진행했다. 불행하게도 인사부의 앳우드가 인터뷰하는 모습을 우연히 보고 그 자리에 끼어들었다. 앳우드가 커피를 가지러 간 사이, 에드리는 나를 위로해 주었다. "이렇게 생각하기로 해요. 커피 한 잔 마시는 동안, 당신은 인사 전문가의 공식 의견을 들을 수 있을 거예요. 아시다시피 앳우드는 자기 이야기를 들어주면 굉장히 좋아하잖아요."

"그렇지만 더 이상 당신 시간을 낭비하게 하고 싶지 않아요." 나는 미안한 표정으로 말했다.

"걱정 마세요. 앳우드에게서 회사 정책에 대한 유용한 정보를 얻을 수 없다고 생각했다면 이 인터뷰에 끼어들지 못하게 했을 거예요."

앳우드가 돌아왔을 때, 폴트리스 사에서 리더에게 요구하는 자질을 이야기해 줄 수 있는지 그에게 물어보았다.

"물론이죠." 그가 말했다. "리더십 자질이 대부분 명확히 말하기 어려운 부분이 있지만, 우리는 그들의 과거 경험을 살펴봄으로써 매우 정확하게 훌륭한 리더들을 선발할 수 있습니다."

"정말이요?"라고 나는 말했다. "주로 어떤 경험을 살펴보나요?"

"음, 반드시 특정한 업무 관련 경험을 살펴보는 것은 아닙니다. 예를 들어 기혼 남성, 특히 아이가 있는 남성이 보통 그렇지 않은 사람들보다 더 좋은 리더라고 생각하고 있어요."

"오." 에드리가 말했다. "그러면 아이가 있는 여성은 분명히 좋은 리더겠네요. 어머니는 보통 어떤 일이라도 해내는 사람이니까요."

"리더이면서 동시에 어머니인 사람은 별로 만나보지 못했어요. 아시다시피 당신과 같이 유능한 미혼 여성에 대해서는 전혀 반대하지 않지만, 당연히 미혼모와 함께 일하는 것은 좋은 생각이 아니라고 봅니다. 그리고 우리는 결혼을 여러 번 했던 여성은 고용하지 않아요."

에드리는 속이 부글부글 끓었지만 아무 말도 하고 싶지 않은 듯 보였기 때문에, 내가 말을 이었다. "왜 아버지들이 좋은 리더가 될 수 있다고 생각하나요? 어머니들을 속여서 아이들을 위해서 어떤 일이라도 하도록 만든 경험이 풍부하기 때문인가요?"

"그렇게 생각하지는…… 아, 알았습니다. 그냥 농담이었어요. 아니, 저는 단지 아버지라고 해서 훌륭한 리더라고 생각하지는 않습니다. 저도 독신이거든요."

"자녀는 많은가요?"

"음, 정말…… 아, 농담이시죠? 농담이었으면 좋겠군요."

앳우드와 나는 아무래도 마음이 잘 안 맞는 것 같았고, 에드리는 앳우드를 아예 무시하고 있었다. 길고 답답한 침묵이 흐른 후에 앳우드는 급한 업무가 있다면서 자리를 떴다. "드디어 혼자가 되었군요."라고 내가 말했고, 에드리는 내 농담을 알아들었다. 하지만 텅 빈 출입구를 가만히 바라보기만 했다.

"에드리? 듣고 있어요?"

"아, 미안해요. 앳우드가 한 이야기를 생각하고 있었어요."

"아버지가 훌륭한 리더라는 이야기요? 신경 쓸 필요 없어요. 완전히 말도 안 되는 이야기예요."

"아니요, 앳우드가 옳을지도 몰라요."

"놀랍군요. 당신 같은 열렬한 페미니스트가 그런 이야기를 하다니요. 왜 아버지라는 역할이 리더십 능력을 높인다고 생각하나요?"

"간단해요. 그건 힘의 전환 문제거든요."

"힘의 전환이요?"

"맞아요. 어떤 형태의 힘을 더 가치가 있다고 생각하는 다른 형태의 힘으로 전환하는 능력이죠. 강물이 흐르는 힘을 집에 있는 전구를 켤 수 있는 전력으로 전환하는 것처럼요."

"결혼한 남성이 더 좋은 리더하고 무슨 관계가 있나요?"

"음, 미국에서는 미혼 남성보다 기혼 남성이 더 유리한 입장에 있어요. 기혼 남성들은 여성을 지배하는 힘이 있고, 그 힘을 자신에게 도움이 되는 서비스로 전환해요. 미혼 남성들은 자신을 돌보기 위해 해야 하는 일이 훨씬 많기 때문에 더 불리한 입장이고요."

"맞는 이야기이긴 하지만, 전통적으로 기혼 남성은 아내를 부양하는 부담을 집니다. 그렇지 않나요?"

"그 부담은 공개된 시장에서 동일한 서비스를 얻는 비용과 비교해 보면 보통 훨씬 적은 편이에요. 그러니까 기혼 남성들은 전통적 남성 우위의 힘과 함께 자신이 가진 자금력을 시간이나 자신의 경력을 발전시키는 데 도움을 주는 서비스로 전환하는 거죠."

"그래서 당신이 말한 힘의 전환이라는 것은 현재 갖고 있는 어떤 형태의 힘을 자신에게 더 필요한 다른 형태의 힘을 얻기 위해 사용한다는 의미군요."

"바로 그거예요."

"대부분의 남성들은 그렇지 않다고 생각할 거예요. 남성들이 보기에 기혼 여성들이 자신의 성적 힘을 남성들이 가진 자금력, 그러니까 평생 보장된 생계 자원으로 전환한다고 하겠죠."

"요즘에는 평생 보장이라고 보기도 어려워요."라고 에드리가 다시 말했다. "하지만 맞아요. 그런 식으로 생각하는 여성도 있죠. 양쪽 모두 동시에 힘을 사용해서, 그 힘을 자신이 더 원하는 무언가로 전환하는 것이 모순된 일은 아니에요."

힘의 전환에 대한 에드리의 사례

나는 에드리에게 자신의 경력 중에서 어떤 힘의 전환이 있었는지 예를 들어 달라고 부탁했다.

"좋아요, 여러 사례가 있어요. 나는 태어난 그 순간부터 받은 부모님의 사랑을 제대로 된 교육을 위한 지원으로 전환했고, 그래서 엔지니어가 될 수 있었죠."

"혹시 거기에서 잘못된 부분은 없나요?"

"예, 전혀요. 힘의 전환이 잘못된 것은 아니죠. 때에 따라서는 마음에 들지 않는 전환도 있지만."

"남성의 힘을 자금력으로 전환하는 것처럼요?"

"맞아요. 그걸 못마땅해하는 사람도 있죠. 더 못마땅한 것은 회사 내의 지위를 위해 성적 힘을 사용하는 거예요. 그렇기 때문에 여성 엔지니어에게 직장 상사와 잤다는 소문은 아주 위험하답니다. 사회에서는 보통 그런 식의 힘의 전환을 받아들이지 않아요."

"당신도 그런 소문에 시달린 적이 있나요?"

"내가 알기로는 없었지만, 그런 일을 겪은 사람도 있어요. 내 경력은 착착 순조롭게 성장한 편이죠."

"운이 좋았네요."

"운이 좋았다기보다 가지고 있는 힘을 유용한 형태로 잘 전환했다고 볼 수 있어요. 선천적으로 머리가 좋은 편이었기 때문에, 그 힘을 장학금 그러니까 자금력으로 전환했거든요. 최근에는 그 반대의 전환도 했어요. 자금력을 지적 능력으로 전환한 거죠."

에드리가 우리가 진행한 문제 해결형 리더십 워크숍PSL, Problem-Solving Leadership Workshop에 참가하려고 했을 때, 에드리의 관리자는 교육비 지원은 물론이고 참가 시간도 배려해 줄 수 없다고 이야기했다. 에드리는 교육비를 자신이 직접 부담하고 휴가를 사용해서라도 워크숍에 참가하겠다고 말했다. 관리자는 에드리가 직접 교육비를 부담한 일이 자신의 상사에게 알려지면 어떻게 된 일인지 그 이유를 설명해야만 한다는 사실을 알고 있었다. 이 관리자는 교육비를 지원해 주지 않을 정당한 이유가 전혀 없었고, PSL 같은 과정에 참가를 권장하는 것이 회사의 공식 정책이었기 때문에, 결국 교육비를 지원해 주었다. 에드리는 회사 내 서열의 힘을 사용해서 관리자가 교육비를 지원할 수 있도록 했던 것이다.

"잘했어요!"라고 나는 말했다.

에드리는 빙그레 미소를 지어 보였다. "우습네요. 그렇지 않나요? 내가 그런 힘의 전환을 이야기하면 모든 사람이 훌륭하다고 말해요. 하지만 내가 상사와 잤기 때문에 그런 교육에 보내 주었다고 이야기 한다면……."

"아마도 이런 게임을 하려면 문화를 매우 잘 알아야 한다는 생각이 들어요."

"항상 그렇게 위험하지는 않겠지만, 자신에게 어떤 힘이 있는지 알 필요가 있어요. 만약 내가 지금 워크숍에 참가하고 싶다면 그냥 결재 서류에 서명만 하면 돼요. 나는 내가 가진 지위의 힘을 아무에게도 묻지 않고, 더 높은 기술 경쟁력으로 전환할 수 있는 거죠. 여기에 있는 많은 사람이 그렇게 할 수 있지만, 그렇게 하지 않고 있어요."

"아마 그런 사람들에게는 기술 경쟁력보다 더 높이 평가하는 것이 있겠죠."

"예, 쓸데없는 회의에 참석하는 데 힘을 사용하는 사람이 많아요. 그런 일이 재미있을 수도 있고 중요성을 판단하는 자신의 감각을 키워 줄 수도 있죠. 그렇지만 나는 개인적으로 그 사람들이 전환할 만한 가치가 없는 일에 지위의 힘을 낭비하고 있다고 생각해요."

점수 모으기

"그 사람들은 경영진에게 점수를 따고 있는지도 모르잖아요."

"아이고! 나한테 점수 이야기는 하지 마세요. 여기 처음 입사했을 때, 나는 구색을 맞추려고 채용된 여성 엔지니어였어요. 내게는 남자들이 아무도 하고 싶어 하지 않는 시시한 일만 주더라고요. 그런데 중요한 일이 생기면 상사는 내게 중대한 상황에 대해 아무런 경험이 없다는 이야기만 했어요. 그러면 내가 어떻게 그 악순환에서 빠져나갈 수 있겠냐고 불평하니까, 상사는 내가 점수를 모으고 있는 중이라고 하더군요. 그 후 2년 동안, 아마 몇 백만 점은 모았을 거예요. 이자는 빼고요."

"그러면 그 점수를 무엇으로 전환했나요?"

"아무것도요. 점수는 전환되지 않더라고요. 적어도 나는 누군가가 점수를 쓸 만한 무언가로 전환했다는 확실한 사례를 들어 보지 못했어요. 점수는 단순히 힘을 갖고 있는 사람들이 아랫사람들에게 쓸데없는 일을 계속 시키려는 허상이에요. 이젠 알아요. 점수를 모아 보려고 2년을 낭비했어요."

"음, 점수를 전환할 수 없었다면 어떻게 중요한 일을 맡게 되었나요?"

"내가 얼마나 바보였는지 깨달았을 때, 내가 전환하고 싶은 힘을 목록으로 만들어 보았어요. 내가 무언가 중요한 일을 하려면 회사를 그만두겠다고 말하고 떠날 수밖에 없다는 사실을 깨달았죠. 여기를 그만두고 다른 회사에서 다시 시작하는 방법밖에 없다고 거의 확신하고 있었어요."

"하지만 그렇게 하지 않았잖아요. 무슨 일이 있었나요?"

"앳우드가 아이디어를 주었어요. 바로 이 카페테리아에서요. 내가 퇴사할 경우 남아 있는 휴가에 대한 회사 정책을 물어보았더니, 그가 당황하더군요. 내가 그만두면 여성 우대 정책 때문에 앳우드가 꽤 곤란한 상황에 처하게 되는데, 나는 그 사실을 모르고 있었던 거죠. 그래서 심사 숙고한 끝에 상사에게 가서 더 중요한 일을 주지 않으면 퇴사하겠다고 말했어요."

"그래서 원하던 대로 됐나요?"

"상사가 말하길, 당장은 적당한 일이 없지만 조금만 참으면 한두 달

안에 괜찮은 일이 있을 거라고 하더군요."

"그래서 기다렸나요?"

"당연히 아니죠! 내게 모든 힘이 있다는 것을 알았기 때문에, 지금 당장 조치를 해주지 않으면 바로 떠나겠다고 했어요. 그랬더니 갑자기 '기억'난 일이 있다고 말하더군요. 가장 인기 있는 프로젝트 설계 업무였어요. 이것이 가장 훌륭한 힘의 전환이었어요."

"그렇네요, 하지만 그 비용은 무엇이었나요? 그 일을 엉망으로 만들었다면 어떻게 됐을까요?"

"아, 물론 그 일을 할 수 없었다면 처음부터 거기에 있으면 안 돼죠. 사람들은 나를 구색 맞추기용 여성 엔지니어로 생각하고 있었을지 모르지만, 나는 그런 이유로 그곳에 있고 싶지 않았어요. 사람들이 나를 여성 엔지니어가 아니라 유능한 엔지니어로 생각하길 바랐죠. 전환이 잘됐던 이유는 사람들이 여성 엔지니어 게임을 하고 있었기 때문이에요."

"당신을 PSL에 보내 주지 않으려 했던 바로 그 상사하고 같은 사람인가요?"

"예."

"당신은 점수를 허상이라고 했지만, 아마도 그 전환 덕분에 점수를 잃었겠어요."

"오, 분명히 점수를 잃었겠죠."

"그렇다면 당신은 꽤 많은 점수를 잃었을 것 같은데요."

"맞아요. 하지만 내가 가진 모든 기술력을 전환해서 그 힘으로 상사의 자리를 차지하면서 그 점수는 전부 없어졌지요!"

힘의 사용

에드리를 만난 이후, 기술 업무를 맡고 있는 일반 구성원들 중에서 잠재적 리더를 찾아 달라는 요청을 받을 때마다 힘의 전환이라는 개념을 사용해 왔다. 먼저 개인의 힘을 살펴보는데, 그 힘은 거의 모든 형태로 전환할 수 있다. 그다음으로 힘의 전환을 해본 경험이 있는지 알아본다. 자신에게 필요한 힘을 얻기 위해서 힘의 전환을 사용해본 경험이 다른 사람에게 필요한 힘을 얻기 위한 힘의 전환으로 바뀌어 갈 수 있기 때문이다. 이 능력을 익히는 데에는 오랜 시간이 걸리지만, 임명된 리더는 그 자리로 간 즉시 이 능력이 필요하다. 이 능력을 가르치는 것은 어려운 일이며, 어떤 스타들은 이 능력을 사용하는 방법을 전혀 배우려 하지 않는다.

물론, 힘의 전환 이외에도 이타성처럼 리더에게 필요한 태도는 무수히 많다. 에드리의 사례를 보면서, 에드리가 자신의 힘에 대한 전술을 출세에 이용했다는 인상을 받았을 수도 있다. 에드리 같은 사람들은 이런 재능을 다른 사람들을 돕는 데 사용하지 않을지도 모른다. 에드리는 팀의 리더가 되었을 때 개인의 힘과 힘의 전환 능력을 팀원들을 위한 자원을 얻는 데 사용했지만, 새로운 팀 리더들이 모두 이렇게 바뀌는 것은 아니다.

어떤 새로운 팀 리더는 팀원이 아니라 자신에게 필요한 것을 얻으려고 예전에 사용하던 전술을 그냥 계속 사용한다. 어리석은 리더도 있고 이기적인 리더도 있지만, 대부분은 단지 모든 사람이 능력을 발휘할 수 있는 환경을 만들어야 하는 리더의 역할을 아직 이해하지 못하고 있을 뿐이다. 오직 그 방법을 이해해야만 스스로를 단련하고 더 높은 목표를 향한 길을 갈 수 있다.

16장 질문

1. 당신은 현재 환경에서 몇 가지 종류의 힘을 갖고 있는가? 그 힘을 더 유용한 형태로 전환하기 위해 무엇을 하고 있는가?
2. 그 힘을 얻어서 무엇에 사용하려고 하는가?
3. 현재 환경은 달성하고자 하는 목표를 얼마나 지원하고 있는가? 더 도움이 되는 형태로 그 힘을 전환하려면 어떻게 할 수 있을까?
4. 나이, 키, 성별, 피부색, 언어, 종교, 외모, 학력, 개인 습관 등으로 인해 얼마나 많은 힘을 잃었는가? 이와 관련하여 무슨 일을 할 수 있을까?
5. 상사 때문에 얼마나 많은 점수를 모아 두고 있는가? 그 점수로 무엇을 살 수 있다고 생각하는가? 언제 그 점수를 사용할 것인가?

17장

문제 해결형 팀의 효과적 조직화

문제 해결형 팀을 조직하는 제일 좋은 방법은 무엇일까? 나는 직접 답을 주기보다 시뮬레이션을 통해 질문을 탐색하는 실습을 선호한다. 다음 실습이 의사결정에 대한 시뮬레이션이기는 하지만, 그 결과는 팀이 다루는 어떤 문제 해결 작업에도 마찬가지로 훌륭하게 적용할 수 있다. 이번 장을 더 읽기 전에 이 실습을 혼자 시도해 보는 것도 좋다.

세계기록 순위
다음은 1980년도 기네스북에 그 길이가 수록되어 있는 항목들이다. 각각 1부터 10까지 순서를 매겨 보자. 제일 짧은 것이 1이고 제일 긴 것은 10이다.

가장 키가 큰 나무
가장 긴 바나나 스플릿
가장 높은 굴뚝
가장 긴 해파리
가장 높이 뿜는 분수
가장 큰 관람차의 직경
가장 높은 이동식 크레인
가장 멀리 프리스비[1]를 날린 기록
가장 높은 댐
가장 긴 바(음료를 판매하는 바)

---

1 던지기를 하고 놀 때 쓰는 플라스틱 원반.

워크숍에서 이 시뮬레이션을 진행할 때에는 여러 가지 방법으로 같은 결정을 내려본다. 그럼으로써 팀이 문제 해결에 이용할 수 있는 다양한 조직화 방법을 비교해 볼 수 있기 때문이다. 조직화 방법에는 개인 선택, 투표, 임명에 의한 강력한 리더, 의견 일치가 있다.

- **개인 선택**: 첫 단계에는 모든 팀원이 10가지 항목에 순위를 매긴다. 이 개인별 순위는 나중에 팀이 순위를 매기는 다양한 방법과 비교할 때 기준점으로 이용한다.
- **투표**: 팀에서 개인 선택으로 순위를 매기는 작업을 마무리하면, 토론 없이 투표를 실시하여 팀의 지식을 종합한 두 번째 순위를 만든다. 토론 없는 투표는 공동 결정을 위해 정보를 모으는 가장 단순한 방법이다. 투표는 기계적 방법이며, 개인의 힘 차이 같은 심리적 문제를 모두 회피할 수 있다.

투표를 마친 후 각 팀은 하나의 조직으로 문제를 해결하기 위해 스스로 조직의 형태를 선택한다. 우리는 각 팀에 다른 조직 형태를 부여한다.

- **강력한 리더**: 팀에서 리더를 임명한 다음 그 리더가 모든 팀원의 의견을 개인적으로 듣고, 리더의 개인 선호에 따라 최종 순위를 결정한다.(우리는 이를 '강력한 리더' 형태라고 부른다.)
- **의견 일치**: 의견 일치 형태에서는 모든 팀원이 팀의 순위에 완전히 동의해야만 한다.

여러 가지 조직 형태

이 외에도 여러 가지 조직 형태가 있지만 앞에서 본 네 가지, 즉 개인 선택, 투표, 강력한 리더, 의견 일치 형태가 토론을 진행하기에 적당하다. 팀이 자유롭게 조직 형태를 선택할 수 있다면 팀은 보통 이런 형태를 적절히 조합한 모습이 된다.

마지막으로 각 팀은 각자 정한 방법으로 10개 항목에 순위를 매긴 후, 모든 항목에 0(그냥 찍었음)부터 100(확실함)까지 점수를 부여한다.(정답과 채점 절차는 이 장 끝 부분에 있으니 자신의 성적이 궁금하다면 참조하라.)

개인이 선택한 점수와 투표

개인이 선택한 점수는 다른 조직 형태와 비교할 때 기준점이 된다. 만약 조직에서 사용한 방법이 개인이 선택한 것보다 못하다면 분명히 그 조직은 개인이 혼자 작업하는 방법을 선택할 것이다. 이 실습에서는 아무도 완벽한 지식을 가진 '전문가'는 아니지만, 그래도 거의 모든 사람이 공유할 만한 지식을 일부 알고 있다고 가정한다.

투표에서 각 참가자들이 가지고 있는 부분 정보는 '투표함'으로 흘러 들어오며, 투표함은 기계적 결정을 하는 컴퓨터라고 볼 수 있다. 토론을 허용하지 않기 때문에, 이 방법은 설득력 있는 구성원이 결과에 미치는 영향력을 측정하는 것이 아니라 정보 그 자체를 측정한다. 투표 결과 나온 점수는 대부분 제일 점수가 높은 팀원과 제일 점수가 낮은 팀원 사이 점수가 된다. 팀원들의 평균 점수를 살펴보면 투표 방법으로 얻은 점수는 대개 평균 점수보다 10점 정도 높게 나타난다.

투표를 통해서 조직이 좋은 선택을 하려면 어떤 상황이어야 할까? 사람들이 투표 절차를 이해하고 받아들인다면, 결과를 얻을 수 있는 시간을 예측하는 것이 중요한 상황에서 훌륭한 방법이다. 투표는 최악의 결정을 내리지 않는다는 보장이 필요하다면 도움이 될 수 있지만, 대신에 훌륭한 결론을 얻을 수 있는 가능성이 완전히 사라질 것이다. 다시 말해서, 투표는 보통보다 나쁜 결과가 나오지 않도록 하는 것을 보장할 수 있는 방법이다.

투표는 다음과 같은 경우에, '강력한 리더' 방법보다 더 낫다고 볼 수 있다.

- 정치적으로 한 명을 리더로 임명하는 것이 바람직하지 않을 때
- 누가 지식이 가장 많은지 미리 모르는 경우
- 누가 가장 훌륭한 리더인지 모르는 경우
- 솔직한 토론을 하기 어렵게 만드는 결탁이 두렵거나 의심되는 경우
- 아무도 개인적 책임을 지려고 하지 않는 경우
- 모든 사람이 결정에 참여했다고 느끼도록 하는 것이 중요한 경우

투표는 일관성 있는 방법이다. 보통 의견이 분분한 경우에는 의견 일치 방법에 의한 결정보다 더 낫다. 리더가 가진 지식이 부족하거나, 지식은 적당한 수준이지만 다른 팀원이 가진 정보를 이용할 수 없거나 이용하고 싶지 않은 경우라면 강력한 리더 방식보다 더 훌륭하다. 반면에 팀이 평균 이상 성과를 내고 있다면 거의 항상 다른 방법보다 더 나쁜 결정을 내리게 된다.

투표의 또 다른 문제점은 정보가 한 팀원에게서 다른 팀원으로 흐르지 않는다는 것이다. 결정 과정이 끝난 후에도 사람들의 지식은 이전과 같거나 더 부족한 상태일 것이다. 결정 과정이 참가자들에게 교육적 의미까지 부여하려면, 투표는 좋은 방법이 아니다.

강력한 리더

강력한 리더 구조는 리더의 스타일에 따라서 참가자들이 이전에 몰랐던 것 이상을 알게 될 수도 있고 그렇지 못할 수도 있다. 또한 결정의 질은 리더의 스타일과 알고 있는 지식을 어떻게 조합하는지에 달려 있다. 리더가 고집이 세서 자신의 의견을 바꿀 생각이 없다면, 팀에서 가장 지식이 많은 사람이 리더인 경우에는 성공적인 결정을 할 수 있지만, 아는 것이 가장 적은 사람이라면 최악의 실패를 경험하기도 한다. 리더가 고집이 센 스타일일 때, 팀 점수가 최저 5점(리더의 점수는 3점)인 경우도 있었고 최고 95점(리더의 점수는 90점)인 경우까지 있었다.

반대로 그다지 고집이 세지 않은 리더라면 팀원들의 정보로부터 영향을 받을 수 있다. 대개 의견 일치 방식과 유사한 점수 패턴을 보여주었고, 투표 방식보다 꾸준히 더 높은 점수를 얻었다. 이 리더들은 자신의 점수가 0점이면서도 팀 점수는 85점인 경우도 있었고, 자신의 점수는 50점이지만 팀 점수가 95점인 경우도 있었다. 그러나 리더가 자신의 판단과는 반대의 의견에 영향을 받기도 한다. 개인 점수가 88점이면서도 지식이 별로 없는 팀원들의 의견을 반영한 결과 팀 점수가 57점이 된 사례도 있었다.

의견 일치

여기에서 말하는 의견 일치는 각 항목의 순위를 결정하려면 조직 구성원 전원의 동의가 필요한 방법을 말한다. 의견 일치를 통한 의사 결정 경험이 없는 사람들은 이 방법을 시간 낭비라고 생각하거나 불만족스러워 할 수도 있다. 그러나 문제 해결형 리더들은 의견 일치 방법을 선호하는데, 이 방법을 사용하면 훌륭한 결정을 내리는 경우가 많기 때문이다. 하지만 그런 결정을 하려면 참가자들이 다음과 같은 지침을 따라야 한다.

- 전원이 순위에 대한 모든 세부 사항까지 완전히 찬성할 필요는 없지만, 각 항목의 순위에 대해서는 모두가 원칙적으로 동의해야 한다는 것을 명심한다.
- 자신의 의견을 단지 자신의 의견이라는 이유로 주장하는 일을 피하도록 한다. 대신, 논리와 사실을 통해서 그 주장을 뒷받침하려고 노력한다.
- 단순히 갈등을 회피하려고 의견을 바꾸지 말자. 다른 사람들이 사실과 논리를 제시하도록 하고, 그것을 기반으로 자신의 의견을 바꾸도록 한다.
- 다른 사람들이 의견을 바꾸려 하기 전에 사실과 논리에 근거해서 주장하도록 권장한다.
- 투표, 평균, 거래 등과 같이 갈등을 줄이는 방법을 피한다. 아무리 사소하게 보이더라도 사실을 이용한다.
- 사실과 논리에 근거한 것이라면 의견 차이는 훌륭한 결정에 도움이 된다고 받아들인다.
- 예의 바르게 보이려고 조용히 있는 것은 바람직하지 않다.
- 필요하다면 직관을 활용할 수도 있지만, 그럴 때에는 그 사실을 분명하게 해야 한다. 직관도 타당한 사실이지만 논쟁을 키울 수도 있다.

조직이 의견 일치를 통해 일하는 방식을 배우면 매우 훌륭한 결과를 만들 수 있다. 실습에서는 의견 일치 방식을 통한 점수가 팀 평균 점수보다 30점 이상 높은 경우가 보통이다.

하지만 의견 일치에 실패하여 매우 낮은 점수를 기록하는 경우도 있다. 그런 경우 실제로는 의견 일치를 이룬 것이 아니고, 단지 제 시간에 끝내기 위한 논쟁, 거래, 포기 같은 것들이 넘쳐난다. 그런 상황이라면 낮은 점수를 얻는 것이 당연하다. 어떤 팀은 현명하게도 주어진 과제를 마무리할 수 없는 상황에서 논쟁, 거래, 포기를 통해서 얻은 결론을 모두 취소하는 결정을 내리기도 한다. 실패한 조건에서 내려진 결정은 잘못된 결정일 뿐만 아니라, 모든 사람이 받아들이지 않기 때문에 쉽게 무너진다.

의견 일치 방법의 잠재적 장점 중 하나는 정보를 공유한다는 것이다. 서로 나누는 이야기를 모든 사람이 들을 수 있고, 그 이야기에 대해 질문할 수 있다. 참가자들은 진정한 문제가 무엇인지 알게 되고, 서로에게 많은 것을 배우며, 그 과정은 미래의 팀워크를 위한 훌륭한 준비가 된다. 의견 일치 방법을 사용하는 팀은 처음에는 결정이 느릴 수도 있지만, 팀원들이 서로를 알게 된 후에는 엄청나게 빠른 팀이 된다.

이렇게 성과가 향상되는 이유 중 하나는 의견 일치 방식을 사용하는 팀원들은 업무에 대한 책임을 공유하기 때문이다. 투표 역시 책임을 공유하긴 하지만, 개인의 책임이 분명하지 않을 수도 있다.("음, 나는 반대편에 투표했다고요!") 강력한 리더 방법 역시 책임 있는 행동을 권장할 수는 있지만, 팀원들이 뒤로 물러나서 리더가 인정받거나 비난 받는 것을 바라만 보기 쉽다. 진정한 의견 일치가 이루어졌을 때, 팀은 자신들이 한 업무에 대한 책임을 완전히 받아들이고, 다음 문제로 나아가게 될 가능성이 높아진다. 그렇지 않다면 아마 팀이 진정한 의견 일치를 이루지 못했다는 의미일 것이다.

조직 형태 혼합

현실에서 네 가지 조직 형태 중 한 가지만 사용하는 팀은 거의 볼 수 없다. 대부분 한 가지 형태에 팀의 약점을 보완하기 위해 하나 이상의 다른 형태에서 가져온 요소를 덧붙인다. 토론이 전투로 바뀌는 것, 즉 한 사람에 의해 과도하게 영향을 받은 결정으로 바뀌는 것을 팀원들이 두려워한다면 우선 투표를 한 다음 나중에 전투를 할 수도 있다.

강력한 리더 형태는 분명히 리더로 선택된 사람의 아이디어와 동기부여 능력의 올바른 조합에 따라 그 성패가 좌우된다. 지속적인 성공을 위해서는 적절한 자질을 가진 리더를 지속적으로 선택할 수 있는 방법이 필요하다. 투표는 리더를 선택하는 신속하고 적당히 안전한 방법이다. 의견 일치는 더 신뢰할 만하지만 시간이 오래 걸린다.

강력한 리더가 다음 리더를 선택하는 것이 리더를 정하는 최악의 방법이다. 그런데도 대부분의 조직에서 이 방법을 사용한다. 이 방법은 정말로 유능한 사람이 조직의 맨 위에 존재하고, 다른 사람들이 전폭적으로 신뢰하는 경우에만 가능하다.

때로는 조직의 전문성이 너무 낮은 탓에 의견 일치가 이루어질 만큼 충분한 정보를 갖지 못한 경우도 있다. 참가자들의 전문성이 낮아서 의견 일치에 실패했을 경우, 정보를 제공하는 사람들의 자신감이 얼마나 부족한지 주목하지 않으면 그 사실을 알아차리지 못할 수도 있다. 그렇다면, 의견 일치 방식을 사용하는 조직은 모든 팀원이 충분한 정보를 얻을 수 있는 단계를 미리 진행하거나 더욱 전문성 있는 팀과 함께 일하도록 함으로써 상황을 개선할 수 있다.

순수한 형태의 조직에도 다양한 변형이 존재한다. 예를 들어, 투표는 기계적 절차지만 가중치를 적용하거나 3분의 2 또는 4분의 3 이상의 가결 조건을 적용할 수 있다.

앞에서 이미 본 것처럼 임명된 리더도 자신의 역할을 매우 다양하게 이해하며, 각 형태에서 개인이 선택할 수 있는 역할에도 다양한 차이가 있다. 예를 들어, 조직의 부분적 결정을 기록하는 공식 담당자를 둘 수 있다. 비공식 기록 담당자를 두거나, 리더가 직접 기록을 담당하는 조직도 있고, 기록을 전혀 하지 않는 조직도 있다.

물론 의견 일치 방법은 문제, 참가자, 조건에 따라 변형된 형태가 가장 다양하게 존재한다. 예를 들어, 의견 일치 방식의 의사 결정에 익숙하지 않은 팀에서는 경험 있는 사람이 강력한 리더 역할을 맡게 될 수도 있다. 의견 일치가 곧 '리더가 없다'는 의미는 아니다. 의견 일치 방식은 의견 일치를 위한 지침을 따른다는 의미이며, 지침에 따라 논의의 내용을 결정하는 것이 아니라 지침에 따라 의견 일치 과정을 진행한다는 뜻이다. 이와 반대로 극단적인 경우, 의견 일치를 위한 지침만 지켜진다면 눈에 띄는 리더가 없는 상태로 모든 회의를 진행하기도 한다.

그 어떤 경우라도 혼합형 조직 방식이 통하는 상황을 주목해 보면 영향을 받는 사람들이 그 조직 방법을 사용한다는 사실에 동의해야만 한다. 솔직히 논의될 가능성이 없더라도, 이러한 동의도 원칙적으로 의견 일치에 의해서 이루어져야 한다. 대부분의 경우, 대다수의 조직은 관성에 의해 의견 일치를 하는 경우가 많다. 어떤 문제를 결정하기 위해 누군가가 투표를 제안할 수도 있지만, 이런 식의 투표가 조직에 친숙해지면 사람들은 그 결정에 순순히 따르기만 한다.

조직이 새로운 형태를 시도하는 경우, 누군가 이런 암묵적 의견 일치에 다시 문제를 제기해야 한다. 그러한 행동은 동요를 일으킬 가능성이 높기 때문에, 새로운 조직 형태가 더 좋다고 생각하면서도 아무도 변화를 시도하지 않는 것이다. 이렇게 해서 우리는 처음 질문으로 다시 돌아왔다. 문제 해결형 팀을 조직하는 가장 좋은 방법은 무엇일까?

형태는 기능을 따른다

'세계기록 순위' 실습에 참여한 사람들에게 가장 중요한 교훈은, 항상 최고의 의사 결정을 내릴 수 있는 방법을 알고 있는 조직은 없다는 것이다. 이 실습은 의사 결정에 대한 시뮬레이션이지만, 문제 해결 작업을 위한 조직화에 적용하더라도 동일한 교훈을 준다. 조직 구조에 대한 프랭크 로이드 라이트[2]의 말에 의하면 '형태는 기능을 따른다.'

문제 해결형 조직의 기능은 무엇일까? 문제 해결형 조직의 목적은 사람들이 다음과 같은 것들을 할 수 있도록 적절한 환경을 만드는 것이다.

- 문제를 이해하기
- 아이디어의 흐름을 관리하기
- 품질을 유지하기

만약 현재 조직이 이러한 목표를 추구하고 있지 않다면 문제 해결형 리더는 새로운 조직 형태를 찾기 시작한다.

이러한 인식을 일깨우기 위해 우리 워크숍에서는 새로운 10가지 항목으로 같은 실습을 반복하기도 한다. 또한 목표에 약간의 변화를 주고 팀이 자신들에게 가장 좋은 조직 구조를 선택하도록 한다. 예를 들어, 참가자들에게 10분 이내에 완료하지 못하거나 점수가 60점 미만이라면 결과에 의미가 없다고 이야기해 주는 경우도 있다. 이러한 제약은 투표 형태를 지향하는 편향을 만들어 내기도 한다.

최저 점수를 75점 이상으로 설정하면, 참가자들은 지금까지의 경험을 통해 투표 방법으로는 목표 달성에 실패한다는 것을 깨닫게 된다.

---

[2] Frank Lloyd Wright, 1867~1959. 미국의 건축가. 뉴욕 구겐하임 미술관 등의 독특한 건축 설계 양식으로 전 세계적으로 영향을 미쳤으며, 역사상 가장 위대한 건축가 중 한 명으로 꼽힌다.

팀은 이전에 실습을 훌륭하게 수행했던 사람을 리더로 임명한 다음, 리더가 적극적으로 질문하는 경우에만 답변을 하는 경우도 있다. 이 조직의 성공 확률은 반반이지만, 투표 방식은 거의 항상 실패한다.

최저 점수를 90점으로 올리더라도 시간 제한을 30분으로 늘리면 팀들은 보통 의견 일치 방식을 사용한다. 의견 일치 방식에 대한 이해도가 높아졌기 때문에, 70퍼센트 정도는 90점에 도달할 수 있다. 물론, 팀원들 중에 세계기록 전문가가 있다고 생각했다면 강력한 리더 형태를 적용하여 몇 가지 약점에 대해서만 오랜 시간 토론을 진행하기도 하지만, 그런 전문가를 만나기란 매우 어렵다.

때때로 팀이 문제 해결 작업을 시작한 후에 새로운 목표를 수립하는 경우도 있다. 중요한 것은 가장 좋은 방법을 깨닫는 것이 아니라, 현재 상황에 가장 좋은 방법을 깨닫는 것이다. 상황이 바뀌면 조직은 변화해야 한다. 언제나 최고인 조직은 존재하지 않으며, 아주 오랫동안 최고 상태를 유지하는 조직도 거의 없다. 가장 훌륭한 리더는 환경이 바뀌었을 때 팀이 재조직하도록 도움을 주고, 환경에 적합한 새로운 조직화 방식을 찾는 사람이다.

부록: 순위 점수 계산

혼자 순위를 매겨 봤다면, 실제 기네스북에 수록되어 있는 아래의 세계기록 순위를 참조하면 된다. 채점표 형태로 정리해 두었기 때문에, 자신의 추정 능력을 실제 점수와 비교해 볼 수 있다.

세계기록 순위 - 채점표

B열에 자신이 매긴 순위를 기록한다. 그런 다음 각 항목의 실제 순위와의 차이를 제곱하여 제일 오른쪽에 기록한다. 오른쪽에 기록한 결과를 더한 값을 x라고 하고, 그 값을 이용해 y, z, q를 계산한다. q가 바로 자신의 점수이다.

		(A) 실제 순위	(B) 결정	$(A - B)^2$ 차이
112m	나무	4		
1,700m	바나나 스플릿	10		
380m	굴뚝	9		
75m	해파리	2		
170m	분수	6		
60m	관람차	1		
202m	이동실 크레인	7		
135m	프리스비 비행	5		
285m	댐	8		
91m	바	3		

제곱한 차이의 합 =

1. x = 제곱한 차이의 합
2. y = x / 165
3. z = 1.00 − y
4. q = 100 × z

17장 질문

1. 자신의 조직을 생각해 보자. 몇 가지 조직 형태를 사용하고 있는가? 그 각각의 형태는 진행하는 업무와 어떤 관련이 있는가?
2. 조직이 의사 결정을 위해 투표를 했던 가장 최근 일을 생각해 보자. 갈등을 회피하기 위해 투표 방식을 사용했는가? 의도한 대로 되었는가? 더 훌륭한 결정을 하려면 투표 알고리즘을 어떻게 바꿀 수 있겠는가?
3. 조직의 다른 사람들을 위해 의사 결정을 할 때, 자신이 훌륭한 결정을 내리고 있는지 어떻게 알 수 있는가? 결정이 현명했다는 것을 증명하려고, 그 결정을 적어 놓은 다음 나중에 다시 검토하는가? 그 결정이 사람들에게 어떤 영향을 주는지 직접 질문하는가? 그렇지 않다면 그 이유는 무엇인가?
4. 임명된 리더가 없는 조직에서 일할 때, 보통 리더를 암묵적으로 선택하는가 아니면 명시적으로 선택하는가? 어떤 방법으로 선택하는가? 사람들이 좀 더 적극적으로 참여하도록 방법을 바꿔 보자. 그리고 어떤 일이 일어나는지 기록해 보자.
5. 다음에 조직에서 일을 할 때, 다른 팀에 속해 있는 사람들에게 그 조직의 프로세스를 관찰할 수 있는 권한을 달라고 요청해 보자. 그들이 동의한다면 다양한 업무 단계에 따라 조직 형태가 진화하는 모습을 기록해 보자. 그들이 동의한 기간마다 관찰한 내용을 알려 줄 수도 있다. 만약 그 일을 동의하지 않는다면 왜 동의하지 않았는지 생각해 보자. 그들에게 알려줄 수는 없고 일기에만 기록할 수 있겠지만, 어쨌든 관찰한 내용을 기록해 두자. 그런 다음, 그 조직에서 권한을 얻을 수 있는 다른 기회를 찾아보자.

6. 다음 번에 한 조직을 책임지게 되었을 때, 프로세스를 관찰하는 사람을 선택하자. 특별히 그 관찰자에게 당신이 임명된 리더로서 일하는 모습을 관찰하고 알려 달라고 요청해 보자.
7. 회의를 이끌어 가는 사람을 지칭하는 용어는 조직마다 다르다. 보통 리더, 의장, 사회자, 퍼실리테이터 등의 용어를 사용한다. 당신 조직에서는 어떤 용어를 사용하는가? 그 용어가 주는 의미는 무엇인가?

18장

효과적 조직화의 장애물

일상에서 긴급한 상황을 만났을 때, 당신은 어느 쪽을 더 선호합니까?

a. 명령을 하고 책임을 진다.
b. 명령을 받고 도움을 준다.

— 성격 테스트 문항 중에서

자신이 뛰어난 조직가가 될 수 있는지 알고 싶다면 한 가지 방법은 성격 테스트를 해 보는 것이다. 나도 최근에 성격 테스트를 했는데, 앞서 소개한 것은 그 테스트에 있던 문항이다. 테스트를 해본 다음 훌륭한 조직화 능력을 발휘하는 데 진정한 장애물이 무엇인지 생각해 보고 싶었다. 테스트 시작 부분에 이런 지시 사항이 있었다.

한 질문에 대해서 너무 긴 시간 동안 고민하지 마십시오. 답을 결정할 수 없다면 생략하고 다음 문항을 진행합니다.

이 지시를 보고 나는 166개 문항 중 114개를 생략했다. 생략하고 싶은 문항이 더 많았지만, 심리학자들에게 내가 결단력이 없는 사람으로 보이고 싶진 않았다. 물론 '확고하지 못한'이라는 평가 또는 그보다 더 나쁜 '비협조적'과 같은 평가를 받는 것이 그다지 문제가 된다고 생각하지는 않았다.
사실 나는 꽤나 다루기 힘든 성격이고 의사 결정을 하는 것도 싫어하는데, 아마도 심리학자들도 그 사실을 알게 되었을 것이다. 조직가가 되고 싶은 사람에게 '비협조적'이라는 말은 최악이며, '확고하지 못한'이라고 평가 받는 것도 매우 좋지 않은 것이다.

첫 번째 장애물: 빅게임

조직가가 되려면 관리자가 되어야 한다고 믿는 사람들이 있다. 이 말이 옳다고 믿고 있지만 관리자가 아니라면, 이미 첫 번째 장애물을 만난 것이다. 이런 사람들은 관리자가 되려면 의사 결정을 하는 사람이 되어야만 한다고 말한다. 관리 방법에 대한 책들을 보면 다음과 같은 말이 있다.

관리자는 기본적으로 문제를 해결하고 의사 결정을 하는 것을 지향해야 하며, 그 실현에 필요한 행동을 직접 수행해서는 안 된다. 그러한 행동은 보통 다른 사람들이 해야 하는 것이다.

이러한 관리 모델 관점에서 보면 사람들을 두 가지 유형으로 분류할 수 있다.

  a. 조직화하는 사람
  b. 조직화의 대상이 되는 사람

조직가가 되고 싶다면 이 장 앞부분에 있는 심리학자의 질문에 a라고 답하는 편이 좋을 것이다. '명령을 하고 책임을 져야' 하기 때문이다. 또한 사람들이 대부분 b, 즉 '명령을 받고 도움을 주는 것을 좋아한다'고 대답하는 조직에서 일해야 할 것이다. 이런 유형의 조직은 찾기 어렵다. 나는 도움을 주고 싶어 하는 사람들로 가득한 조직은 많이 보아 왔다. 사람들이 대부분 명령을 받는 조직을 본 적이 있다. 그러나 명령 받는 것을 좋아하는 사람들이 있는 조직은 본 적이 없다.

  사실 나는 명령하는 것을 좋아하는 사람도 거의 본 적이 없다. 내가 만난 사람들은 명령을 받는 것을 좋아하지는 않지만, 두 가지 선택만이 존재한다고 믿는 사람들이었다. 명령을 하거나 아니면 명령을 받거나. 이 잘못된 이분법은 버지니아 사티어가 '빅게임Big Game'이라고 말한 것과 일맥상통한다.

다른 사람에게 무언가를 하라고 지시할 권리가 누구에게 있는가?

빅게임의 규칙은 단 한 가지이다. "상황을 모면할 수 있는 어떤 일이라도 하라." 그 외에는 아무런 규칙도 없다. 다른 사람들이 죄책감을 느끼도록 만들거나, 자존감을 무너뜨리기도 한다. 강자의 곁에서 비비적대며 그 사람들의 '말할 권리'를 얻어 내려고 하는 사람도 있고, 또 어떤 사람은 "나는 힘이 없으니까 당신이 나를 돌봐줘야 해" 같은 전략을 사용하기도 한다. "나는 똑똑하니까(나이가 많으니까, 경험이 많으니까, 남자니까, 백인이니까, 부자니까 등) 내 말을 명심해야 해."라고 이야기하기도 하며, "나는 잘 모르겠으니, 나한테 명령하면 반드시 후회하게 될 거야."라고 말하기도 한다. 가장 효과적인 빅게임 전략 중 하나는 심리학자들이 사용하는 전략이다. "내가 생각하는 방식대로 질문에 답변을 하지 않으면 나는 당신을 '우유부단'하거나, '비협조적'이거나, '비사회적 정신병 환자'로 판단하겠소."라고 이야기하는 것이다.

빅게임은 훌륭한 조직을 만드는 데 커다란 장애물이다. 가족과의 관계 또는 그 외 인간 관계와 마찬가지로 많은 조직에서 사람들은 빅게임을 하기에 너무 바빠서, 조직의 원래 목적에 맞는 일을 할 시간이 부족하다.

두 번째 장애물: 사람들을 기계처럼 조직한다

빅게임의 이면에는 사람들을, 다양한 방법으로 명령을 해석할 수 있는 지적 의사 결정자로서 다루는 것이 아니라, 프로그래머가 컴퓨터를 대하듯이 다루는 모델이 존재한다. 컴퓨터에게 명령을 내리면서 다음과 같이 질문하는 사람은 없을 것이다.

프로그램을 실행할 때 어떤 방법을 선호하는가?

a. 목적이 무엇인지 프로그래머가 말해 주는 것.
　b. 프로그래머의 명령에 따르는 것.

　이는 분명 중요한 질문이지만, 어쨌든 여러분은 기계가 명령을 따를 것이라고 생각한다. 기계는 빅게임에서 항상 패배한다. 그것이 바로 우리가 기계를 좋아하는 이유이다.
　만약 컴퓨터 프로그래머라면 당신의 명령이 그대로 수행되는 것이 익숙할 것이다. 그대로 수행되지 않는다면 그것이 보통 기계 고장 때문이 아니라는 사실을 씁쓸한 경험을 통해 알고 있다. 오히려 명령을 잘못한 것이다. 겉으로 드러나지 않은 무언가를 의도하면서 명령했지만, 기계는 명령을 문자대로만 해석한 것이다. 'STOP'이라고 명령했지만, "즉시 멈춰"라는 의미가 아니라 "멈추더라도 파일을 손상하지 않을 때 멈춰"라는 의미였을 수 있다.
　기계와 달리 사람은 STOP이라는 명령을 다양한 방법으로 해석한다. 파일이 저장되는 상황은 다행으로 생각하면서, STOP이 너무 늦게 실행되는 것은 짜증스러워 한다. 빅게임을 하는 사람들은 자신의 명령을 누군가가 이해하고 따르는 행운을 당연하게 생각한다. 반면에, 명령이 잘못 해석되었을 때의 당혹감을 이해하지 못한다. 그래서 다른 사람들이 빅게임으로 자신을 이기려 한다고 생각하는 것이다.
　빅게임을 하지 않는 사람들은 다른 사람들의 이해가 항상 완벽한 것은 아니라는 생각을 받아들일 수 있으며, 그로 인해 올바른 명령이 아니라는 것을 알게 되면 적은 비용으로 거절하는 능력을 얻게 된다. 만약 좋은 판단보다 완벽함을 바란다면 그 일은 기계에 맡기는 것이 좋다. 단, 기계가 그 일을 하도록 프로그래밍되어 있어야 한다.
　빅게임을 통해 조직을 구성하면 발생하는 문제점은 마치 기계에 불만을 표시하는 것 같이 반응하기 쉽다는 점이다. 빅게임을 하는 사람들은 자신의 결정과 명령을 엄격하고 정확하게 내리려고 한다. 사람들을 마치 기계처럼 다루는 것은 효과적인 조직화를 방해하는 또 다른 장애물이다.

이 방식이 효과적일 때도 있지만 너무 지나치면 조직의 기반이 되는 표준과 절차가 끝없이 늘어나게 된다. 그리고 정확함이 증가하면 비효율도 증가한다. 아무도 시간을 들여 표준이나 절차를 읽으려 하지 않고 따르지 않게 된다. 리더는 열성적으로 절차와 메모를 만들어서 조직화하려고 하기 때문에, 오히려 자신을 따라야 할 사람들과 접촉하지 못하게 되는 것이다.

세 번째 장애물: 직접 처리

빅게임이 효과적인 문제 해결형 리더십에 장애물이라는 것을 많은 사람이 알지만, 일부 혁신적 문제 해결사들은 더 나아가 실제로 빅게임을 하는 사람들을 경멸한다. 이렇게 독립적인 사람들은 명령을 받는 것이 창의적 정신에 해가 된다고 보며, 충분히 혁신적이라면 빅게임을 하지 않는 것이 가능하다고 생각한다. 이것은 빅게임을 하는 사람들을 분노하게 만드는데, 내가 골프를 치면서 타수 세기를 거절했을 때 같이 골프를 하던 친구가 표현한 분노와 비슷하다.

이러한 혁신가들은 다른 사람들이 일하는 환경을 만드는 데 어려움을 겪는 경우가 많다. 그 이유 중 하나는 사람들이 자신의 아이디어가 빅게임의 명령으로 오해 받을까봐 제안하는 일 자체를 꺼리기 때문이다. 그들은 사람이 컴퓨터나 레미콘이 작동하는 방식처럼 명령을 따르지 않는다는 사실을 이해하지 못하고 있는 것이다. 사람들은 명령에도 반응하지만 제안, 칭찬, 힌트, 아이디어, 격려, 추천, 자신들의 업무 진행에 대한 명확한 피드백에도 반응한다. 다른 사람들을 위해 조직화를 하려면 의사 결정을 할 때와 명령을 내릴 때 각각 다른 방법이 필요하다.

효과적 의사소통 방법이 부족한 것은 상대적으로 사소한 장애물이며, 훈련과 경험을 통해서 극복할 수 있다. 더 큰 장애물은 혁신가가 다른 사람들이 작업에 어려움을 겪고 있다는 사실을 인식했을 때 나타난다. 그 이유가 의사소통을 잘못했기 때문인지, 기술이 충분하지 못하기 때문인지, 동기가 부족하기 때문인지, 아니면 작업을 수행하는 방법에 대한 생각이 다르기 때문인지와 상관없이, 혁신가가 가장 강력하게 느끼는 첫 번째 충동은 개입해서 해결해 주고 싶다는 것이다. 왜 그럴까? 사실 혁신가가 더 잘할 수 있기 때문일 것이다. 그러한 경우에 문제 해결을 위해 다른 사람들을 조직화하는 데 가장 큰 장애물은 문제 해결사로서 과거에 경험했던 자신의 성공이다.

왜 이런 개입이 그렇게 커다란 장애물일까? 필요하다면 어떤 방법을 써서라도 문제를 해결하는 것이 문제 해결형 리더십의 목적 아닌가? 이런 관점의 오류는 '업무'에 대한 정의 때문이다. 리더의 업무는 보통 하나의 문제를 해결하는 것이 아니라, 현재를 넘어서 미래에 잠재적으로 발생할 수도 있는 수많은 문제를 해결할 수 있는 환경을 만드는 것이다.

물론 눈앞의 문제를 해결하지 않으면 미래가 없는 경우도 있으며, 그 경우 문제에 개입하여 해결해야 할 수도 있다. 인턴으로 수련 중인 의사가 죽어 가는 환자를 그냥 지켜보고 있지는 않는다. 학습은 다음 환자를 통해서도 얻을 수 있다. 이와 비슷하게, 프로젝트 관리자는 회사가 무너지려고 하는 상황이라면 그냥 프로젝트가 실패하도록 지켜보기만 할 수는 없다. 그렇게 되면 더 이상 업무 자체가 존재하지 않기 때문에, 다음 프로젝트를 위해 훌륭한 팀을 만들어 봐야 무슨 소용이 있겠는가?

정말로 생사가 걸린 문제인가? 그것이 리더에게 가장 어려운 결정이 될 수 있다.

네 번째 장애물: 비효과적 조직화에 대한 보상

아마도 나는 우유부단하기 때문에 리더로 적합한 사람이 아닐 수도 있지만, 최고의 리더는 생사가 걸린 상황이라고 하더라도 직접 의사 결정을 거의 하지 않는 사람이라고 믿는다. 피투성이 부상자를 옮기느냐 마느냐 선택의 기로에 섰다면 언제나 잘못된 결정을 할 수 있는 위험이 존재한다.

물론 애초에 사고가 일어나지 않았다면 아무도 결정을 할 필요가 없었을 것이고, 위험도 없었을 것이다. 그러면 리더십에 대해 더 나은 질문은 아마도 다음과 같을 것이다.

다른 사람이 운전하는 차를 타고 여행을 해야 한다면 당신은 어떤 운전자를 선호합니까?
a. 사고를 낸 경험은 없지만, 사고가 발생하면 우유부단할 것 같은 사람
b. 일주일에 평균 한 번씩 사고를 내지만, 긴급 상황에서 의사 결정에 매우 능숙한 사람

유감스럽게도 많은 사람이 b를 선호하는 것 같다. 휴전 기념일[Armistice Day]이 재향 군인의 날[Veterans Day]로 바뀐 이유가 이것이다. 평화는 조직하기 더 어렵지만, 전쟁이 더 영웅적이다. 정말로 뛰어난 조직을 만드는 일에는 극적인 요소가 부족한 것처럼 보인다.

우리는 왜 자신이 만든 오류를 제거하려고 밤새 일하는 프로그래머나 자신의 형편없는 관리 때문에 생긴 위기를 해결하려고 극단적으로 조직을 바꿔 버린 관리자에게 보상하는 것일까? 왜 극적인 오류가 없도록 잘 설계한 프로그래머나 조직을 위기 상황에 빠뜨리지 않도록 유지하고 있는 관리자에게 보상하지 않는 것일까?

 조직화는 문제를 해결하기 위한 것이 아니라, 문제를 피하기 위한 것이다. 문제로 인한 고통에 빠지면 정말로 훌륭한 조직을 만드는 일은 이미 때가 늦었다. 아마 훌륭한 조직화의 가장 큰 장애물은 바로 비효과적 조직화에 보상하고 싶어 하는 우리의 열망일 것이다.

유기적 조직화

보통 심리 테스트에는 이 장 앞부분에 수록된 것과 비슷한 문항들이 많다. 분명히 그러한 질문에 모두가 똑같은 대답을 한다면 심리 테스트가 별로 소용없을 것이기 때문에, 심리학자들은 각 선택이 대략 반 정도가 나오도록 테스트를 설계한다. 그러므로 그 질문 자체가 테스트를 하는 사람들 중 반 정도가 다른 사람들에게 명령하는 것을 선호하고, 나머지 절반이 명령을 받는 것을 선호한다고 답변한다는 것을 의미한다.

 여러분이 빅게임을 따르고 있다면 이 결과는 놀라운 것이다. 왜 모든 사람이 명령을 내리는 일을 원하지 않을까? 왜 승자가 되기를 원하지 않을까? 사람들이 빅게임을 믿지 않기 때문에 무작위로 대답하는 것일 수도 있고, 문항의 의미조차 이해하지 못한 것일 수도 있다.

 이 딜레마에서 빠져나가는 한 가지 방법은 문항에 제3의 답변이 가능하다는 사실을 깨닫는 것이다.

c. 게임을 멈추고 긴급 사태를 처리한다.

나에게 교통사고가 일어나지 않기를 바라지만, 만약 일어난다면 구경꾼들이 둘러서서 빅게임을 하지는 않았으면 좋겠다. 그 대신, 충분히 성숙해서 필요한 일을 할 수 있도록 훈련된 사람들이 주변에 있길 바란다. 그런 상황이라면 내가 직접 프로세스를 관리할 수 없는 상황이더라도, 사람들에게 내 명령 없이 스스로 관리할 수 있는 능력이 있었으면 좋겠다.

문제 해결형 리더십은 이런 종류의 조직화 모델에 기반한다. 유기적 모델에 따르면 거의 누구나 상황에 따라서 조직하는 것을 좋아할 때도 있고, 미리 조직되는 것을 좋아할 때도 있다. 명령을 하는 것이나 명령을 받는 것은 단지 목적일 뿐이며, 그 자체가 목적은 아니다. 가장 효과적인 조직에서는 모든 사람이 일을 끝내기 위해 필요한 것이 무엇인지에 따라 문제 해결과 의사 결정을 한다. 이 모델에서는 누가 리더라 하더라도 조직화를 할 수 있다. 따라서 리더가 하는 일에 대한 더 나은 정의는 다음과 같다.

문제 해결형 리더의 총체적인 지향점은 문제 해결, 의사 결정, 그 결정에 따른 실행을 개인적으로 하기보다, 모든 사람이 할 수 있는 환경을 만들어 내는 쪽이어야 한다.

이 모델에서는 조직화가 엄격한 규칙들을 만들어 내지는 않는다. 조직화는 명령을 하는 것도 명령을 받는 것도 아니다. 조직화란 일을 완수하는 것이다.

18장 질문

1. 조직화가 부족하다고 지적하며 사실은 도움을 주려고 했는데, '비협조적'이라는 평가를 받은 일이 있는가? 어떤 느낌이었는가? 그 방법이 조직의 성과를 높이는 데 효과적이었는가?
2. 조직의 업무 진행을 방해하는 누군가를 '비협조적'이라고 평가한 일이 있는가? 그 방법이 얼마나 효과적이었는가? 어떤 방법이 더 효과적일 수 있을까?
3. 가장 최근에 빅게임을 한 것은 언제인가? 그 게임의 승자였는가, 패자였는가, 아니면 학습자였는가? 그 사실이 즐거웠는가? 빅게임이 눈앞에 닥친 일을 진행하는 데 도움이 되었는가?
4. 관련이 있는 사람들과 직접 만나는 대신 메모를 작성해서 건네준 적이 있는가? 그런 방법을 사용한 것이 더 편안했는가? 그때 상대방의 기분은 더 나아 보였는가? 메모가 얼마나 효과적이었는가?
5. 명령, 메모, 비협조적인 사람들, 기타 빅게임의 증상이 있는 환경을 바꾸려면 무슨 일을 할 수 있는가? 무엇을 하고 있는가?
6. 가장 최근에 다른 누군가에게 위임한 일에 스스로 개입했던 것은 언제인가? 그 일로 인해 어떤 느낌이 들었는가? 상대방은 어떤 느낌이 들었겠는가? 일은 완수했는가? 다음에 그 사람에게 업무를 위임할 때 어떤 영향이 있겠는가?
7. 비효과적 조직화에 어떤 방식으로 보상을 하거나 보상을 받는가? 이 경향을 뒤집는 환경을 만들려면 어떻게 할 수 있겠는가?

19장
조직가가 되는 방법 배우기

환경에 적합한 생존과 발전을 위해 시스템의 능력을 확장시키는 능력은 시스템에 속해 있는 우리가 발휘할 수 있는 최고의 힘이다. 그런 힘은 일등상을 받아 마땅하다. 시스템의 능력을 확장시킬 수 있을 때 스스로의 강력함을 알게 된다. 이런 방식으로 시스템에 영향을 줄 수 없다면 통제, 지배, 특권, 위협, 복수, 강경한 태도, 결과 중시 등과 같이 힘을 끌어모으기 위한 모든 것이 전혀 의미가 없다. 이런 힘은 이등상(아니면 꼴찌상) 감이며, 강력함을 느껴 보려고 하거나 강해 보이려고 하는 시도일 뿐이고, 결과적으로 강력하지 않다. 그러나 진짜 실질적인 시스템의 힘은 다음과 같다. 시스템에 영향을 줄 수 있는가? 그 환경에서 시스템이 더 효과적인 방법으로 대처하고 성공하는 데 도움을 주도록 행동할 수 있는가? 당신은 조직의 최고 책임자일 수도 있고, 천문학적 액수의 급여나 두둑한 부수입을 즐기고 있을 수도 있고, 주변 사람들을 모두 위협하거나 지배하고 있는 독불장군일 수도 있지만, 시스템이 더 잘 대처하고 성공하도록 영향을 줄 수 없다면 이등상을 받으려고 노력하고 있는 것이다.

— 배리 오쉬리(Barry Oshry), 《Power and Systems Laboratory》

어떻게 하면 일등상을 받을 수 있을까? 어떻게 하면 시스템이 더 잘 대처하고 성공하도록 영향을 주는 방법을 배울 수 있을까? 나는 이 질문에 답변할 수 있는 종합적 이론을 갖고 있지는 않지만, 이 주제에 대한 다양한 아이디어가 있다.

연습

첫 번째 아이디어는 너무 당연한 것 같아서 여기에 쓰기가 약간 부끄럽다. 그러나 그렇게 생각하지 않으려고 한다. 우리 워크숍 참가자 중 90퍼센트는 훌륭한 조직가가 되는 학습이 수련에 수련을 거듭해야 함을 알지 못하는 걸로 보이기 때문이다. 다른 사람들의 생활에 영향을 주는 실수를 저지를까 두려워하기 때문에, 대부분의 참가자들은 이론을 먼저 배우고 싶어 한다. 이론이 중요하기는 하지만, 이론을 잘 안다고 해서 실수를 모두 예방할 수는 없다. 사람들을 조직하는 방법에 대해서는 수많은 상반된 이론이 있고, 그 이론들은 지침이 될 실제 경험 없이는 이해하기조차 어렵다.

조직에 영향을 미치는 일을 할 수 있을 만큼 현재 충분한 실제 경험이 없다면 어떻게 경험을 쌓을 수 있을까? 조금만 생각해 보면 다른 조직 형태에서 사람들과 일해 볼 수 있는 상황이 매우 많다. 워크숍 참가자들은 단 한 번의 브레인스토밍을 통해 자신들의 활동에서 다음과 같은 목록을 만들어 냈다.

- 지역 활동: 자선 기금 모금, 중고품 할인 상점 운영, 시티 미션[1] 활동, 재활용 센터 운영, 동물 구호소 활동, 의용소방대 지원

---

[1] 19세기 초 영국에서 시작하여 전 세계적으로 전파된 종교 사회운동.

- 정치 활동: 선거 운동, 청원 운동, 시위 조직
- 전문 활동: 컴퓨터 사용자 그룹, 전문 학회, 동창회
- 어린이 대상 활동: 스카우트 지도자, 어린이 리그 코치, 유스호스텔 여행 지도자
- 환자 대상 활동: 병원 자원봉사, 양로원 자원봉사, 장애인 도우미
- 임의 단체: 라이온스 클럽, 엘크스, 토스트마스터, 메이슨
- 종교 활동: 선교 활동, 신도 상담, 위원회 활동
- 스포츠 활동: 소프트볼, 볼링, 야구

업무 중에도 이와 비슷한 기회는 얼마든지 있다.

- 교육에 참가하고 그 내용을 보고하는 모임을 진행한다.
- 실험실 형식의 교육에 참가한다.(내 경험으로는 배리 오쉬리의 Power and Systems Laboratory가 가장 훌륭하다. NTL 연구소의 해럴드 브릿저Harold Bridger가 진행하는 타비스톡 워크숍Tavistock workshop도 좋은 선택이다. 더욱 자세한 내용은 참고 도서를 살펴보자.)
- 누군가의 견습생이 되거나, 누군가를 견습생으로 삼는다. 두 가지를 동시에 할 수도 있다.
- 강사가 되면 교육 과정을 조직하는 연습을 할 수 있다.
- 개인 지도교사가 되면 한 사람을 상대로 연습을 할 수 있다.
- 기술 리뷰 회의를 이끈다.
- 팀 회의를 이끌면서, 다른 스타일을 시도한다.

요컨대, 다른 조직 형태에서 다른 입장에 있는 느낌을 경험할 수 있다면 어떤 종류의 활동이라도 좋다. 스스로 "나는 그렇게 할 수 없어."

라고 말하고 있다면 그것이야말로 최적의 출발 지점이다. 자신의 경험에서 비어 있는 제일 큰 구멍을 메우게 될 것이다.

관찰과 실험

연습practice은 가장 오래된 학습법이고, 조직적 경험을 찾기 위해 특별한 노력을 기울이지 않아도 매일 다양한 조직과 연관되어 있다는 사실을 알게 된다. 무언가를 배우기에 너무 익숙하다는 생각이 든다면 더 현대적 학습 기술, 즉 과학적 방법을 익힐 필요가 있다.

과학적 방법은 조직을 수동적으로 경험하는 것으로 만족해서는 안 된다고 이야기하는 멋진 방법이다. 과학이란 관찰과 실험을 의미하며, 주간 회의에서 모두가 어디에 앉는지, 각각 몇 번씩 이야기하는지, 누가 질문을 하고 그 질문에 누가 답변을 했는지 기록하는 단순한 것을 의미할 수도 있다. 그러한 관찰에서 무엇을 배울 수 있을까? 일상 업무 환경에서 이런 단순한 관찰을 시도한다면 사람들이 다른 활동을 조직하는 유용한 방법들을 반드시 배울 수 있을 것이다.

관찰은 습관이 될 수 있다. 업무에서 한번 시도해 보면 어딜 가나 연습하게 된다. 엘리베이터를 기다리는 일, 슈퍼마켓에서 장을 보는 일, 슈퍼볼 중계방송을 시청하는 일 모두가 새롭고 좀 더 풍부한 경험이 된다.

관찰하는 기술에 익숙해지면 작은 실험을 시도해 보자. 다음 번 회의 때 조금 빨리 가서 평소와는 다른 자리에 앉아 본다. 이렇게 하면 관찰에 유리한 다른 지점을 차지할 수 있고, 일종의 '의자 먼저 앉기 놀이'가 생기는 것을 볼 기회도 얻을 수 있다. 아니면 평상시와 다른 패턴으로 공간을 재배치할 수도 있다. 테이블을 돌리거나 의자를 하나 추가하거나 없앨 수 있다. 플립 차트를 가져오거나 펜을 전부 없애 버릴 수도 있다.

이런 실험은 100퍼센트 안전하다. 그런 일을 했다는 사실을 아무도 알 필요가 없기 때문이다. 점점 더 대담해지면 정체를 드러내고 싶을 수도 있다. 회의가 진행되는 동안, 항상 거기에 있었지만 아무도 사용하지 않고 있던 플립 차트에 중요한 내용들을 적기 시작한다. 또는 항상 무언가를 기록하던 사람이 바로 당신이었다면 이번에는 다른 누군가에게 펜을 건네 본다. 회의가 절정에 달했을 때 휴식을 제안하거나, 대화의 열기가 식어 가고 있을 때 자리를 바꿔 앉자고 제안해 본다.

실험도 관찰과 마찬가지로 습관이다. 엘리베이터를 기다리고 있다면, 안쪽에서 먼저 내리기를 원하는 사람들의 문제를 해결하기 위해 동료들이 순서대로 타도록 유도할 수 있는지 살펴본다. 다음 번에 가족과 함께 드라이브를 가려고 짐을 쌀 때, 아이들에게 결정을 맡기면 어떤 일이 일어나는지 볼 수도 있다.

비일치 찾기: 그들은 최선을 다하고 있다

조직이 구성되어 있는 방법을 관찰할 때 무엇을 찾아볼 것인가? 최선의 방법은 사실과 겉모습이 다른 것, 즉 비일치 요소를 찾는 것이다. 예를 들어, 초보 관찰자는 보통 진짜 조직 구조와 공식 구조를 구별하지 못한다. 그들은 존재하는 것과 존재해야 하는 것 사이의 비일치, 관찰과 가정의 비일치를 보지 못하고 겉모습만 본다.

예를 들어, 많은 사람이 조직의 구조가 조직도와 동일하다고 가정한다. 조직도가 보여 주는 것이 아니라 사람들이 실제로 어떻게 상호작용하는지를 통해 이 가정을 시험해 보자. 다음 번에 발언할 사람을 결정하는 것은 정말로 그 회의의 리더인가, 아니면 구성원들이 아무 말 없이 고개를 돌려서 다음 사람을 선택하고 있는가? 사람들이 공식 통로를 통해 정보를 얻는가, 아니면 자신만의 비공식 통로를 통해 정보를 얻는가?

나는 조직에 대해 씨앗 모델을 기초로 나름대로 선호하는 몇 가지 가정이 있다. 이 가정 중 가장 중요한 것은, 모두가 자신을 조직에 기여하는 쓸모 있는 사람이라고 느끼고 싶어 한다는 것이다. 그러나 실제로 관찰해 보면 항상 그렇지는 않다. 구성원 중 상당수가 조직에 무관심하거나 심지어 해가 되는 경우까지 있다면 이 가정에는 분명히 잘못된 부분이 있는 것이다. 모든 사람이 조직에 기여하기를 바란다면 어째서 그렇게 많은 사람들이 항상 그렇게 자신의 조직을 불만족스러워하는 것일까?

내 친구인 스탠 그로스Stan Gross는 사람들이 조직에 기여하려 노력하지 않을 때 자신의 감정을 다루는 유용한 방법을 알고 있다. 그는 스스로에게 다음과 같이 말한다.

"그들은 모두 이 상황에서 할 수 있는 최선을 다하고 있다. 만약 내가 그들이 최선을 다하지 않고 있다고 생각한다면 내가 이 상황을 이해하지 못하고 있기 때문이다."

여기서 말하는 '상황'이란 보통 현재 조직과 조직이 달성해야 하는 일 사이에서 발생하는 비일치이다.

하지만 무엇이 잘못된 것일까? 여러분이 그 상황과 관련이 있는 상태라면 이유를 확실히 알기 어려운 경우가 많다. 만약 내가 그런 상황에 처했다면 문제 해결형 리더십의 세 가지 주요 기능 중 무언가가 잘못되었다고 가정하고, 그것을 찾아보려고 할 것이다.

- 문제를 이해하기

· 아이디어의 흐름을 관리하기
· 품질을 유지하기

개인과 마찬가지로 조직도 현재 문제에 적합하지 않은 형태라면 역기능 조직이 될 수 있다. 나는 역기능 조직을 이해하기 위해서 조직이란 문제를 해결하기 위해 존재한다고 가정한다. 비록 당장 해결해야 할 문제가 없다고 하더라도 말이다.

현재 문제가 그 조직이 이전에 해결했던 문제와 비슷한 경우가 많기 때문에, 과거를 조사해 보면 무슨 문제를 해결할 목적으로 그렇게 구성되어 있는지 알아낼 수 있다. 예를 들어, 훌륭한 의견 일치를 통한 결정이 필요해 보이는 조직이 현재는 독재자 리더를 중심으로 조직되어 있다면, 과거에는 조직이 훌륭한 결정보다는 빠른 결정을 선호하는 환경에서 문제를 해결해 왔기 때문이다. 누군가 조직 구조가 자신들의 과거와 관련이 있다는 것을 깨달으면 적어도 현재 문제를 해결하기 위해 다른 형태의 조직이 필요하다는 것을 알 수 있게 된다.

잘못된 연결 찾기

새로 생긴 조직의 과거를 조사하는 것은 불가능하다. 다음에서 비유적으로 보여 주는 사례처럼 단순한 실수의 결과로 새 조직이 생길 수도 있다.

네브래스카 주에서 열 번의 추운 겨울을 지낸 후, 대니와 나는 마침내 전기담요를 샀다. 우리가 그렇게 오랫동안 추위를 참았던 이유 중 하나는 내가 잠잘 때 편안하게 생각하는 온도와 대니가 편안하게 생각하는 온도가 매우 달랐기 때문이다. 두 개의 온도 조절기가 달린 제품이 나오면서 대니는 우리가 따로 각자에게 맞는 온도를 설정할 수 있으리라 생각하고 전기담요를 구매했다. 하지만 나는 여전히 이 신제품이 제대로 동작할지 의심이 들었다.

아니나 다를까 우리가 처음으로 담요를 사용한 날, 대니는 밤새 추위에 떨었고 반면에 나는 완전히 통구이가 될 뻔했다. 나는 밤새 조절기에 손을 댔는데, 동이 텄을 때 대니도 밤새 조절기를 만지작거렸다는 사실을 알게 되었다. 우리는 화가 나서 이 빌어먹을 담요를 가지고 시어스sears로 가서 고장이 나지 않은 새 제품으로 교환해 달라고 요구했다. 판매원은 놀라운 자제력으로 우리에게 담요에 대해 설명해 주었다. 다른 사람들처럼 우리도 조절기를 서로 바꿔서 연결해 놓았던 것이다.

대니와 제리가 조절기를 서로 바꿔서 연결한 전기담요를 깔고 자는 동안 무슨 일이 일어난 것일까? 담요에 붙어 있는 온도 조절기는 1에서 10까지 온도를 설정할 수 있었다. 처음에는 둘 다 5에 맞춰 놓고 잠자리에 들었다. 한밤중에 대니는 조금 춥다는 느낌이 들어서 자기 쪽에 있는 조절기를 5에서 6으로 올렸다. 불행하게도 대니의 조절기는 반대편으로 연결되어 있었기 때문에, 나는 조금 덥다는 느낌이 들었다. 결국 내가 나의 조절기를 4로 내렸지만, 그 탓에 대니 쪽이 더 추워졌다. 그러자 대니는 조절기를 7로 올렸다. 나는 더 더워져서 내 조절기를 3으로 내렸다. 대니는 더 추워졌고, 자신의 조절기를 8로 올렸다. 참다 못해서 대니는 온도를 10으로 올렸고, 나는 조절기를 아예 꺼 버렸다. 우리는 각자 최대치까지 조정해 버린 것이었다.

전체적으로 상황을 이렇게 설명할 수 있다. 대니와 제리는 둘 다 더 편안하게 잠을 자고 싶었고, 우리는 전기담요를 구매해서 이 문제를 해결하는 것에 동의했다. 우리는 각자 자신의 능력을 총동원하여 새 담요를 조절하려고 했지만, 그 결과는 둘 모두에게 고통스러웠다. 이 이야기에는 동기가 부족한 기미는 전혀 없다. 오히려 담요의 온도 조절기가 잘못 연결되어 있는 상황에서, 편안함을 추구하는 강력한 공통의 동기가 불쾌함의 원인이 되었다.

문제 정의가 달랐기 때문인 것도 아니다. 대니와 제리는 모두 같은 것을 원했다. 잘못된 것은 조절기가 실제로 어떻게 연결되어 있는지에 대한 이해, 즉 조직에 대한 이해가 부족했던 것이다. 다시 말해서 우리는 연결을 잘못한 것이다. 판매원은 우리가 최선을 다하려 했다는 가정과 실패했다는 관찰을 통해 올바른 결론을 내릴 수 있었다.

차이의 인정

사람들이 무심코 잘못된 목적을 위해 노력하는 것은 전기담요를 잘못 연결했을 때만 일어나는 일이 아니며, 침실에서만 볼 수 있는 일도 아니다. 대부분의 문제는 사람들이 다르기 때문에 일어나는데, 조직 형태가 이 차이를 고려하지 않고 설계되었기 때문에 발생한다. 예를 들어, 융[2]의 이론에 기반한 마이어스-브릭스 유형 지표$^{MBTI, Myers\text{-}Briggs\ Type\ Indicator}$는 사람들이 네 가지 주요 영역에서 다른 선호를 가진다고 말한다.

- 사회적 태도
- 정보를 받아들이는 방식
- 판단을 내리는 기준
- 일상에서의 행동 양식

예를 들어, 정보를 받아들이는 차원에서 이 이론을 보면 어떤 사람

---

2 Carl Gustav Jung, 1875~1961. 스위스의 정신의학자로 분석심리학의 개척자이다.

(N형)은 직관으로 정보를 얻는 것을 선호하며, 그 반대인 사람(S형)은 구체적이고 사실에 근거한 데이터를 선호한다. S형인 사람이 조직한 회의에서 N형은 '데이터 과잉'을 지루해할 수 있다. S형이 N형의 반응을 이해 부족이라고 해석하면 그들은 자신들의 의견을 증명하려고 더 많은 데이터를 보여줄 것이다. N형은 더 지루해할 것이고, 전기담요의 악순환에 빠지는 것이다.

비슷한 악순환은 N형이 조직한 회의에서도 시작할 수도 있다. S형은 끊임없이 '그 결론을 뒷받침하는 사실을 더 보여 달라'고 주장할 것이고, 그러면 N형은 그것을 회의를 방해하려는 시도로 해석할 수도 있다. 이러한 악순환에서 빠져나갈 수 있는 유일한 방법은 서로의 존재를 인식하고, S형과 N형 모두 필요하다는 사실을 자연스럽게 인정하는 조직을 만드는 것이다. 예를 들어, 다음 번 회의는 시작 전에 S형이 미리 사실과 수치를 전달해 주는 형태로 조직할 수 있다.

MBTI는 조직 구성원들 사이에 일어나고 있는 일을 관찰하는 효과적 수단이며, 조직을 더 효과적으로 만들기 위한 조정의 기준이 된다. 조직가가 되고 싶은 사람은 『나의 모습, 나의 얼굴Please Understand Me』이나 MBTI를 주제로 한 다른 좋은 책들을 읽어 볼 것을 추천한다.[3]

스스로를 팀의 모델로 사용하기

조직에 대한 통찰을 얻는 또 한 가지 방법은 자신의 머릿속에 있다. 두뇌에 대한 현대 연구를 통해 우리의 두뇌는 하나의 기관이 아니라 각각 별도의 능력, 선호, 약점을 가진 상호 의존적 두뇌 집단에 더 가깝다고 여기게 되었다. 자신의 내면에서 일어나는 프로세스를 더 잘

---

[3] 국내에서는 한국MBTI연구소(http://mbti.co.kr/)와 (주)어세스타(http://www.assesta.com/)에서 MBTI와 관련된 다양한 교육 프로그램을 진행하고 있다.

인식하면 그 프로세스를 조직에서 일어나고 있는 일의 모델로 활용할 수 있다.

예를 들어, MBTI 모델에 따르면 사람마다 자신의 에너지를 충전하는 방식이 다르다. 내부에서 에너지를 얻는 사람(I형)이 있는가 하면, 외부에서 에너지를 얻는 사람(E형)도 있다. 그러나 자신의 두뇌에 집중한다면 이런 이론까지 거론할 필요도 없다. 혼자 있고 싶은 욕구와 다른 사람들과 함께 있고 싶은 욕구 사이에서 갈등을 느껴 본 일이 있는가? 만약 그렇다면 스스로 문제를 해결하고 싶어 하는 사람과, 길고 긴 회의를 통해 문제 해결이라는 드라마를 연장하고 싶어 하는 사람 사이의 갈등을 쉽게 이해할 수 있을 것이다.

성공에 따른 변화

주변에서 무슨 일이 일어나고 있는지 관찰하기 시작하면 훌륭한 조직가가 되는 방법을 배울 수 있는 길은 부족하지 않다. 자신에게 가장 적합한 방법을 어떻게 발견할 수 있을까? 한 가지 방법은 조직이 문제를 해결해 온 과거 아이디어에 따라서 조직에 두뇌 조직 모델을 적용하는 것이다. 두뇌를 업무에 맞게 재조직하려고 하는 대신, 자신의 두뇌가 무슨 일에 제일 적합하도록 조직되어 있는지 생각해 보자. 그런 다음 자신의 재능과 선호에 맞는 방법을 선택하는 것이다.

조직은 문제가 변화함에 따라 함께 변화해야 할 필요가 있고 당신도 마찬가지이다. 조직화에 대해서 배우면 변화를 만들어 낼 수 있는 커다란 힘을 얻을 수 있지만, 변화는 차이를 만들어 버린다. 어느 날 일어났을 때 무능력해 보이는 낡은 이미지를 바꿔야만 하는 자신을 발견하기도 한다.

이제 당신은 자신의 힘으로 창조한 새로운 환경에서 생존해야 하는 문제에 직면한다. 개인의 힘이 커지면서 사소한 행동 하나하나가 가져오는 결과도 함께 커진다. 당신이 제안을 했을 때, 사람들은 그 제안을 지시로 받아들일 수도 있다. 의심을 표현하면 사람들은 거부로 해석할 수도 있다. 당신이 미소 지으면 승인으로 받아들여지고, 눈살을 찌푸리면 분위기가 살벌해질 것이다.

새로운 힘에는 새로운 힘을 사용하기 위해 새로운 방법을 배워야 하는 책임이 따른다. 역설적으로 더 큰 힘을 가진다면 이런 새로운 방법들을 배우기 위해 해야 하는 일이 더 어려워진다. 사람들이 당신을 강력한 사람이라고 생각하면 영향을 주지 않고 관찰하기가 어려워진다. 당신이 하는 모든 일이 큰 영향을 주는 위협이 되기 때문에, 작은 실험들은 더 이상 안전하지 않다. 아무것도 하지 않고 있다고 생각할 때조차 사람들은 당신의 일거수일투족을 지켜본다. 그리고 당신의 반응을 시험할 것이다.

힘이 커지면 순환 구조가 형성된다. 관찰자가 피관찰자이자 실험자 또는 대상이 되는 것이다. 그런 일은 생각하고 싶지 않겠지만, 생각하지 않으면 마비 상태에 빠질 수도 있다. 20장에서는 이 주제에 대해 어떤 일을 할 수 있는지 알아볼 것이다.

19장 질문

1. 힘을 끌어모으기 위한 생각이나 행동에 얼마나 많은 시간을 소비하고 있는가? 그 시간이 아깝지 않을 정도로 배리 오쉬리가 꼴찌 상이라고 부른 것들을 즐기고 있는가?
2. 조직화 능력을 연습할 수 있는 모든 기회를 목록으로 만들어 보자. 그리고 잘 활용할 수 있었지만 그렇게 하지 못했던 기회도 목록으로 만들어 보자. 이 목록에서 한 가지를 골라 지금 당장 해볼 수 없는 이유가 있는지 생각해 보자. 스스로를 효과적으로 조직하여 그 이유를 극복할 수 있는가?
3. 조직화를 관찰하고 실험할 수 있었던 모든 기회를 목록으로 만들어 보자. 그리고 잘 활용할 수 있었지만 그렇게 하지 못했던 기회도 목록으로 만들어 보자. 이 목록에서 한 가지를 골라 지금 당장 해볼 수 없는 이유가 있는지 생각해 보자.
4. 최선을 다하고 있었지만, 사람들이 이것을 '조직에 기여하려고 하지 않는' 것으로 해석했던 때를 떠올려 보자. 어떤 느낌이었는가? 자신의 입장을 설명하려고 했는가? 무슨 일이 일어났는가?
5. 누군가가 조직에 기여하지 않고 있다고 생각했던 때 중 하나를 떠올려 보자. 그 사람이 그 상황에서 최선을 다하고 있다고 생각하고 그 상황을 설명해 보자. 그 사람이 해결하려고 하는 문제는 무엇인가? 다음에 같은 일이 일어나면 그 사람에게 직접 물어볼 수 없는 이유가 있는지 생각해 보자.
6. 직장에서 누군가와 건설적 논쟁을 마지막으로 해본 것은 언제인가? 무언가를 잘못 연결했을 가능성은 없는가? 그런 일이 다시 일어나지 않도록 하려면 어떻게 해야 할까? (뭐라고? 직장에서 누군

가와 건설적 논쟁을 해 본 적이 없다고? 그렇다면 당신은 위대한 리더이거나 아니면 죽은 상태일 것이다.)

7. 『나의 얼굴, 나의 모습$^{Please\ Understand\ Me}$』에 수록되어 있는 자가 진단 같은, MBTI 테스트를 시도해 보자. 가능하다면 함께 일하는 동료의 유형을 조사하여 선호의 차이가 업무를 조직화하는 데 어떤 문제를 일으키고 어떤 기회를 주는지 토론해 보자.[4]

8. 자기 자신과 논쟁을 해본 경험이 있는가? 다음에 이런 상황이 발생하면 논쟁의 내용을 적어 보자. 양쪽은 각각 누구를 대변하고 있는가? 다른 사람과 동일한 주제로 논쟁한 일이 있는가?

---

[4] MBTI는 사람의 성격에 대해 다루는 만큼 개인에게 도움이 될 수도 있지만 오해를 심어 줄 수도 있으므로, MBTI 테스트는 전문 자격을 가진 사람에게 받는 것이 좋다. 경험에 의하면, 테스트를 통해 얻은 본인의 MBTI 프로파일은 자신의 성격에 대한 결과라기보다 자신의 내면을 탐색하기 위한 출발점이다. 따라서 결과에 주목하는 것보다 전문가의 해석과 상담이 매우 중요하다고 볼 수 있다. 주변의 MBTI 전문가와 상담하거나 각 지역에 있는 전문 상담실을 이용하면 MBTI 테스트를 받을 수 있다. 자세한 내용은 한국MBTI연구소(http://www.mbti.co.kr/)와 (주)어세스타의 온라인 심리검사 센터(http://www.career4u.net/)를 참고한다.

5부

변화

테크니컬 리더가 되려면 리더십에 대한 지식만으로는 충분하지 않다. 머리로 아무리 많이 알고 있다고 해도 자신을 변화시켜야 하는 현실로 인해 힘든 시험을 겪을 것이다. 변화에서 살아남으려면 당연히 동기부여, 조직화, 혁신이 필요하다.

이 책의 마지막 부분인 5부에서는 자신의 행동을 변화시키려고 할 때 다른 사람들이 여러분을 어떻게 테스트하는지, 앞으로 겪게 될 어려움을 예상해 보기 위해 자신을 어떻게 테스트할지, 변화 계획을 어떻게 수립해야 하는지, 그 계획을 실천할 시간은 어떻게 마련할지, 계획이 원활하게 진행되지 못할 때 어떻게 다른 사람의 도움을 얻을 수 있는지 살펴볼 것이다.

20장
리더를 어떻게 평가하는가

걱정과 염려의 새들이 머리 위로 날아다닌다고 해도 어쩔 수는 없다. 그러나 그 녀석들이 머리 위에 둥지를 틀지 못하게 할 수는 있다.

— 중국 속담

변화는 항상 어렵다. 게임의 규칙이 완전히 바뀌었는데 새로운 규칙은 전달받지 못한 것과 같다. 예를 들어 우리는 학교에서 평가를 받으면서 오랜 시간을 보내면서, 규칙을 공부하고 나쁜 평가에 대처하는 법을 배운다. 그리고 학교를 떠난다. 나쁜 평가를 받는 것도 좋은 일은 아니지만, 좀 더 나은 평가를 받으려고 노력할 때 사회의 규칙은 학교와 완전히 다르다는 사실에 충격을 받는다.

이와 비슷하게 우리는 리더가 아닌 입장에서 오랜 시간 평가를 받으면서, 사람들이 리더를 평가할 때에는 유독 다른 규칙을 적용한다는 것을 알고 있다. 학창 시절 새 학기 첫날이 얼마나 두려웠는지 떠올려 보자. 거기에 100을 곱해 보면 잠재적 리더로 지목되기 시작하면서 만나게 될 문제에 대해 약간은 감이 올 것이다.

교수님의 새 학기 첫날

리더로 평가 받는 것이 왜 그렇게 어려울까? 우선 새로운 리더가 맡게 되는 역할은 학생보다는 교수와 더 비슷하다. 학생은 각자 자기 문제만 책임지면 되지만, 교수는 많은 학생을 책임져야 한다. 선수와 코치의 관계와도 비슷하다. 학생들이 새 학기 첫날을 두려워한다고 생각한다면, 교수와 한 집에서 살아 보시라.

아내 대니가 인류학 교수였을 때 이야기이다. 매 학기 담쟁이덩굴로 덮인 학교로 돌아갈 때마다 같은 일이 반복된다. 강의실을 잘못 찾아온 학생, 수강 취소 카드를 가져온 학생, 추가 수강 신청 카드를 가져온 학생, 교재를 잘못 구입하고 거기에 이미 이름을 써 버린 학생, 선수 과목을 수강하지 않았지만 특별히 허락을 맡아 수강하려는 학생, 그리고 강의실은 너무 작아서 앉을 자리도 부족하고, 너무 더워서 찜통 같은 상태다.

나는 대니가 개강하는 날이면 항상 여행을 떠나 있으려고 했다. 그러나 한번은 컨설팅 업무를 마치고 그 정신 없는 날에 집으로 돌아오는 실수를 저질렀다. 온갖 문제로 머리가 복잡한 상태였던 대니는 나를 마중하러 공항까지 나와야 했다. 나는 대니의 기분이 좋으리라고 기대하지 않았고, 특히 그날은 나도 일이 잘 풀리지 않은 상태였다. 새로 프로젝트 리더에 임명되면서 한껏 풀이 죽어 있는 사람들과 반나절을 보냈던 것이다.

비행기가 탑승구에 다가가는 동안 대니에게 위로가 될 수 있는 기발한 말을 생각하려고 애썼지만, 나 역시도 지쳐 있는 상태에서 아무 생각도 나지 않았다. 서로 반갑게 포옹하면서 이렇게 말할 수밖에 없었다. "학교에서 어땠어?" 아무 효과도 없는 무의미한 말이었다. 집에 도착할 때까지 우리는 서로 아무 말도 하지 않았다.

결정적 질문

집에 도착한 지 약 30분 후, 소파에 털썩 쓰러져 앉은 대니는 와인을 홀짝홀짝 마시면서 깊은 한숨을 쉬며 이렇게 말했다. "있잖아, 학생들이 결정적 질문만 하지 않는다면 새 학기 첫날에 일어나는 다른 일들은 모두 참을 수 있을 것 같아."

"무슨 질문인데?" 내가 물었다. 대니가 다시 대화를 할 수 있는 기운을 되찾은 것 같아 기뻤다.

"당신도 잘 알잖아. 과목이나 학년하고 상관없이 항상 '와인버그 교수님, 학점은 어떻게 주시나요?'라고 묻는 학생이 있어."

"그 질문이 왜 그렇게 싫은데?"

"그 학생들은 학점밖에 생각하지 않는 것 같잖아. 왜 배우게 될 내용에 대해서는 관심이 없는 거지?"

"음, 난 잘 모르겠는데. 학생들이 학점에 대해 관심을 갖는 것은 당연한 거지. 학생들이 학점에 신경 쓰지 않길 바란다면 평가는 왜 하겠어?"

"물론 당연하다고 생각해. 단지 그런 질문이 끊이지 않는 것이 문제라는 거지. 학생들한테 어떻게 학점을 줄지 얘기해 주면 더 자세히 알고 싶어 하거든. 기말 시험, 논문, 과제, 출석으로 학점을 매긴다고 얘기해 주면 각각 비율이 어떻게 되는지도 궁금해 하는 거야."

"그러면 뭐라고 말해 주는데?"

"모른다고 말해. 이건 30%, 저건 20% 이렇게 정확하게 말할 수는 없어. 게다가 나는 더하기에 자신이 없어서 아마 다 더해도 100이 안 될지도 몰라."

"어쩌면 그건 당신 문제일지도 몰라."

"뭐가 내 문제일지도 모르는데?"

"더하기로 점수를 주려고 하는 것 말이야."

"음, 그 방법 말고 또 어떤 방법이 있는데?"

"글쎄, 나도 오늘 컨설팅을 하면서 같은 의문이 들었거든. 프로젝트 리더가 성과를 평가하는 방법을 알고 싶어 했기 때문에, 더하기 대신에 곱하기를 사용하는 것이 좋겠다고 제안했어."

"무슨 말인지 잘 모르겠어"라고 대니가 말했다. "학생들은 벌써 평가가 학교 밖 현실과 다르다고 불평하고 있단 말이야."

"그게 바로 내가 하고 싶은 말이야. 현실에서는 더하기가 아니라 곱하기를 통해 업무를 평가하고 있어. 당신이 네 가지 업무에서 각각 80%의 성과를 냈다면 전체 성과는 80%가 아니야." 계산기를 꺼내서 $0.8 \times 0.8 \times 0.8 \times 0.8$을 계산했더니 0.4096이 나왔다.

"전체 성과는 40% 정도 되겠네."

곱하기로 리더를 평가하는 방법

대니가 이론은 별로 중요하게 생각하지 않는 사람이고, 내 이론은 특히 중요하게 여기지 않는다는 사실을 알고 있었기 때문에 다음 질문을 예상하고 있었다. "사회에서는 정말로 그렇게 평가하고 있는 거야?"

"공식 평가 시스템이 그렇게 되어 있는지는 잘 모르지만, 리더 위치에 있는 사람들을 비공식적으로 평가할 때는 그렇게 해."라고 나는 대답했다. "특히 테크니컬 리더들에게 그렇지. 미니맥시 소프트웨어에 있는 왈도 기억해? 그 사람은 내가 지금까지 만나본 사람 중에서 최고의 기술력을 가진 사람이었어. 자신이 사용하는 컴퓨터와 그 회사에서 사용하는 언어나 OS에 대해서 모르는 게 없는 사람이지."

"그렇지만 성격이 별로였어."라고 대니는 말했다.

"맞아! 기술 지식은 100점이지만, 가끔 광분해서 기술로 얻은 신뢰를 몽땅 날려 버렸지. 욱하는 성격 때문에 기술만으로는 함께 일하는 사람들의 신뢰를 얻을 수가 없었고. 왈도는 기술 점수 100점에 감정 점수 50점을 곱해서 평가할 수 있을 거야. 그렇다면 평균으로 계산한 75점이 아니라 50점이 되었을 테고, 그건 완전히 낙제점이지."

"재미있는데?"라고 대니가 말했다. "거꾸로도 가능한 거지?"

"거꾸로?"

"왈도와 같은 팀에 있던 필리스가 생각났어. 정말 멋진 사람이지만, 기술력이 좀 부족해 보였거든. 아마 감정 점수는 90점이고, 기술 점수는 50점이나 60점 정도일 거야."

"음." 내가 말했다. "기술 점수를 60점으로 하면 전체 점수는 54점이 되고, 왈도와 이유는 다르지만 역시 낙제점이야. 필리스는 분명히 좋은 팀원이지만, 업무 지식이 부족해서 리더로 존경 받을 수 없어."

"그 사람들은 조금 억울하겠네."라고 대니가 말했다.

"억울하다고 생각할 수도 있지만, 그게 바로 사람들이 잠재적 리더로 나선 다른 사람에게 반응하는 방식이야. 인생은 공평하지 않아. 더 많은 돈이나 권위, 영향력을 원한다면 특히 더 그렇지. 리더의 행동에서 단점을 찾으려고 하는 것이 위대한 미국인들의 취미인걸. 그리고 문제 해결형 리더는 내용과 프로세스를 모두 잘 다룰 수 있어야 하기 때문에 비판할 수 있는 영역이 두 배로 넓어."

발전 전략

"당신 말이 맞을지도 몰라."라고 대니는 말했다. "그리고 그것으로 새 학기 첫날에 생기는 또 다른 문제를 설명할 수도 있을 것 같아."

"그게 뭔데?"

"교수도 일종의 문제 해결형 리더야. 수업도 잘 이끌어야 하겠지만 권위가 있으려면 내용에도 충실해야 하지. 내가 어느 한쪽이라도 실패한다면 학생들은 두 점수를 곱해서 나를 평가하겠지. 그러니까 나도 학생들에게 이 방식을 적용해도 될 것 같아."

"일리 있는 이야기네."

"내가 궁금해했던 점도 설명할 수 있어. 두 점수를 더하지 않고 곱한다면 강의를 더 잘하기 위한 전략을 다르게 세울 수도 있어."

"그게 무슨 뜻이지?"

"음, 내 수업 내용 점수가 80점이고 학생들을 다루는 능력 점수가 40점이라고 가정해 보자고. 더하기로 계산하면 둘 중 어떤 점수를 10점 올리더라도 마찬가지겠지. 그렇다면 아마 나는 수업 내용 점수를 올리려고 할 것 같아. 그게 더 쉽기도 하고 지금보다 더 잘할 수 있는 방법을 이미 알고 있거든. 하지만 두 점수를 곱하는 방식으로 계산해 보면, 낮은 점수를 10점 올리면 높은 점수를 10점 올릴 때보다 전체 점수가 더 높아져."

"맞아."라고 나는 말했다. "그렇게 하면 32점이 아니라 40점이 되지. 그 예가 오늘 생각났더라면 좋았을 텐데. 새로 임명된 프로젝트 리더들에게 기술력을 높이려고 너무 애쓰지 말라고 설득하는 데 도움이 되었을 거야. 대부분은 기술 분야에서는 상당히 능력 있는 사람들이지만 대인관계 기술은 아직 갈 길이 멀거든."

가르치는 일이나 이끄는 일을 배울 수 있는가?

대니는 깊이 생각에 잠겨 있는 듯 보였다. 그러다가 잠시 후에 이렇게 말했다. "선생님이 된 지 얼마 안 된 사람들도 마찬가지인 것 같아. 대개 과목에 대한 지식보다 학생을 다루는 능력이 더 모자라거든. 그렇지만 보통 가르치는 방법보다 과목 내용에 더 공을 들이잖아. 사실 그 사람들은 가르치는 능력을 키우려고 노력을 기울이는 것이 잘못이라고 생각하는 것 같아."

"왜 그렇게 생각할까?"

"가르치는 능력은 학습을 통해 배우는 것이 아니라 타고나는 능력이라고 생각하는 것 같아. 어떤 신비로운 방법으로 모든 아기가 태어날 때부터 가르치는 방법을 알아야 하는 거야. 이유는 모르겠지만, 가르치는 방법을 배워야 하는 상황을 만나면 자신에게 무언가 문제가 있다고 생각하는 거지."

"맞아, 오늘 만난 사람들은 내게 리더십에 대해 같은 이야기를 하더라고." 그리고 한마디 덧붙였다. "모든 사람이 회의를 진행하거나 업무를 위임하는 방법을 그냥 자연스럽게 알고 있어야 한다고 생각하는 것처럼 보였어."

"학점을 주거나 성과를 평가하는 것도 마찬가지고."

"그렇지. 하지만 그런 것들은 타고나는 능력이 아니야. 배워서 익힐 수 있는 능력이지. 타고나는 능력이라고 생각하니까 그런 능력이 없으면 자기에게 문제가 있다고 생각하는 거야."

대니는 또다시 생각에 잠겼다. "자존감이 낮으면 학습이 상당히 어려울 거야. 실패를 두려워하면 융통성이 없게 되기 쉬울 것 같아. 강의 첫날에 학점에 대한 논의를 두려워하는 것처럼."

새 학기 첫날 평가

"이 대화 때문에 마음이 심난해졌겠네."라고 말하면서 나는 웃었다. "하지만 당신은 아직 새 학기 첫날을 머릿속에서 다 지워 버리지 못한 것 같아."

"와인을 좀 더 마셔야겠어. 힘든 학기가 될 것 같아."

"당신은 매 학기마다 똑같은 이야기를 하고 있어."라고 말하면서 나는 와인을 한 잔 더 따랐다. "하지만 여태까지 생각만큼 나쁘지 않았잖아. 학생들은 대부분 강의 첫날에 교수에게 가장 비판적이지."

"당신 말이 맞았으면 좋겠어."

"프로젝트 리더들도 마찬가지야. 그들이 리더가 되면 곧바로 나머지 팀원들은 대부분 '이 자식이 도대체 나보다 어디가 더 잘난 거지?'라고 생각하거든."

"정말 새 학기 첫날 학생들하고 똑같네. 우리가 임시 교사에게 했던 것처럼 학생들은 나를 정말로 힘들게 해. 아주 사소한 약점도 잡아내려고 하거든."

"약점을 찾아내서 그걸 지렛대로 사용할 수 있어. 사실은 곱하기가 너무 쉬운 평가 방법일지도 몰라."

"쉽다고?"

"그래, 여러 점수 중에서 가장 낮은 점수만 생각하는 편이 어쩌면 더 정확할지도 몰라."

"학생들은 교수의 최대 약점만 보고 평가한다는 뜻이야?"

"분명히 처음에는 그렇지만, 나중에는 장점을 기꺼이 인정할 수도 있어. 아까 말한 프로젝트 리더들이 팀원들로부터 압박을 받는 이유도 마찬가지야."

대니는 한숨을 쉬었다. "첫날에 새로 해야 할 일이 많으면 장점을 강조해서 좋은 인상을 주려고 노력했었어. 그런데 학생들은 내 약점을 찾고 있었구나. 완전히 지쳐 버린 게 당연하네."

가능한 해결책

대니는 와인 잔을 비우고 깊은 생각에 잠겼다. 내가 잔을 다시 채워 주자, 대니는 이렇게 물었다. "그러면 당신은 내 평가 방법에 문제가 있다고 생각하는 거야?"

"아니야, 전혀 그런 뜻이 아니야. 문제가 있다는 뜻이 아니라 제일 약한 부분이라는 말이었어. 그래서 학생들이 당신에게 꼬치꼬치 캐묻는 거지."

"문제가 없다면 그게 왜 제일 약한 부분인 거야?"

"당신이 거기를 자신의 제일 약한 부분이라고 느끼기 때문이야. 그 부분에서 자신감이 부족하기 때문에, 학생들이 새 학기 첫날에 그 주제를 이야기하면 화가 나는 거지. 학생들이 강의 일정이나 교재에 대해서 질문했을 때는 화가 나지 않잖아. 평가 방법이 문제가 아니라 그 방법에 대한 당신의 감정이 문제야."

대니는 웃었다. "말은 쉽지만, 강의실에 들어섰을 때 감정을 제어하는 것이 그렇게 쉬운 일이 아니거든."

"나도 알아! 하지만 내 경우에도 그 부분이 약점이기 때문에, 수업을 진행하면서 약점을 드러내기보다 눈에 띄지 않게 하는 방식을 익혀 온 거야."

"그래, 그렇게 할 수도 있겠어! 평가 방식에 대해 전혀 이야기할 필요가 없어."

"맞아. 그 대신에 평가 방식을 설명하는 유인물을 나눠줄 수도 있지."

"아니야, 당신은 학생들의 사고방식을 몰라. 그렇지만 어쨌든 내가 지치고 힘들 때나 학생들이 불안해 하고 혼란스러워 할 때, 나와 학생들이 서로를 잘 모를 때에는 굳이 평가 방식을 이야기할 필요는 없겠네."

"물론이야. 당신은 자기 주장법을 교육받은 다음부터, 누군가가 질문을 했더라도 그 질문에 대한 답변을 꼭 할 필요는 없는 거라고 내게 항상 이야기하잖아."

"그렇지만 내가 평가 방식에 대한 논의를 미루면 학생들이 더 불안해 하지 않을까?"

"반드시 그렇다고 할 수는 없어. 학생들에게 둘째 주에는 학점에 대해 확실히 이야기해 준다고 말하면 어떨까? 그 대신에, 첫 주에 하는 행동은 학점에 아무런 영향도 주지 않는다고 약속하는 거야."

"그러면 일주일 동안은 학생들이 불안해 하지 않고 수업을 할 수 있지."

"그리고 그 사이에 당신이 평가 방식에 대해서 학생들을 속이려고 하는 그런 사람이 아니라는 점을 이해시킬 수도 있고."

대니는 미소를 짓기 시작했다. "좋아! 적어도 새 학기 첫날에 해야 할 일이 하나 줄어들 수 있고, 그렇다고 손해가 될 것 같지도 않네."

"일만 줄어드는 것이 아니라 당신과 학생들 모두의 불안감이 줄어드는 거야. 평가를 편안하게 생각하는 사람은 거의 없어. 평가를 하는 일도 그렇고, 평가를 받는 일도 그렇고."

"나만 그렇다고 생각했어."

"당신만 그런 것은 아니야. 새로 임명된 프로젝트 리더들도 평가 이외의 부분에 대해서 잘 이야기하지 못하거든. 이 이야기를 그 사람들에게 들려주고 싶어. 나는 항상 이런 생각이 몇 시간 지난 다음에 떠오른단 말이야."

대니가 빙그레 웃음을 지었다. "사실, 당신이 그걸 생각해 낸 건 아니야. 내 생각이었지만 다음 번에 그 주제가 나오면 이 이야기를 마음대로 써먹어도 좋아."

"그 주제로 글을 써도 될까?"

"당연하지. 다만 독자들에게 그 훌륭한 아이디어가 어디에서 나온 것인지 알려 주기만 한다면."

"아니, 내가 당신 아이디어를 훔치지 않는다는 것을 알고 있잖아."

"꼭 필요하지 않은 경우에만 그렇지. 좋아. 사람들에게 평가에 대한 불안감은 불안감을 더할 뿐이라는 얘기를 꼭 해줘."

"그래. 그러니까 새로 임명된 프로젝트 리더가 처음으로 해야 할 일은 편안한 환경을 만드는 거야. 그렇게 해야 새로운 일에 익숙해질 수 있고, 특히 서로 신뢰를 쌓을 수 있는 기회를 만드는 것이 중요하지."

"신뢰가 쌓이지 않으면 무슨 이야기를 해줄 수 있을까?"

그 순간 나는 당황했다. "아마 그 경우에는 사람들이 리더의 평가 방식을 어떻게든 거부할 테니까, 먼저 신뢰를 쌓기 위해 노력하라고 이야기할 것 같아. 자존감이 높으면 사람들의 신뢰를 얻지 못할 수도 있다는 생각을 받아들일 수 있으니까."

"다시 말해서 스스로에 대한 평가를 통과할 수 있다면 평가 방식은 그리 중요하지 않다는 말이지?"

"바로 그거야. 그리고 스스로를 평가하는 방식은 새로운 강의를 시작하거나 새로운 직장에 출근할 때에도 바뀌지 않아. 어딜 가든 당신을 따라서 함께 가고 자신만이 바꿀 수 있지."

20장 질문

1. 가장 최근에 새로운 상사나 위원회 의장 같은 새로운 리더가 임명되어 왔을 때 자신의 반응을 떠올려 보자. 이 리더를 어떻게 평가했는가? 그 리더는 당신을 어떻게 평가했는가? 그 두 가지 평가 방식 사이에 어떤 관계가 있는가?
2. 가장 최근에 새로운 리더가 임명되어 왔을 때를 떠올려 보자. 처음에 그 인물의 어떤 점을 주목했는가? 이 새로운 리더를 신뢰하게 될 때까지 시간이 얼마나 걸렸는가? 어떤 행동이 신뢰를 높였는가? 어떤 행동이 신뢰를 낮췄는가? 새로운 리더에게 적응하기 위해 적극적으로 노력했는가, 아니면 적극적으로 저항했는가? 그 이유는 무엇인가?
3. 잠재적 리더십을 측정할 수 있는 테스트를 받아 본 일이 있는가? 그 결과는 어떠했는가? 그 결과를 리더십 확대를 위해 사용했는가, 아니면 제한을 위해 사용했는가? 리더십을 확대하려면 그 결과를 어떻게 이용할 수 있을까?
4. 리더십에 대한 테스트를 받는다면 거기에 무슨 질문이 있었으면 좋겠는가? 그 질문에 어떻게 대답할 것인가? (여러 가지 질문을 생각해 보자.)
5. 잠재적 리더로서 당신의 최대 약점은 무엇인가? 그 약점을 보완하기 위해 무슨 일을 하고 있는가? 그 약점을 테스트 받는 일을 피하기 위해 무슨 일을 하고 있는가?
6. 성과를 평가하는 것을 어떻게 생각하는가? 평가하는 것을 선호하는가, 아니면 평가 받는 것을 선호하는가? 또는 평가와 전혀 관련되지 않기를 바라는가? 이에 대해 어떻게 할 것인가?

7. 새로운 조직에 들어가는 경우 사용하는 전략은 무엇인가? 현재 당신의 조직에서 새로운 구성원을 환영하는 전략은 무엇인가?

21장
자신에 대한 리더십 테스트를 통과하려면

만약 주위 사람이 이성을 잃고 비난해도
끝까지 침착할 수 있다면
만약 모든 사람들이 의심해도
자신을 믿을 수 있고 그들의 의심마저 받아들일 수 있다면
만약 기다림에 지치지 않고 기다릴 수 있다면
거짓에 거짓으로 대하지 않고
미움 받아도 미움에 굴복하지 않고
그럼에도 너무 착하게 보이지도
너무 현명하게 말하는 척하지도 않을 수 있다면

— 러디어드 키플링[1], '만약(If)'

---

1 Rudyard Kipling, 1865~1936. 영국의 소설가이자 시인. 『정글북』으로 널리 알려져 있으며 1907년에 노벨 문학상을 수상했다.

키플링의 시에 나와 있는 테스트도 어려운 편이지만, 문제 해결형 리더로 성공하기 위해 통과해야 하는 테스트와 비교하면 쉬운 편이다. 나도 리더십에 필요한 자질을 한 편의 시로 써보고 싶지만, 나는 키플링 같은 시인이 아니다. 시가 아니라 과학적 데이터를 제시하고 싶은데, 실제 조직을 실험용 테스트 환경으로 삼는 것은 대부분 불가능하다.

현실 조직에서 실제 리더가 직접 실험하는 것이 불가능하다면 리더십 능력을 찾아낼 수 있는 다른 방법을 찾아야 한다. 워크숍은 실제 환경을 시뮬레이션할 수 있는 좋은 방법이지만, 항상 그 방법을 사용하지는 못한다. 그 외 시간을 효과적으로 사용하려면 생물학자나 인류학자들이 사용하는 방법을 배워야 한다. 자연스러운 작은 테스트로 사람들의 반응을 해석하는 것이다. 나는 특히 사람들이 문제를 해결하는 방법을 해석하는 것을 좋아한다.

최고경영자 테스트

몇 년 전, 일본의 휴일인 '경로의 날'에 소프트웨어 공학 국제 컨퍼런스 공식 만찬에 참석차 도쿄에 있었다. 나는 닛폰 전기 주식회사NEC의 회장인 고바야시 고지小林宏治의 옆자리에 앉아 있었다. 컴퓨터와 제어장치에 관한 수많은 베스트셀러의 저자이기도 한 고바야시는 똑똑하고, 초롱초롱하고, 재미있는 이야기를 많이 알고 있는 사람이었다. 75세인 그는 정말로 존경 받을 만한 인물이었다.

그의 이야기 중 하나는 50년 전으로 거슬러 올라간다. 어느 날 웨스턴 일렉트릭 사에서 보낸 '경고: 개봉 금지!'라고 적혀 있는 봉인된 장비 상자 하나가 NEC에 도착했다. 당시 젊고 호기심이 많은 엔지니어였던 고바야시는 조화로움과 권위에 대한 복종을 요구하는 당시 NEC의 문화를 거부하고, 상자를 열어 보고 싶다는 생각이 들었다. 그 안에는 단순한 회로가 들어 있었는데, 그 회로는 NEC가 일본에서 쉽게 제조할 수 있는 것이었고, 고바야시는 실제로 그 회로를 만들어 냈다.

오랜 세월이 지난 이 이야기를 해주면서, 고바야시는 그 상자가 결국 자신을 세계에서 가장 큰 첨단 기술 회사의 회장, 즉 진정한 문제 해결형 리더로 만들어 준 쉽지 않은 테스트였다는 사실을 분명히 알고 있었다. 최고의 위치에 있는 사람은 규칙을 만드는데, 새로운 규칙을 만든다는 것은 낡은 규칙을 깬다는 의미이다. 소심한 순응주의자는 최고의 자리에 오를 수 없겠지만, 맹목적으로 반대만 하는 사람도 마찬가지이다. 회장이 되려면 봉인된 상자를 열 수 있는 용기가 필요하고, 또한 그 회사에 50년을 머물러야 한다!

테스트를 이겨 내는 능력

나는 많은 다른 경영자들에게 한 것처럼, 고바야시에게 NEC 회장이 되는 데 필요한 자질을 배우려고 그를 테스트하고 있었다는 사실을 고백해야겠다. 나는 고바야시가 내 테스트를 기분 나빠 하지 않았다고 확신한다. 그러한 위치에 오를 수 있는 리더십 자질 중 하나는 테스트를 이겨 내는 능력이기 때문이다. 앞에서 지적한 것처럼 일단 눈에 띄는 지위에 도달하면 언제나 테스트를 받게 된다. 웨스턴 일렉트릭 사에게 테스트를 받지 않더라도, 그리고 저녁 식사를 함께 하는 사람에게 테스트를 받지 않더라도 분명히 부하 직원들에게서 테스트를 받게 된다. 그리고 자기 자신으로부터도 끊임없이 테스트를 받는다.

워크숍 리더로서 나는 비슷한 테스트를 자주 경험했다. 워크숍 첫날, 참가자 중 누군가가 반드시 나의 권위에 도전해 온다. 그 테스트를 통과하면 또 다른 테스트가 나를 기다리고 있다. 내가 테스트에 실패하면 그다음에는 10가지 테스트를 받게 되고, 워크숍 운영 전체를 통제하는 힘을 잃을 위험에 처하게 된다. 반면에 내가 테스트를 통과하면 그들은 테스트를 멈춘다. 단 공식적으로만 그렇다. 여전히 한쪽 눈으로는 재미있는 테스트를 하려고 기회를 엿본다.

자신이 리더라고 주장하는 사람들이 테스트를 받는 것은 당연한 일이다. 예를 들어, 아이들은 행동에 대한 부모의 규칙을 끊임없이 테스트한다. 리더가 되고자 하는 사람이 다른 사람을 평가하는 입장에 있다면 더욱 당연하다. 개인적으로 나는 테스트 받는 것을 정말 싫어하기 때문에, 가급적이면 내가 전면에 나서지 않도록 워크숍을 구성한다. 나는 사람들이 학습에 능력을 발휘할 수 있는 형태로 환경을 조직해서 리더 역할을 수행한다.

그 방법은 간단하다. 참가자들은 리더가 되어 이끌어 가는 방법을 배우고 싶어 하기 때문에, 그들이 워크숍을 이끌어 가도록 만든다. 이런 생각을 참가자들에게 이해시키기까지 그들은 내 말이 진심인지 며칠 동안 나를 테스트하지만, 그것은 그만한 가치가 있는 노력이다. 며칠이 지나고 내가 완전히 지쳤을 때쯤, 참가자들은 내게서 리더 역할을 넘겨받는다. 그때까지 나는 그냥 자리에 앉아서 그들이 이성을 잃고 나를 비난하도록 내버려 둔다.

침입자를 다루는 방법

적어도 이론상으로는 그렇다. 실제로는 나도 완벽한 환경을 만들 수는 없다. 때로는 참가자들이 처리할 수 없는 상황이 발생하기도 한다. 만약 처리를 맡겨 두면 참가자들이 완벽하게 잘해낼 수도 있겠지만, 걱정이 된 나머지 내가 뒤편에서 앞으로 나와서 그 상황에 개입하고 만다. 내가 앞으로 나오면서 또 다른 리더십 테스트는 실패하게 된다. 내가 개입하지 않았다면 분명히 그들은 더 많은 것을 배웠을 것이다.

최근 워크숍에서 일어난 일이다. 아무런 예고도 없이 문이 벌컥 열리면서 정장을 차려입은 작은 남자 한 명이 이를 꽉 깨문 채로 우리 방에 들어왔다. 그는 허리춤에 손을 올린 채, 마치 선생님이 없는 유치원에 있는 것처럼 우리를 노려보았다.

"여기에서 뭘 하고 있는 거죠?"라고 그는 따졌다. "누가 책임자인가요?" 이를 꽉 깨문 채로도 큰 소리를 낼 수 있다는 사실이 놀라워서 나는 대답하는 것마저 잊어 버렸다. 그는 다시 "누가 책임자인가요? 당신들이 우리 회의를 방해하고 있어요."라고 말하면서 옆방을 가리켰다. "좀 조용히 해 줬으면 좋겠네요."

사람들이 소음을 멈추도록 하는 가장 좋은 방법에는 여러 가지 이론이 있다. 정장을 입은 그 남자의 이론은 더 시끄럽게 해서 소음을 멈추게 하는 것임이 분명했다. 어떤 사람들은 무시해 버리면 소음이 멈춘다고 생각한다. 분명히 우리 참가자들은 두 번째 이론을 믿고 있는 것처럼 보였는데, 침입자가 우리에게 소리를 지르는 동안에도 사람들은 그냥 팅커토이 설계를 계속했기 때문이다. 하지만 내 의견으로는 이 두 가지 방법 모두 '문 밖으로 바로 내보내는' 방법만큼 효과적이지 못했다. 눈에 보이지 않으면 들리지 않게 될 테니까.

불행하게도 나는 내 이론을 행동으로 옮길 자신이 별로 없었다. 우선 안경 너머로 그의 눈을 뚫어지게 쳐다보면서 손으로 문을 가리켰지만, 그는 내 손가락은커녕 나를 아예 보지 못한 것 같았다.

그다음 나는 조용히 이야기했다. 말할 때 목소리가 약간 떨리긴 했지만, 최대한 예의를 갖춰서 이렇게 이야기했다. "저희는 지금 한창 실습 중입니다. 계속할 수 있도록 해 주시면 감사하겠습니다."

그러나 그는 방을 나가는 대신, 나를 노려보면서 이렇게 따졌다. "당신이 책임자인가요?"

21장 자신에 대한 리더십 테스트를 통과하려면 335

워크숍에서 내 리더십 유형을 생각해 보면 나는 항상 그 질문에 대답하기가 정말 어렵다. 내가 여기에는 책임자가 없다고 이야기한다고 해서 정장 차림의 그 남자가 믿을 것 같지 않았기 때문에, 그렇게 말하지는 않았다. 대신에 이렇게 대답했다. "이 방은 저희 방이고, 당신은 우리 소속이 아닙니다. 나가 주시면 고맙겠어요. 지금 당장!"

이 말도 별로 효과가 없었다. 나는 리더십 워크숍 참가자들 앞에서 리더십 능력을 테스트 받는다고 느끼기 시작했고, 상황은 그다지 좋지 않았다. 나는 행동으로 보여 주어야겠다고 생각했다. 나는 그에게 가까이 다가가서 문 밖으로 밀어내려는 듯한 몸짓을 했다. 그가 출구 근처에서 정신을 차리기 전까지는 이 행동이 효과가 있는 듯했다.

"밀지 마세요!"라고 그는 소리쳤다. 내가 정말로 그를 민 것은 아니었지만, 분명히 그는 그렇게 생각하고 있었다. 그다음 순간 그는 내 가슴에 손을 대고 있었다. 그렇지 않았다면 아마 내가 먼저 그의 가슴에 손을 댔을지도 모른다. 이때까지 나는 의식적으로 생각하고 행동하는 상태가 아니었다. 나는 리더십 테스트에는 실패했을지 모르지만, 그 상황이 보디빌딩이었다면 A+를 받을 수 있었을 것이다.(물론 내 키는 189센티미터이고, 그 사람은 174센티미터가 넘어 보이지 않았다.) 그는 순식간에 밖으로 밀려났고, 곧 우리 모두는 점점 멀어져 가는 위협과 저주의 목소리를 들을 수 있었다.

아놀드의 방식

워크숍에서 일어나는 모든 일은 토론 소재가 되며, 특히 두려움을 모르는 리더가 알 수 없는 침입자와 힘 겨루기를 시작하면 이것은 좋은 기회이다. 단 두 사람만이 내가 무언가 잘못했다는 것을 느낀 것처럼 보였는데, 그중 한 명은 키가 2미터가 넘고 체중은 136킬로그램이나 되는 아놀드였고, 다른 한 명은 키가 약 164센티미터 정도에 체중이 기껏해야 54킬로그램 밖에 안 돼 보이는 레이먼이라는 참가자였다.

  토론을 진행하는 동안 아놀드는 벽 너머에서 들려오는 소음에 대해 주의를 환기시켰다. "그 소리가 전혀 방해되는 것 같지 않아요."라고 그는 말했다. "하지만 그 소리를 통해 문제를 바라보는 다른 방식이 있다는 것을 알게 되었어요. 아까 그분은 우리가 문제라고 생각했지만, 아무도 그 정도로 시끄럽게 하지는 않았어요. 우리 관점에서는 그 사람의 호전적 성격이 문제라고 생각하지만, 실제로는 자신의 회의가 우리가 내는 소음 때문에 방해를 받는다는 그 사람 생각이 문제인 거죠."

  "요점이 뭐죠, 아놀드?" 나는 그 사건을 처리한 방법에 여전히 자신감이 없는 상태였다. "나는 이성적으로 대화하려고 했지만, 그 사람이 받아들이지 않았던 것뿐이에요."

  "이 벽을 보세요. 이 벽이 조금 더 두꺼웠다면 소음은 전혀 문제가 되지 않았겠죠. 그는 우리가 여기에 있다는 사실도 몰랐을 테고, 당신도 그를 내쫓을 필요가 없었을 거예요."

  그 벽은 회의 공간을 형편에 따라 변형하기 위해 호텔에서 설치한 이동식 칸막이였다. 그런 벽이 대부분 그렇듯이 자유롭게 움직일 수 있기 때문에 방음에 취약했다. 호텔이 자신들의 문제를 해결하기 위해 내린 결정으로 인해 우리에게는 문제가 발생했다. 방음이 잘되는 벽이 있었다면 우리에게 그런 강력한 리더는 필요 없었을 것이다.

  "예, 맞습니다 아놀드. 그렇지만 우리가 무슨 일을 할 수 있을까요. 우리 워크숍이 좀 시끄러우니까 벽을 더 두껍게 해 달라고 할 수는 없잖아요?"

  "물론 그렇게 할 수는 없겠지만, 벽에 문제가 있다는 것을 예측했다면 다른 호텔을 선택하는 것처럼 어떤 조치를 할 수 있었을지도 모르잖아요. 아니면 옆 방에 아무도 없는 시간으로 예약을 할 수도 있고요. 우리가 조금 시끄러울 수도 있다는 것을 미리 알려 줄 수도 있지요. 완전히 갑작스러운 소음만 아니라면 받아들이기 더 쉽거든요."

"그렇지만 아놀드, 당신이 왜 그렇게 합리적으로 생각하는지 이해가 잘 안 가네요. 당신은 내가 힘으로 그 사람을 밀어낸 방식에 찬성할 거라고 생각했는데요. 당신이라면 그 사람을 한 손으로도 밀어낼 수 있었을 테니까요."

"바로 그 점이 문제예요. 가끔 작은 녀석들이 나를 괴롭힐 때가 있어요. 그들은 내 덩치가 큰 것이 자신들의 남자다움을 과시하는 데 방해가 되기 때문에 나를 테스트하는 거죠. 그런 일이 일어났을 때, 처음 몇 번은 그들에게 상처를 주기도 했습니다. 정말 심하게요."

"그래요? 뭘 신경 쓰나요? 그 사람들의 자업자득인 것 같은데요."

"그럴지도 모르지만, 그 일을 생각하면 별로 기분이 좋지 않아요. 물론 나는 내가 힘이 세다는 사실에 자부심을 느끼고 있지만, 그래서 더 부끄럽습니다. 왜 나는 다른 사람들보다 더 덩치가 크다는 사실에 자부심을 느껴야 하는 거죠?"

나는 약간 부끄러운 느낌이 들어서 화제를 바꾸었다. "좋아요. 하지만 당신이 미리 그런 것들을 준비하지 않았고, 그 목소리 큰 친구가 워크숍에 나타났는데 당신이 내 입장이었다면 어떻게 했겠어요?"

"아, 나라면 당신보다 더 빠르고 폭력적으로 그 사람을 방에서 쫓아냈을 것 같아요! 그런 다음에 그 상황이 발생한 것에 대해 스스로를 부끄럽게 생각했겠지요."

"그러면 그것이 바로 사전에 예방하는 전략을 선호하는 이유군요?"

"맞아요. 나는 일대일 상황에 그다지 능숙하지 못하니까요."

레이먼의 방식

그 후 우리는 쥐 죽은 듯이 조용하고 긴장한 상태에서 문제 해결 과정을 진행하고 있었는데, 그때 옆방 사람들이 시끄러운 영화를 보기 시작했다. 나는 울컥해 자리를 박차고 일어섰지만, 레이먼이 내게 그냥 앉아 있으라는 손짓을 했다. 그는 옆방으로 갔고 잠시 후에 영화 소리가 굉장히 작아졌다. 토론을 진행하는 동안 나는 레이먼에게 어떻게 했는지 물어 보았다.

"사실은 아무것도 안 했어요. 그냥 그 사람들에게 소리를 조금 낮춰 달라고 부탁했을 뿐입니다."

"뭐라고 하는 사람이 아무도 없던가요?"

"예, 그 사람들은 자신들이 우리를 방해하고 있다고 생각하지 못했어요. 내 말을 듣자마자 기꺼이 소리를 낮추었습니다."

아놀드는 눈을 동그랗게 뜨고 레이먼에게 이렇게 말했다. "정말 대단한데요! 만약 내가 옆방에 갔더라면 아마 대판 싸웠을 겁니다. 나라면 절대로 거기에 가지 않았을 거예요."

"그것이 당신과 나의 차이점이죠. 나는 거친 환경에서 자랐어요. 보면 알겠지만 나는 싸워서 누군가를 이기기에는 너무 덩치가 작지요. 빠르게 달리지도 못해요. 그래서 수년간 사람들을 진정시키는 방법을 익혀 왔습니다."

리더에게는 두 가지 대처 방식이 있다. 하나는 동기부여에 중점을 두는 것이고 다른 하나는 조직화에 중점을 두는 것이다. 나는 동기부여에 기반한 개인적 접근 방식을 레이먼 방식이라고 부르고, 조직화에 기반한 계획적 접근 방식을 아놀드 방식이라고 부른다. 물론 여러 가지 변형된 방식이 존재하지만, 자신에게 맞지 않는 방식으로 상황을 처리하려는 잘못을 피하기 위해 무엇이 자신의 강점인지 아는 것은 좋은 일이다. 어떤 책도 침입자 테스트를 통과하는 방법을 알려 주지 않는다. 다만 이렇게 이야기할 뿐이다. "스스로에게 좋지 않은 감정을 느끼는 일 없이 자신에게 가장 잘 맞는 방법으로 대처하라."

올바른 방법은 무엇인가?

하지만 자신의 약점을 회피하는 것만으로는 충분하지 않다. 자신의 약점을 회피하려면 역설적으로 우선 그 약점을 강화할 필요가 있기 때문이다. 아놀드와 레이먼이 강의를 준비하고 있다고 가정해 보자. 아놀드는 일대일 상황을 회피하려고 호텔 측에 무언가 다른 계획을 제안할 것이다. 하지만 다른 사람들에게 자신의 계획을 받아들이도록 설득하려면 일대일 상황을 다룰 수 있어야 한다. 자신의 계획을 일대일로 이해시키는 일에 능숙하지 못하다면 아놀드는 강의에서 더 나쁜 일대일 상황을 만나게 될 것이다.

반면에 레이먼은 자발적으로 조직된 강의에서는 성공을 거둘 수 있다. 그러나 대부분의 강의는 자발적으로 조직되지 않기 때문에 레이먼은 신중하게 계획을 세워야만 한다. 그러지 않으면 다른 사람들에 의해서 고도로 조직된 상황에 처하게 되고, 레이먼의 개인적 접근 방식은 별로 효과를 발휘할 수 없을 것이다. 자발성을 발휘할 기회를 얻으려면 레이먼에게는 계획이 필요하다.

대체로 기술직 종사자들은 개인적 측면보다는 계획적 측면이 더 강한 경향이 있다. 누군가 자기 말을 들어주는 사람만 있다면, 일이 제대로 되기 위해 어떻게 해야 하는지 알고 있다고 불평하는 사람들이 많다. 그것이 바로 컴퓨터 프로그래머들이 기계를 행복하게 다루는 이유이다. 컴퓨터는 개인적 방식에 영향을 받지 않기 때문이다.

더 높은 지위의 관리자에게는 계획에 대한 능력 또한 매우 중요하기 때문에 중간 직위를 통과할 만한 개인의 힘이 있다면 컴퓨터 프로그래머들은 훌륭한 최고 책임자가 될 수 있다. 하지만 대부분의 프로그래머들은 그 전에 문 밖으로 밀려난다.

올바른 테스트와 잘못된 테스트

실제 테스트는 재미도 없고 위험하기까지 하다. 인사 부서에서는 사람들에게 꼬리표를 붙이고 분류하기 위해 테스트를 사용한다. 또한 관리자는 리더로서 자신의 실패에 대해 사람들을 비난하기 위해 테스트를 사용하기도 하고, 리더가 되고 싶긴 하지만 자신의 두려움을 표현하기 꺼려하는 사람들이 연막으로 사용하기도 한다. 내가 만약 다시 테스트를 받지 않을 수만 있다면 개인적으로는 대단히 행복하겠지만, 그렇다고 워크숍을 그만두고 싶은 생각은 없다.

　만약 테스트 받는 것을 정말로 참을 수 없다면 리더십의 역할 바깥쪽에 머물러야 한다. 그러나 리더가 되고자 한다면 테스트를 자신에게 유리하도록 만들 수 있다. 테스트는 발전의 기준이 되며, 스스로에게 무엇이 필요한지 알려준다. 개인의 스타일을 변화시킬 수도 있겠지만, 그러려면 오랜 기간 동안 쉽지 않은 연습이 필요하다. 연습을 할 수 있는 유일한 방법은 워크숍에서 내가 하는 것처럼 자신의 현재 약점이 드러날 수 있는 상황을 경험하는 것이다. 여러분이 관리자가 된다면 구성원들이 철저히 테스트해 줄 것이다. 물론, 테스트를 한다고 해서 그들에게 불이익을 주지 않는다면 말이다.

　아직 도달하지 못한 새로운 수준에 오르기 위해서 스스로를 테스트하려면 어떻게 하는 것이 좋을까? 테스트 받는 것을 좋아하지 않는다면 아마 함께 일하는 직원이나 동료를 어려운 테스트 상황에 몰아넣는 것을 피하려고 할 것이다. 같은 이유로, 여러분의 관리자가 여러분을 충분히 압박하지 않을 수도 있다. 그들은 자신의 성공을 위해 여러분의 성공을 원한다. 그 관리자는 여러분을 그럭저럭 재능을 발휘할 수 있는 상황에만 두려고 하고, 엄청난 일을 할 수도 있는 상황에 놓아두려고 하지 않을 수도 있다. 이런 점잖기만 한 관리자와 함께 일한다면 자신의 약점을 강화할 기회가 거의 없을 수도 있다.

자신의 약점이 테스트 받는 상황을 회피하는 전략으로 이러한 점잖은 태도, 즉 '고원'을 선택할 자유는 있다. 그 전략을 선택하면 서서히 발전할 수는 있겠지만, 아마도 다음 번에 마주치는 절벽을 오를 수는 없을 것이다.

자신이 다음 절벽을 오를 수 있는 준비를 제대로 하고 있는지 어떻게 알 수 있을까? 최근 중요한 테스트에서 몇 번이나 실패했는지 스스로에게 물어보자. 나는 워크숍을 할 때마다 최소한 다섯 번 실패하지 않으면 걱정하기 시작한다. 내가 그 정도로 실패하지 않는다면 스스로를 철저하게 테스트하고 있지 않다는 뜻이기 때문이다. 내가 무례한 방문자 또는 완벽하게 해결할 수 없는 다른 문제를 겪지 않았다고 가정해 보자. 그것이 내가 완전히 성장해서 성숙한 인격을 갖추고 있다는 의미일까? 그럴 수도 있다. 그러나 누군가가 나를 성장으로부터 보호하고 있다는 의미일 가능성이 더 크다. 그 누군가는 아마도 나 자신일 것이다.

나는 내 리더십 테스트에 통과할 수 있을까? 그렇지 않길 바란다.

21장 질문

1. 계획된 상황과 즉흥적 상황 중에서 어느 쪽이 더 편안한가? 최근에 자신의 강점이 드러날 수 있는 상황을 조성하기 위해 어떤 노력을 했는가?
2. 최근에 다루기 불편하다고 느꼈던 상황을 떠올려 보자. 그 시도에서 무엇을 배웠는가? 다음 번에는 그 상황에서 어떻게 할 것인가?
3. 옛 직장에서 손대면 안 될 것 같은 파일을 들여다보거나 장비를 조작한 일이 있는가? 그 사실이 자신에 대해 무엇을 말해 주는가?
4. 테스트 받을 예정이라는 사실을 훨씬 전부터 알고 있는 경우, 예를 들어 운전 면허 시험을 본다든가, 새로운 일자리를 얻으려고 면접을 보아야 하는 경우에 어떤 감정이 드는가? 그 반응은 테스트 받고 있다는 것을 갑작스럽게 알아차렸을 때의 반응과 어떻게 다른가? 각 상황에 도움이 되려면, 다른 상황에서 어떤 요소를 빌려올 수 있을까?
5. 현재 직장에서 일어나고 있는 갈등을 생각해 보자. 그 갈등을 해소할 수 있는 조직상 변화를 세 가지 정도 생각해 낼 수 있는가? 그 갈등을 해소할 수 있는 대인 관계의 변화 세 가지는 어떠한가? 둘 중 어느 것이 더 쉬운가? 어느 쪽이 더 편안한 느낌을 주는가?
6. 다른 사람들을 테스트하는 것을 어떻게 느끼는가? 그들은 당신이 자신을 테스트한다는 사실을 어떻게 느낄까? 그들이 어떻게 느끼는지 모른다면, 그 이유는 무엇인가?

22장

변화 계획

나는 학교를 다니는 것이 나의 교육에 방해가 되지 않도록 항상 조심해 왔다.

― 마크 트웨인(Mark Twain), 친구에게 보낸 편지 중에서

사람들은 혁신가가 되기 위해 필요한 것들을 어디에서 배울까? 또 일단 리더가 되고 나서 바빠지면 배운 것들을 어떻게 유지할까? 그것들은 학교에서 배울 수 있을까, 아니면 실전 경험을 통해서만 배울 수 있을까?

훌륭한 교육 과정의 도움을 받더라도 업무 내용을 이해하고 유지하기란 어려운 일이며, 지속 가능한 성장을 위해 노력하는 일은 더 말할 나위 없다. 더군다나 문제 해결형 리더가 되고자 한다면 반드시 프로세스에 대한 능력도 충분히 익혀야 한다. 그렇다면 문제 해결사인 동시에 리더가 되려면 어떻게 해야 할까? 현실적으로 달성할 수 없는 이상처럼 보이지만, 큰 학습을 일련의 작은 학습으로 잘게 나누어서 자신의 교육 전략이 효율적인지 관심을 기울이고, 학습에 대한 감정 반응을 스스로 깨닫게 된다면 가능한 일이다.

실험

무언가를 달성하는 것에 흥미가 있는가? 성공하지 못할까봐 걱정스러운가? 어떻게 시작해야 할지 모르는 상태인가? 여기에 좋은 출발 지점이 될 수 있고 지금 바로 해볼 수 있는 실험이 한 가지 있다.

    1단계: 이 책을 손으로 붙잡지 않아도 읽을 수 있도록 세워 놓는다.
    2단계: 양손 손가락을 엇갈려 깍지를 낀다.
    3단계: 어느 손의 엄지손가락이 위로 올라와 있는지 확인한다.
    4단계: 반대편 엄지손가락이 위로 올라오도록 거꾸로 깍지를 낀다.
           이때 어떤 느낌인지 주목한다.
    5단계: 그대로 깍지를 낀 채 이번 장 끝까지 읽는다.

변화에 대한 마음가짐

그렇게 하면 어떤 느낌이 드는가? 사람들은 대부분 습관적으로 깍지를 끼던 방식을 바꾸면 이상한 느낌이 든다. 우선 평소보다 더 손을 의식하게 된다. 무언가 새로운 것을 시작하면 자각이 높아지는데, 자극이 됨과 동시에 약간 불편함도 느낀다.

거의 대다수는 이전과 다른 방식으로 깍지 낀 손을 이번 장을 다 읽을 때까지 유지할 수 없다. 잠시 후에 손에 대한 자각이 희미해지면 자신도 모르게 이전 방식으로 깍지를 다시 끼게 된다. 나는 강의 중에 한 시간 동안 평소와 반대로 깍지를 낀 채 버틸 수 있는 사람에게 1달러를 주겠다고 한 적이 있었다. 전에는 그런 내기를 한 일이 없었기 때문에, 진짜로 120달러를 잃을지도 모른다고 걱정했다. 그러나 괜한 걱정이었다. 120명 중에서 오직 한 사람만이 1달러를 받아갈 수 있었던 것이다. 그때 1달러를 받아간 사람은 자신이 그때까지 번 돈 중에서 가장 어렵게 번 1달러라고 말했다.

무언가 새로운 일을 하는 것이 왜 그렇게 어려울까? 때로는 경제적 위험을 수반하기도 한다. 내게는 120달러가 그런 것이었다. 어떤 경우에는 낙하산이 펼쳐지지 않는 것과 같은 물리적 위험이 따르기도 한다. 그리고 팩맨PacMan으로 여덟 살 난 딸에게 질 때처럼 바보 같아 보일 수도 있다. 경제적 위험과 물리적 위험이 모두 없어도 어려움의 핵심은 여전히 남아 있다. 그러면 평소와 다르게 깍지를 끼는 것에는 어떤 위험이 따를까?

나의 이론으로 설명하자면 어려움은 전적으로 정신과 관련된 것이며, 시도하는 것이 어떤 것인지와는 완전히 별개의 문제다. 나는 새로운 행동 패턴에 저항하는 것이 우리 두뇌의 고유한 기능이라고 생각한다. 사회 전반적으로 새로운 것은 보통 위험한 것이라고 간주하며,

그렇기 때문에 새로운 것을 시도할 때마다 두뇌는 다음과 같은 방법으로 스스로를 보호하려고 한다.

1. 새롭게 시작하는 활동뿐 아니라, 주위에 있는 모든 것에 좀 더 깊은 주의를 기울이기 위해 특별히 경계심이 높은 상태로 만들고,
2. 경계를 멈출 때마다 이전의 안전한 패턴으로 쉽게 되돌아가려고 한다.

이렇게 특별히 경계심이 높은 상태가 활기찬 상태를 만들 수도 있고 정신력을 약하게 만들기도 한다. 나는 내게 주어진 모든 능력으로 세상을 느끼고 싶어 새로운 장소로 여행을 떠나곤 한다. 그 느낌을 좋아하지만, 때로는 주위의 새로움에 압도된 나머지 그냥 호텔 방 안에 머무르는 안전한 친숙함 속으로 숨기도 한다. 내가 업무에서 새로운 무언가를 이루려고 노력할 때마다 같은 상황이 벌어진다.

그러나 여행을 하면 할수록 약해지는 것이 아니라 낯선 것들을 더 쉽게 다룰 수 있게 된다. 마치 친숙하지 않은 것과 친숙해지는 느낌이다. 개인적 달성도 마찬가지다. 작은 달성을 많이 연습해서 내가 어떤 큰 것을 달성하려고 할 때 방해가 될 수도 있는 낯선 감정을 다루는 방법을 배우는 것이다. 때로는 연습이 마음속에서만 이루어져야 하는 경우도 있다.

개인적 달성 계획

빌 홀컴(Bill Holcombe)과 나는 사람들이 개인적 달성에 대한 자신의 반응을 겉으로 드러낼 수 있도록, 다음과 같은 실습을 설계했다.

1단계: 개인적 달성 목표를 세운다. 그 목표는 안전하고 새로운 것이며 스스로 해낼 수 있어야 한다. 그리고 도달한 성과 수준을 곧바로 알 수 있어야 한다.
2단계: 첫날에는 성과의 기준선을 정한다. 그다음 적어도 하루에 한 번 연습하고 매일 일기에 진행 상태를 기록한다.
3단계: 마지막 날에는 성과를 보여줄 수 있도록 준비하고 달성을 위해 노력하면서 무슨 일이 일어났는지 이야기한다.

다음 이야기들은 대표적인 것들이며, 이렇게 단순한 연습에 얼마나 위력이 있는지 보여 줄 것이다.

러셀: "나는 테니스 공 위에 작은 칵테일 스틱을 안정되게 세우는 연습을 했어요. 테니스 공의 표면이 매일 변한다는 사실을 알게 되었습니다. 아마 사람들이 방 안에서 공을 이리저리 마구 던지기 때문인 것 같아요. 이 연습을 하지 않았다면 백만 년이 흘러도 그 사실을 몰랐을 겁니다. 그 결과 나는 사람들 역시 매일 바뀌기 때문에, 매일 새로운 방법으로 대해야 한다는 사실을 깨달았습니다."

워너: "나는 같은 테니스 공 위에 자를 세우는 연습을 했습니다. 아마 너무 쉬웠는지, 아니면 러셀이 비슷한 연습을 했기 때문인지, 둘째 날에는 목표를 바꿔서 다른 연습을 하기로 결심했습니다. 덕분에 내가 첫 번째로 배우게 된 것은 목표가 목적을 달성하는 데 도움을 주지 못한다면 스스로 바꿀 수도 있다는 것이었습니다. 다시 정한 목표는 다른 사람들과 의사소통하면서 연습하고 싶은 것 세 가지를 매일 아침마다 작성하는 일이었습니다. 그리고 그것을 해냈지요! 그 일이 굉장히 쉬우면서도 동

시에 매우 어렵다는 사실에 놀랐습니다."

르네: "나는 고프라는 비디오게임을 연습했어요. 그런 비디오게임을 해 본 경험이 없었기 때문에, 내가 뭘 하고 있는지 전혀 이해하지 못했죠. 심지어 내가 잘하고 있는지 아닌지도 모르겠더군요. 결과적으로 어떤 명시적 목표를 설정하지 않았기 때문에 실험을 제대로 할 수 없었고 그래서 고프를 많이 배우지는 못했습니다. 목표를 설정하지 않았을 때 어떤 일이 일어나는지 알 수 있었습니다."

얼: "나는 세 가지 다른 물건으로 저글링을 연습했습니다. 그 세 가지 물건은 접착테이프와 마커펜, 그리고 주사위였습니다. 예전에는 저글링을 꽤 잘했었지만, 크기와 모양이 다른 세 가지 물건으로 저글링을 하는 것은 마치 세 명의 다른 사람들을 관리하는 것 같이 어려웠습니다. 그것이 바로 내가 직장에서 하는 일이었지만, 연습에서 실제 상황에 적용할 만한 것을 하나도 발견하지 못했습니다.

사흘 째 되던 날, 17초에서 시간을 더 늘릴 수가 없더군요. 와인버그는 저를 바라보더니 이렇게 질문했어요. '항상 같은 물건으로 저글링을 시작하시나요?' 미처 그런 생각을 해 본 적이 없었고, 실제로는 단 두 가지 순서로만 저글링을 하고 있었습니다. 5분 동안 시작 순서를 정해 두고 저글링을 하니까, 최고 기록이 28초로 뛰어 올랐습니다! 내게 이것은 세 명의 다른 사람들을 다룰 때, 어디에서 시작했는지 알고 있다면 훨씬 더 쉬운 일이 될 것이라는 것을 의미했습니다. 나는 그 사람들로부터 내 문제를 분리해서 생각해 보려 합니다."

타냐: "나는 팩맨을 연습했습니다. 평소에 팩맨을 즐겼기 때문에, 새로

운 환경에서 게임을 하면 더 능숙해질 수 있으리라 기대했습니다. 실제로도 평소와는 다른 느낌이었습니다. 내가 게임에 너무 몰입한다는 것을 알고 있었기 때문에 침착함을 유지하려고 애썼어요. 잠깐은 그럴 수 있었지만, 다시 과도하게 게임에 몰입하는 동일한 패턴에 빠져 버렸어요. 내게는 주기적으로 몰입에서 빠져나올 수 있도록 일깨워 주는 무언가가 필요합니다."

시이: "내 연습은 일정한 패턴으로 공을 받침대로 튕기는 것이었지만, 별로 재미가 없었어요. 첫날에는 연습을 하지 않았고, 그래도 내가 할 일이니까 내일은 다시 연습을 잘 해 보아야겠다고 생각했습니다. 별로 도움이 안 된다는 것을 알면서도 계속하는 것이 습관이었거든요. 하지만 나는 다시 연습을 하지 않았습니다. 그 사실이 놀라웠습니다. 나는 어리석은 일은 마무리하지 않더라도 아무 문제도 생기지 않는다는 사실을 알게 되었습니다."

폐기: "나는 시계 없이 가능한 한 정확하게 5분을 기록하는 방법을 연습해 보기로 했습니다. 연습을 할 때 쉽게 산만해지더군요. 이 연습을 통해 내가 습관적으로 두 가지 일을 동시에 한다는 사실을 알게 되었어요."

데릭: "와인버그가 똑같이 해보았다는 이야기를 듣고, 내게는 어떤 방식으로 마음의 상처가 되는지 알아보려고 토론의 마지막까지 하고 싶은 이야기를 보류해 보기로 했습니다. 그 일을 해보고 그다지 어렵지 않다는 것을 알게 되었습니다. 또한 내가 맨 마지막에 이야기했을 때 사람들은 더 귀 기울인다는 사실도 깨달았습니다."

실습이 차이를 만들 수 있는가?

달성 계획은 단순히 테니스 공 위에 칵테일 스틱을 세우는 연습이 아니며, 어떤 것을 이루는 방법을 배우는 실습이다. 자신의 변화 스타일을 알아내는 것은 달성할 계획을 수립하면서 시작할 수 있다.

첫 번째로 배우는 것은 무언가를 배우려고 하는 분위기에 저항하는 자신의 스타일이다. 만약 테니스 공 위에 칵테일 스틱을 세우는 일이 쓸모 있는 일일까 의심한다면 아마 변화에 대해 너무 잘 방어하고 있는 것이다. 쓸모 있는 달성 목표를 세우면 된다. 워너는 사람들과 새로운 상호작용을 연습했다.

여러분은 이렇게 말할 것이다. "그렇지만, 여기에 나온 사례들은 모두 사소한 것뿐이잖아요. 리더가 되는 실습이라면 현재 상황과 관계가 있어야 하고, 더 중요한 일이어야 합니다." 이 주장은 마치 비행기 엔진 하나가 고장 났을 때 한 시간이 지연되었다면, 엔진 네 개가 고장 났을 때 네 시간이 지연될 것이라고 생각하는 승객과 비슷하다.

비행기의 구조를 이해하고 있는 사람이라면 엔진 네 개가 고장 나면 추락한다고 예상할 수 있다. 그리고 변화의 본질을 이해하는 사람이라면, 평범하고 작은 변화가 진행되는 어느 시점에 크고 놀라운 일과 갑작스럽게 마주치게 될 것이라는 것을 예상할 수 있을 것이다. 자기 자신 그리고 변화에 대한 자신의 반응을 이해하고 있는 사람이라면 그런 상황에서 대담한 결정을 하는 용기를 낼 것이다.

계획의 요소

예를 들어, 정규 교육과정에 참여하기로 결심했다고 가정해 보자. 마크 트웨인도 그랬고 나도 학교 교육을 부정적으로 생각하는 면이 많지만, 정규 교육은 학습의 효율성 측면에서 실질적 가능성을 제공해

준다. 대학 강의는 유익한 시간이 될 수도 있지만, 성인 학습자로서 자신이 아직 학생의 역할을 견뎌 낼 수 있을지 알아야 한다. 자신에 대해 아는 것은 강의를 선택하는 데에도 도움이 된다. 어떤 대학 강의는 직장에 다니고 있는 성인을 대상으로 하기 때문이다.

대학은 대개 표준 교육과정이 있지만, 업무 경험과 학습 스타일에 따라 최종적으로 교육 과정의 순서를 선택하는 것은 자기 자신이다. 임명된 리더로서의 경험이 별로 없는 사람에게는 아무런 의미도 없는 이론으로 가득 차 있는 관리 교육 과정이 많다. 이론이 경험을 의미 있게 만든다고 생각하는 사람들도 있겠지만, 경험이 이론을 의미 있게 만드는 것이다. 자신이 어떤 유형인지 결정하고 그에 맞추어서 자신의 과정 순서를 선택하는 것이 좋다.

모든 사람에게 정규 교육과정이 필요한 것은 아니지만, 사람에 따라서는 동기부여를 해 주는 구조가 필요할 때가 있다. 때때로 구조화된 교육과정이라는 동기부여가 필요한 상사가 존재하기도 한다. 회사에서 근무시간에 책을 읽는 것을 허용하지 않는 회사에서 대학 강의를 수강하는 비용을 부담하는 경우도 있다. 자기 자신을 아는 것과 동시에 자신이 놓여 있는 환경도 알아야만 한다.

만약 자신의 학습 스타일과 환경을 알고 있다면 꼭 대학 교육과정이어야만 할 필요는 없다. 많은 회사가 사내 교육과정을 제공하며, 사내 강사나 외부 컨설턴트가 가르치는 교육과정을 마련하고 있는 회사들도 있다. 게다가 각종 영리 조직 및 비영리 조직이 진행하는 공개 세미나도 있다. 소속되어 있는 조직에 적당한 교육이 무엇인지 알아보고, 그것을 최대한 활용하는 것이 요령이다.

여러분은 수많은 학습 기회에 둘러싸여 있지만, 계획이 없다면 기회를 대부분 놓치게 될 것이다. 위 내용에 추가할 아이디어를 브레인스토밍 하는 것으로 계획을 시작하자. 예를 들면, 이런 것이다.

더 많은 컨퍼런스에 참가한다.
컨퍼런스를 녹음하여 이용한다.
교육 행사를 비디오로 촬영하여 이용한다.
촬영한 비디오를 모임에서 시청한다.
비디오를 시청하는 것보다 토론에 더 많은 시간을 할애한다.
비디오 없는 토론 모임을 조직한다.
일주일에 한 번 점심 시간에 정기 토론 모임을 주도한다.
책을 읽고 실제 업무 측면에서 토론한다.
강의를 맡는다
(그리고, 인터넷을 사용하라!)

아이디어가 더 이상 떠오르지 않으면 다른 사람의 도움을 찾아보자. 예를 들어, 로널드 그로스$^{Ronald\ Gross}$가 쓴 『The Lifelong Learner』라는 책에는 많은 아이디어가 담겨 있다.(또는 인터넷을 이용해보자!)

아이디어가 무엇이든지, 다른 사람들의 조언이 무엇이든지, 변화를 위한 계획은 결국 자신을 이해하는 것이다. 다른 사람이 대신해 줄 수는 없기 때문에, 지금 바로 첫 번째 계획을 세워 보는 것은 어떨까? 계획의 첫 단계는 '자신의 교육은 스스로 책임진다'가 되어야 한다.

그건 그렇고, 지금 당신은 손을 어떻게 하고 있는가?

22장 질문

1. 작은 기술을 하나 선택하여 오늘부터 하루에 세 번, 매회 15분씩 연습해 보자. 그리고 거기에 자신이 어떤 반응을 하는지 관찰하고 일기에 기록해 보자.
2. 조금 더 어려운 기술을 하나 선택해서 앞으로 일주일간 다섯 번, 매회 30분씩 연습해 보자. 그리고 거기에 자신이 어떤 반응을 하는지 관찰하고 일기에 기록해 보자.
3. 위와 같은 기술을 한 달 동안 일주일에 3시간씩 연습해 보자. 한 달이 지난 후에 일기를 리뷰하고 다음에는 무엇을 하고 싶은지 결정해 보자.
4. 당신은 무언가를 바꿔 보려고 노력하고 있는 동료에게 어떤 식으로 장애물을 만들고 있는가? 그들의 실패나 목표를 비웃고 있지는 않은가? 그것이 자신에 대해 무엇을 말해 주는가?
5. 지금까지 정규교육을 몇 시간이나 받아 왔는가? 그중 얼마가 기술력을 위한 것이었는가? 또 어느 정도가 다른 사람들과 함께 일하는 능력을 위한 것이었는가?
6. 지금까지 비공식 교육을 몇 시간이나 받아 왔는가? 그 교육을 기술에 대한 것과 사람에 대한 것으로 어떻게 나눌 수 있는가? 그 비율은 적절했는가? 그것이 경력상 목표에 도움을 주고 있는가?
7. 함께 일하는 사람들 중에서 당신의 기술력을 향상시킬 수 있도록 가르쳐 줄 수 있는 사람 세 명을 꼽을 수 있는가? '아니요'라고 대답했다면, 왜 거기에서 일을 하고 있는가? '예'라고 대답했다면, 이러한 자원을 최대한 활용하기 위해 무엇을 하고 있는가?
8. 과거 일 년 동안 어떤 교육과정에 참여했는가? 그 교육과정이 테

크니컬 리더십을 발전시키는 데 도움을 주었는가? 각 교육과정이 좀 더 도움이 되기 위해 어떻게 했더라면 좋았을까?
9. 향후 일 년 동안 어떤 교육과정에 참여할 계획인가? 그 기회를 최대한 활용할 수 있도록 어떻게 준비하고 있는가?
10. 과거 3개월 동안 어떤 책을 읽었는가? 그 책들은 당신의 발전에 각각 어떤 도움을 주었는가? 앞으로 3개월 동안 더 큰 도움을 얻기 위해 읽을 책을 선택하려고 무엇을 하고 있는가?
11. 지난 일 년 동안 기술력을 유지하거나 리더십 능력을 향상시키는 데 도움을 주었던 활동을 목록으로 만들어 보자. 그 목록에 세 가지 항목을 더 추가할 수 있는가? 왜 그 내용들을 추가하는 것을 망설이고 있는가?

23장

변화를 위한 시간

당신이 예쁜 아가씨와 함께 2시간 동안 앉아 있었다면 그 시간이 겨우 1분 정도로 느껴질 수도 있다. 하지만 당신이 1분 동안 뜨거운 난로 위에 앉아 있었다면 2시간 정도 앉아 있었던 것 같다고 생각할 것이다. 그것이 바로 상대성 원리이다.

― 앨버트 아인슈타인(Albert Einstein)

현실적인 사례를 이용해 이론을 뒷받침해 보자. 내게 도전해 오는 고객이 있으면 시간이 뜨거운 난로 위에 앉아 있는 것보다 시간이 더 느리게 간다. 최근에 클레이턴이라는 이름의 한 고객과 점심 식사를 함께 한 적이 있다. 개인 변화 계획에 대한 이론을 제시하고 있을 때, 클레이턴이 이렇게 말했다. "지금 하고 있는 일만으로도 엄청나게 바쁜데, 어떻게 변화를 위한 시간을 만들 수 있나요?"

클레이턴의 언급은 시간 관리에 대한 논의를 위험스럽게 몰고 갔고, 나는 그 주제에 대해서 이론으로는 자신이 있었지만 실전에는 약한 편이었다. 점심을 여유 있게 즐기고 싶었기 때문에, 다음과 같은 말로 그의 입을 다물게 하려 했다. "클레이턴, 시간은 찾아내는 것이 아니라 만드는 거예요. 당신이 정말로 하고 싶은 일이 있다면 시간을 만들어 낼 수 있을 테고, 시간을 찾을 수 없다면 아마 별로 하고 싶지 않은 일일 겁니다. 차라리 그 일을 하지 않는 방법을 찾는 쪽이 나을 거예요."

나는 이렇게 약간 겁을 주면 더 이상 그 주제로 대화가 이어지지 않으리라고 생각했지만, 멜라니가 나를 돌아보며 이렇게 말했다. "정말 훌륭한 생각이지만, 약간 애매한데요. 시간을 만드는 방법에 대해 하고 싶은 이야기가 있나요?"

나는 당근을 집어 먹으면서 "뭐, 몇 가지가 있지요."라고 거짓말을 했다. "하지만 지금 그 주제에 대해 이야기할 시간이 없군요."

"시간은 있어요. 당신이 정말로 원하신다면요."라고 멜라니가 말했다. "게다가 함께 있을 시간이 앞으로 몇 시간은 더 남아 있잖아요. 남은 시간을 최대한 활용하고 싶어요."

나는 오후에 스위스로 가는 비행기를 타야 했기 때문에, 서둘러야 한다는 것을 강조하면서 주제를 바꿔보려고 애를 썼다. 미국 사람들은 보통 윌리엄 텔, 알프스 소녀 하이디, 아인슈타인 등 스위스에 대한 이야기를 들으면 마음을 빼앗겨 버린다. 나는 아름답고, 효율적이고, 깨끗하고, 친근하며, 정치가 안정되어 있는 이상적인 나라에 대한 이미지를 이야기했다. 그리고 스위스인들이 보편적이고 일반적으로 어떻게 효율성을 보이는지 설명했다. 이런 점으로 인해 모든 스위스인이 동시에 두 가지 일을 하면서도, 낯선 이들에게 예의 바르게 도움을 줄 수 있는 시간을 내는 것처럼 보인다고 설명했다. 그렇게 이야기하면 클레이턴이나 멜라니가 관심을 돌릴 것이라고 생각했지만, 그렇지 않았다.

"스위스 사람들은 어떻게 그렇게 할 수 있죠?"라고 클레이턴이 물었다. "스위스 사람들에게서 시간 관리에 대해 무언가를 배울 수 있을 것 같다는 생각이 듭니다."

목표에 집중하기

클레이턴이 아티초크[1]를 잡아 뜯는 것을 보면서, 프랑켄슈타인 박사가 어떤 느낌이었는지 알 것 같았다. 클레이턴은 열의에 찬 고객이었지만, 지금은 괴물처럼 보였고 그의 욕구를 충족시켜 주어야만 했다. 나는 "대부분은 자기 자신에 대해서 이야기할 때 많은 것이 드러납니다."라고 대답했고, 길고 장황한 이야기로 그의 관심을 돌릴 수 있길 바랐다.

"스위스와 관련된 이야기를 하나 해 주세요."라고 미끼를 덥석 문 클레이턴이 말했고, 내가 제일 좋아하는 이야기 하나를 들려주었다.

　　작은 신생국이었던 스위스 연방을 공식 방문 중이던 오스트리아 대공

---

[1] 지중해 연안이 원산지인 국화과의 여러해살이풀. 꽃이 피기 전에 봉오리를 잘라 채소로 먹는다.

이 병사들을 사열하고 있었다. 군대의 사기를 시험해 보려고 대공은 병사 한 명을 골라서 이렇게 물어보는 습관이 있었다. "자네 군대는 규모가 어느 정도인가?" 이번에 고른 병사는 수염도 나지 않은 젊은이였다.

"5천 명입니다, 전하."라고 그 병사는 자랑스러운 모습으로 절도 있게 대답했다.

"흠. 꽤 인상적이군. 하지만 내가 만 명을 거느리고 이곳으로 국경을 넘어온다면 어떻게 하겠는가?"

그 병사는 망설임 없이 이렇게 답변했다. "그때에는 스위스군 한 명이 두 발의 총알을 발사할 것입니다."

"알겠어요." 내가 이야기를 마쳤을 때 클레이턴이 말했다. "시간 관리에 대한 정말 훌륭한 이야기예요. 스위스 사람들의 비밀은 키플링이 '용서할 수 없는 1분이라도 거리를 두고 바라보는 60초의 뜀박질로 채울 수 있다면'[2]이라고 말한 것처럼 모든 총알을 목표물에 명중시키겠다는 것이군요. 스위스 사람들처럼 효율적이라면 모든 것을 따라갈 수 있는 시간을 만들 수 있겠어요. 하지만 어떻게 하면 효율적인 사람이 될 수 있죠?"

클레이턴에게 내가 잘 알지 못하는 주제로 강의를 하는 대신에, 테이블에 함께 앉아 있는 다른 사람들이 시간의 함정을 벗어나는 자신만의 방법을 말하도록 했다.

다른 사람에게 할당한 일을 자기가 다시 하지 말자. 그렇게 하면 똑같은 일을 하는 데 시간을 소모하는 것이다. 우선 그 사람에게 자신이

---

2 키플링의 시 'If' 마지막 연에 나오는 구절.

다시 그 일을 하려는 이유를 설명하는 시간이 필요하고, 그들의 감정이 상하지 않도록 그 일을 돌려받는 시간이 필요하며(아마 쉽지 않을 것이다), 그들이 저지른 실패를 수습하는 시간과 마지막으로 자신이 직접 그 일을 하는 시간이 필요하다. "누군가가 실수를 하고 있다는 신호를 보여 주거나 심지어 실수 여부가 불확실할 때도, 나는 가르쳐 준다는 구실로 그 일을 다시 가져왔어요."라고 마고는 인정했다. "그렇지만 그들이 실패하도록 해야 한다는 것을 알게 되었습니다. 그것은 당연히 지불해야 하는 대가이고, 길게 보면 그 방법이 더 효율적이에요."

자신의 기술 우위를 증명하기 위해서 사소한 기술 논쟁에 빠지지 말자. 더크는 이렇게 말했다. "경력이 쌓여 가면서 어떤 것들은 버려야만 합니다. 작은 기술 문제에 대해서 논쟁하는 것은 당신이 여전히 기술에 집착하고 있다는 것을 보여줍니다." 그는 이렇게 설명했다. "내가 정말로 기술 우위에 있다면 사람들을 쉽고 빠르게 설득할 수 있기 때문에, 논쟁이 길어질 수 없지요."

자신만의 우선순위를 결정하고, 자신의 행동을 조직화하기 위해 위기 상황을 기다리지 말자. 린다는 다음과 같은 사실을 인정했다. "갑작스럽게 조직의 리더로 임명되었을 때, 다른 사람들의 시간을 조직해야 했고, 더욱 나쁜 일은 내 시간도 조직해야 한다는 것이었습니다. 그런 경험이 전혀 없었죠. 위기 상황이 발생했을 때 위기로 인해 내가 해야 할 행동을 계획할 수 있었기 때문에, 기분이 좋았습니다. 지금 생각해 보니 내가 잘 조직되어 있다는 것을 보여 주고 싶어서 일부러 이런 위기가 발생하도록 했던 것일지도 모른다는 생각이 들었습니다. 이제는 진정한 리더는 할 일이 없을 때 그 사람이 무슨 일을 하는지를 보고 판단할 수 있다고 생각하고 있습니다."

동시에 두 가지 일 하기

테이블에 앉아 있는 사람들이 모두 한마디씩 이야기했기 때문에, 나는 아티초크를 즐길 시간이 생겼다. 하지만 클레이턴은 나를 그냥 내버려 두지 않았다. "스위스에 대한 또 다른 이야기는 없나요?"라고 그는 요청했다. 클레이턴이 그렇게 행동하는 것은 내 탓이었고, 그는 내 약점을 알고 있었다.

"좋아요." 나는 양보했다. "그렇지만 이번이 마지막입니다. 스위스가 어떻게 만들어졌는지에 대한 이야기예요."

신은 지구상의 모든 사람을 창조한 후, 그다음 차례대로 나라들을 만들었다. 첫 스위스 사람에게 어떤 나라를 원하느냐고 묻자, 그는 겸손하게도 어떤 나라라도 상관없다고 대답했다.

신이 반드시 의견을 말해야만 한다고 하자, 그 스위스 사람은 이렇게 말했다. "음, 그렇게 말씀하시면 산봉우리에는 눈이 쌓여 있고, 산비탈에는 초록색 풀이 자라고, 계곡에는 맑은 호수가 있으며, 하얀 솜구름이 떠 있는 파란 하늘이 있는 나라였으면 좋겠습니다."

신은 그 소원을 바로 들어준 다음, 그 스위스 사람에게 또 다른 소원은 없는지 물어보았다. 한참을 사양한 후에 마침내 그는 이렇게 말했다. "돌로 만든 지붕이 있는 나무 집과 풀을 뜯고 있는 갈색 암소가 몇 마리 있으면 정말 좋겠어요."

신은 은혜를 베푼 다음, 또 다시 필요한 것은 없는지 물어보았다. "아니요, 이미 충분합니다. 저는 정말 더는 아무것도 원하지 않습니다만 당신은 어떤가요? 이 놀라운 선물에 대한 보답으로 제가 해 드릴 것이 있을까요?"

신은 이렇게 말했다. "음, 사실 천지를 창조하고 나니 조금 목이 마르구나. 자네 암소에게서 신선한 우유를 한 잔 짜서 준다면 정말 고맙겠네."

스위스 사람은 "기꺼이 그렇게 하겠습니다."라고 말한 다음, 훌륭하고 진한 스위스 우유를 한 잔 가져왔고, 신은 시원하게 그 우유를 마셨다.

그리고 또 신은 이렇게 말했다. "네가 바라는 것이 분명히 또 있을 것이다. 세상의 다른 사람들은 전부 끝도 없는 부유함을 원했다. 네가 원하는 것이 무엇이냐?"

스위스 사람은 망설이다가 이렇게 말했다. "예, 작은 소원이 하나 더 있습니다."

"무엇인지 말하라. 그러면 원하는 것을 얻을 수 있을 것이다."

"음, 너무 큰 소원이 아니었으면 좋겠군요. 우유 한 잔에 1프랑입니다."

"정말 재미있는 이야기예요."라고 클레이턴이 말했다. "스위스 사람들은 그냥 효율적인 것이 아니라, 두 배로 효율적이에요. 부유함을 요구하는 대신에, 신이 더 이상 주위에서 천지창조를 하거나 우유를 사 주지 않더라도 미래에 꾸준히 수익이 될 수 있는 것을 요구했어요."

"당신 말이 맞아요, 클레이턴." 나는 이렇게 대답했다. "그리고 스위스 사람들처럼 성공적 문제 해결형 리더들은 투자한 것보다 조금 더 많은 것을 얻을 수 있는 상황을 만들 수 있을 겁니다. 게다가 동시에, 이 상황은 관련된 모든 사람에게 이익이 되지요. 아무도 속이지 않고요."

"예를 좀 들어주시겠어요?"

"한 번 더 여기 앉아 계신 분들의 이야기를 듣는 편이 좋겠군요. 점심 식사를 마치고 싶거든요."

그래서 그들은 한 가지씩 예를 들었다.

멜라니: "나는 다른 팀의 기술 리뷰를 이끌면서 최신 기술 동향에 대한 정보를 얻고 있어요. 기술 리뷰를 통해 대인 관계 능력을 연습할 수 있는 기회를 얻고 있습니다. 동시에, 현재 진행 중인 프로젝트에 대해서 우리의 최고 실력자들이 의견을 교환하는 것을 들을 수 있는 장점이 있지요."

린다: "나도 리뷰를 하지만, 방법이 조금 다릅니다. 나는 잡지에 실린 기술 논문을 읽고 리뷰어나 편집자 역할을 해 봅니다. 좋은 기술 콘텐츠를 발굴하는 것과 동시에, 경영진들의 신임도 듬뿍 얻을 수 있습니다. 또한 글을 쓰는 능력도 향상되지요."

더크: "우리는 동영상으로 진행되는 기술 교육 과정이 많은데 작은 방에 앉아서 그 동영상을 보는 것을 좋아하는 사람은 별로 없어요. 그래서 나는 비디오 강의를 시청하는 사람들을 가르치는 강사로 자원했습니다. 덕분에 의사소통 능력이 더 향상되고, 일대일로 사람을 다루는 능력도 더 좋아졌습니다. 더군다나 기술을 깊이 있게 배울 수 있는 기회도 생겼습니다. 나는 교육 과정에 참가하는 사람들보다 기술적으로 더 많은 것을 얻었지만, 그 일에 일주일에 네 시간 이상은 사용하지 않고 있습니다."

킹슬리: "나는 외부 강사를 섭외하는 업무를 담당하게 되었습니다. 그 말은 내가 관심이 있다면 외부 전문가들이 진행하는 모든 강연, 세미나, 수업에 참가할 수 있다는 의미입니다. 그러나 더 좋은 것은 외부 전문가와 만나서 시간을 보내기 때문에, 내가 원하는 주제로 논의할 수 있다는

점이죠. 그것은 마치 돈으로 고용할 수 있는 가장 똑똑한 사람들에게 개인 교육을 받는 것과 마찬가지입니다. 그리고 교육 담당으로서 해야 할 실제 업무 대부분은 비서가 해줍니다."

멀린: "나는 최신 기술 동향을 얻기 위해 카풀을 이용합니다. 탁월한 설계자 한 명과 최고 수준의 분석가 두 명과 함께 매일 두 시간을 보내거든요. 내가 하는 일이라고는 화제가 다른 곳으로 흐르지 않도록 신경 쓰면서 대화를 계속하는 것뿐입니다."

캐서린: "나는 기술 문서를 읽는 속도가 느려서 어려움을 겪고 있었습니다. 동료 세 명이 같은 문제를 안고 있다는 것을 알게 된 후 그 부담을 서로 나누기로 했습니다. 우리는 각자 글을 한 편씩 읽고 다른 두 사람에게 그 내용을 전달합니다. 때로는 처음으로 읽은 사람이 그 문서의 나머지 반은 읽지 않아도 된다고 말해 줄 수 있습니다. 아예 읽지 말라고 이야기할 수도 있고요. 같은 노력을 들여서 세 배의 효과를 얻게 되었고, 함께 하는 다른 두 사람과 특별한 관계를 맺을 수 있었습니다."

가장 저렴한 강의

"있잖아요, 와인버그 선생님." 클레이턴이 점심을 마치고 돌아오는 길에 말했다. "오해하시면 곤란한데, 이번에 진행해 주신 컨설팅보다 점심 때 더 많은 것을 배운 것 같아요."

"괜찮습니다." 나는 이렇게 말하면서 마음 상한 티를 내지 않으려고 했다. "그냥 두 배로 도움이 된 시간에 대한 다른 예일 뿐이에요."

"그렇군요." 클레이턴이 미소 지었다. "스위스 사람들이 일하는 방식을 더 알아보려고 몇 년 동안 스위스에 가 볼까 생각하고 있어요."

"예, 좋은 방법이네요. 하지만 비용이 좀 많이 들 수도 있겠군요."
"좀 더 저렴한 좋은 방법이 없을까요?"
"이미 그런 방법을 알고 있지 않나요?"
"제가요?"
"그럼요. 스위스에 가는 대신에 당신 주변에 있는 최고들의 학습 방법을 조사해 보면 어떨까요? 당신이 점심 때 했던 것처럼 말이죠. 그들은 이미 당신에게 교습을 해주고 있는 겁니다. 귀를 기울이기만 하면 1프랑도 들지 않을 거예요."

클레이턴은 점심 식사 때 적어 놓은 메모를 내게 건네주며 말했다. "당신이 리더가 되는 법에 대한 책을 쓰고 있다는 것을 알고 있습니다. 독자들은 우리 같은 평범한 사람들의 이야기에 더 많은 가치가 있다고 생각할 수도 있어요." 격려를 받은 이상, 어떻게 그 내용을 여기에 포함시키지 않을 수 있겠는가? 그 내용은 다음과 같다.

하루의 시간을 늘리는 방법

이미 다른 사람들에게 할당한 일을 다시 하지 말자. 비록 그들이 실수를 할지라도.

행정적인 관리 업무를 멀리 하자.

자신의 능력을 증명하려고 시간을 낭비하지 말자.

시간 낭비에 대하여 논쟁하면서 시간을 낭비하지 말자.

할 일이 없을 때 자신이 무슨 일을 하고 있는지 주의를 기울이자.

하나의 비용으로 최소한 둘을 얻도록 하자.

리뷰 리더 역할을 해보자.

편집자 역할을 해보자.

강의나 교육 프로그램을 만들어 보자.

카풀을 애용하자.

자료를 읽어야 하는 부담을 나누자.

점심을 함께하자. 단 창의적으로.

그리고 가장 중요한 것은 바로 다음과 같다.

다른 사람들이 이미 알고 있는 것에 귀를 기울이자.

한 가지를 더 추가하고 싶다.

다른 사람들이 자신의 똑똑함을 나에게 드러낼 수 있도록 하자.

23장 질문

1. 시간의 압박으로부터 어떠한 영향을 받는가? 시간의 압박을 완화하기 위해서 어떤 전술을 사용하고 있는가?
2. 어떤 활동을 할 때 시간이 가장 빠르게 흘러가는가? 가장 느리게 흘러갈 때는 무슨 활동을 할 때인가? 이 사실이 그 활동에 대해 무엇을 말해 주고 있는가? 자신에 대해서는 무엇을 말해 주고 있는가?
3. 두 가지 일을 한꺼번에 처리하는 예를 들어 보자. 동료 세 명에게 비슷한 예를 들어 달라고 요청해 보자. 그중에 활용할 수 있는 것이 있는가?
4. 마지막 순간에 약속이 취소된 경우처럼 아무것도 할 일이 없을 때 무슨 일을 할 것인가?
5. '아무것도 하지 않고' 있을 수 있는가? 자신에게 왜 시간이 부족한지 알아보기 위해 주변과 자기 자신을 돌아볼 시간이 있는가? 그렇지 않다면 지금 바로 책을 덮고 그 일을 해 보자.

24장
변화를 위한 도움 찾기

'사랑하다'라는 동사를 제외하면 세상에서 가장 아름다운 동사는 '돕다'입니다!

— 베르타 폰 주트너[1], 1905년 노벨 평화상 수상자, '무기를 내려 놓으라!
(Ground Arms)'

---

1 Bertha von Suttner, 1843~1914. 오스트리아의 소설가이자 급진적 평화주의자. 여성으로는 처음으로 노벨 평화상을 수상했다.

사람들은 다른 사람들에게 도움을 주고 싶어서 리더가 된다. 그러나 얼마 지나지 않아 도움이 필요한 것은 자신이라는 것을 깨닫는다. 리더는 다른 사람들이 자신을 보는 것처럼 스스로를 보기 위해서, 자신의 실수를 헤쳐 나가기 위해서, 다른 사람들에 대해 배우기 위해서, 도움을 주는 사람이 되려는 노력이 좌절되는 경우를 잘 다루기 위해서 도움이 필요하다. 도움을 줄 수 있는 방법을 배우는 유일한 방법은 도움을 받는 방법을 배우는 것이다.

개인 혁신가에서 훌륭한 문제 해결형 리더로의 변화를 이겨내는 사람은 여타 다른 사람들의 방대한 인맥에서 도움을 받는다. 비록 이러한 지원 시스템의 존재를 항상 인식하고 있는 것은 아닐지라도. 운이 좋아서 이런 지원 시스템을 갖추고 있을 수도 있고, 불행하게도 그렇지 못할 수도 있다. 만약 리더로서의 성공과 실패가 운에 따라 달라지는 것을 바라지 않는다면 자신만의 지원 시스템을 설계하고, 개발하고, 유지 보수하고 싶을 것이다.

지원 시스템

나는 오랜 세월 동안 특이한 정보 시스템들을 수도 없이 많이 보아 왔지만, 그중에서도 가장 특이한 정보 시스템이 있었다. 피트 워타치[Pete Woitach]와 내가 기계 공장 시뮬레이션 모델을 개발하면서 처음으로 그 특이한 시스템이 동작하는 것을 보았다. 고객과 함께 일하면서 피트는 간단한 모델을 그린 다음, 몇 가지 상황은 수작업으로 계산하자고 제안했다.

"작업을 시작하려면 한 자리 난수가 필요합니다."라고 고객이 이의를 제기했다.

"문제 없습니다."라고 피트는 대답했다. "제 난수 네트워크에 있는 누군가에게 전화를 할 테니까요." 그는 전화번호부를 찾아서 전화를 건 다음, 고객에게 전화를 건네주었다. "누군가가 전화를 받으면 난수를 하나 불러 달라고 말씀하세요."

전화를 건네 받은 후 고객은 머뭇거리면서 이렇게 말했다. "피트 워타치 씨가 말하길 당신이 제게 난수를 하나 불러 주실 거라고 하더군요. 아, 고맙습니다." 그는 전화를 끊은 후, 감탄하는 눈빛으로 피트를 바라보면서 이렇게 말했다. "5입니다. 전화를 받으신 분이 5라고 하더군요."

피트는 모델에 5라는 숫자를 넣고 계산을 시작했다. 피트가 작업하는 도중에, 나는 그 난수가 짝수라면 모델이 실패하게 된다는 사실을 깨달았다. 당연히 고객이 바로 옆에 있었기 때문에 아무 말도 하지 않았고, 피트와 내가 나중에 몰래 그 버그를 처리할 수 있으리라고 생각했다.

고객은 사탕 공장에 견학 온 아이처럼 기뻐하면서 그 자리를 떠났고, 나는 피트에게 이야기했다. "이봐, 난수가 짝수인 경우에는 모델이 정상적으로 동작하지 않아."

"맞아, 나도 눈치채고 있었지만 고객은 알아차리지 못할 거라고 생각했지."

"그러면 전화로 짝수 난수를 받지 않았던 것이 행운이었네."

"그건 행운하고는 관계가 없어." 피트가 말했다. "그 번호로 전화하면 항상 5라는 숫자를 받게 되어 있거든."

피트의 난수 네트워크는 컨설팅 통계 전문가들로 구성되어 있었다. 그들은 아직 모델이 구체적이지 않은 상황에서 고객을 이해시켜야 한다는 공통점과 위험을 무릅쓸 수 없다는 공통점이 있었다. 그 네트워크에 소속되어 있는 사람들은 전화를 받았을 때 답변할 숫자를 미리

정해 놓았다. 숫자가 필요하면 그 숫자에 맞게 전화를 걸기만 하면 되는 것이었다.

피트는 내가 아는 최고의 교사였으며, 그 외 다양한 분야에서도 훌륭한 문제 해결형 리더였다. 많은 성공한 리더들처럼 피트는 광범위한 개인 지원 네트워크를 확보하고 있었고, 난수 네트워크는 그중 아주 작은 부분에 지나지 않았다. 모든 사람이 일종의 개인 지원 시스템, 즉 개인 목표 달성에 사용할 수 있는 시스템을 갖고 있지만, 대부분은 무의식적으로 그런 시스템을 이용하며 그다지 능숙하게 사용하지 않는다. 만약 성장을 원한다면 자신의 개인 지원 시스템을 연구하고 발전시키는 것보다 더 유용한 일은 없다.

기술 자원에 대한 도움

개인 지원 시스템의 각 부분은 서로 다른 목표를 갖고 있다. 피트의 난수 네트워크는 기술 자원에 대한 도움, 즉 자신의 기술과 자원을 보완해 주는 조금 특별한 사례였다.

나의 개인 지원 시스템은 기술 자원에 대한 도움을 위한 여러 개의 시스템으로 구성되어 있다. 내가 갖고 있는 책에서도 찾을 수 없는 기술 정보가 필요할 때 시립 도서관이나 대학 도서관에 갈 수도 있지만, 대부분 세상 곳곳에 흩어져 있는 사람들을 선택한다. 인적 요소에 대한 정보가 필요할 때에는 벤 슈나이더만, 톰 러브, 실비아 셰피드, 기누라 이즈미, 빌 커티스, 헨리 레드가드에게 전화를 건다. 소프트웨어 설계에 대한 정보가 필요하면 할란 밀즈, 브래드 콕스, 톰 길브, 켄 오르에게 연락한다. 프로그래밍 언어에 대해 묻고 싶다면 진 새멧이나 디네스 뵈르너에게 연락할 수도 있고, 때로는 벤 슈나이더만이나 하란 밀즈에게 연락할 수도 있다. 이 시스템은 서로 겹쳐서 맞물려 있기 때문이다.

 (이 내용은 책을 쓸 당시의 내 지원 네트워크지만, 모든 시스템처럼 지원 시스템 역시 유지 보수가 필요하다. 슬프게도 세월이 흐르면서 몇 명은 이 세상을 떠났다. 일부는 은퇴하거나 연락이 끊어지기도 했다. 하지만 다행스럽게도 이 중 몇 명은 여전히 내 지원 시스템의 일부이며, 다른 멋진 친구들이 빈자리를 채웠다.)

대부분의 경우 이러한 지원은 상호적이다. 사람들은 서로에게 이익이 되어야만 지원 관계를 유지한다. 만약 한쪽에게만 이익이 된다면 관계는 지속되지 않을 가능성이 높다.

나의 기술 지원 시스템에는 상호적 관계가 하나 더 있는데, 그것은 과거에 내가 가르쳤던 많은 워크숍 참가자들이며, 각자 다양한 조직에서 테크니컬 리더로 활약 중이다. 예를 들어 은행의 정보 처리에 대한 현재 상황을 알고 싶다면 내부 관점으로 알아보기 위해 문의할 수 있는 사람이 최소한 20명이 넘는다. 최신 프로그래밍 언어에 대해 프로그래머들이 어떻게 생각하는지 알고 싶다면 수백 명의 프로그래머들에게 설문지를 보낼 수도 있고, 10명 정도에게 개인적으로 전화를 걸 수도 있다.

비판을 통한 도움

나의 개인 지원 시스템에서 이러한 부분은 도서관에 가면 얻을 수도 있는 정보들을 제공해 준다. 내가 책이 아니라 사람들을 이용하는 것은 그들의 정보가 더 시기 적절하며, 더 핵심에 가깝고, 더 쉽게 얻을 수 있기 때문이다. 반면에, 나의 개인 지원 시스템에는 내가 스스로 할 수 없는 것들을 해 주는 사람들이 있다. 예를 들어 다른 저자들과 마찬가지로, 나는 내가 쓴 글을 스스로 비판하는 일에 어려움을 느낀다. 나는 개인 지원 시스템에 있는 최소한 20명의 사람들에게서 신뢰할 만한 비평을 듣고 있다. 물론 나도 그들이 쓴 글을 비평한다.

하지만 내게 가장 강력한 비판자는 대니다. 예를 들어, 앞에서 사람들의 이름을 늘어 놓은 것을 보고 "유명한 사람들의 이름을 들먹이는 것처럼 보이네."라고 말했다. 냉정한 비판이었지만 그것은 사실이었다. 그 덕분에 그 이름들을 나열하게 된 나 자신의 동기를 생각해 보고, 내가 그런 유명한 사람들과 친분이 있음을 자랑스러워 한다는 것을 알았다. 그들이 나와 관련이 있다는 사실로 인해 나의 자존감이 높아지도록 만들고, 그 이름들을 책에 포함시킴으로써 나 자신을 가치 있는 사람으로 여기고 있었던 것이다.

저자든 아니든, 우리 모두는 동기부여의 첫 번째 장애물을 극복하려면 비판을 통한 도움이 필요하다. 이것은 기술적 도움을 얻는 것보다 훨씬 더 어렵다. 비판을 해 주는 사람은 그 사람이 주는 피드백에 대해서 자신을 합리화하지 않고 경청할 수 있을 만큼 충분히 가까운 사이여야 한다. 한편으로는 현실을 명확하게 보지 못하거나 감정이 상할 수 있는 말을 하기 어려울 만큼 너무 가까운 사이여서도 안 된다.

성장을 위한 도움

또다시 자기 합리화를 하는 것일 수도 있지만, 나에게 도움을 주는 유명 인물들을 언급한 것이 단지 자존감 때문은 아니라고 생각하고 싶다. 도움을 구하는 행동이 약점이 아니라 강점이라는 것을, 이 책을 읽는 모든 사람이 이해하기를 원한다. 내가 지금까지 만난 최고의 기술직 종사자들은 모두 광범위하고 잘 관리되어 있는 지원 시스템을 갖고 있었다. 능력이 부족한 사람만이 도움이 필요하다는 사실을 인정하기를 두려워하며, 그것이 바로 그들이 능력이 부족한 채로 남아 있는 이유이다.

피트의 난수 네트워크와는 달리, 나의 기술 지원 시스템은 상당히 무작위적이라는 특징이 있다. 내가 어떤 정보를 요청했을 때, 알고 싶었는지도 몰랐던 것들을 얻는 경우가 있다. 나는 요청한 정보를 받을 때 너무 구체적 정보를 주는 사람은 지원 시스템에서 제외하기도 한다. 나는 성장하는 것을 좋아하고, 성장은 미지의 세계에 대한 탐험이라는 위험을 감수해야 한다. 지원 시스템을 설계할 때 성장에 대한 도움은 최고의 목표 중 하나이다.

예전에 내가 IBM에서 처음으로 대폭 승진을 한 후, 새로운 상사와 함께 식사를 하러 간 적이 있다. 우리가 무엇을 먹었는지는 기억나지 않지만, 그가 내게 동료들과 너무 친하게 지내지 말라고 충고한 것은 잘 기억하고 있다. 그는 내가 소위 '잘나가는 중'이라고 했는데, 그 말은 동료들이 언젠가는 내 밑에서 일하게 될 수도 있다는 뜻이었다. 친한 사이라면 관리자가 해야 할 달갑지 않은 일을 기꺼이 할 수 없을지도 모르기 때문이라는 것이다. 그런 일이 관리자로서 해야 할 일이라면 그냥 밑에 남아 있는 것이 더 행복하겠다고 생각했던 게 기억난다.

그러나 그가 말한 것 중 한 가지는 옳다. 변화를 시도할 때마다 알고 지내던 사람들 중에서 그 변화를 방해하려는 사람이 나타난다는 것이다. 물론, 그것이 좋은 일일지 나쁜 일일지는 어떤 변화인지에 따라 다르다. 당신이 상습적으로 도박장에서 일주일에 200달러를 날리고 있다면 어떤 친구는 그것을 멈추게 하려 할 것이고, 그것은 아마도 좋은 일일 것이다. 하지만 주급이 지금보다 200달러가 적지만 평소에 하고 싶던 일을 할 수 있는 기회를 얻기 위해 일자리를 바꾸려고 할 때에도 바로 그 사람이 변화를 저지하려고 할 수도 있다.

나의 지원 시스템에 포함되어 있는 사람들 중 몇몇은 내가 항상 같은 자리에 머무르기를 바란다. 나는 그들을 보수파라고 부른다. 또 개중에는 내가 바뀌길 원하는 사람도 있다. 이 사람들은 진보파라고 부른다. 양쪽 다 내가 그렇게 행동하기를 원하는 이유가 있겠지만, 그 이유가 내가 생각하는 이유와 같지는 않다. 어떤 것을 변화시키고 싶고 어떤 것을 유지하고 싶은지 명확히 하는 법을 익히는 것은 나 자신의 문제이다. 때때로 내가 목표를 명확하게 드러내기 때문에 사람들이 나의 지원 시스템을 떠나는 경우도 있다. 내가 성장의 어떤 지점을 넘어서거나 방향을 바꿀 경우 강력한 진보파가 보수파의 핵심 인물이 되기도 한다.

지원 시스템의 변화에는 항상 고통이 따르지만, 성장을 원한다면 피할 수 없는 고통도 있다. 내게는 인생에서 결코 변하지 않도록 유지하고 싶은 특별히 각별한 관계가 여럿 있었다. 그러나 그렇게 하려고 하자마자 그 관계는 깨져 버렸다. 때로는 어려운 상황에 처하더라도 양쪽 모두 성장을 원하는 관계가 최선의 관계다.

회복을 위한 도움

고통이라는 말을 들으면 내 머릿속에는 급성 요통이 떠오른다. 그 고통을 한 번이라도 경험해 본 사람은 급성 요통이 아주 심각한 문제라는 걸 안다. 요통을 겪어 보지 않은 사람들에게 그 고통을 설명하기란 불가능하다. 출혈이 있는 것도, 기침을 하는 것도, 땀을 흘리는 것도 아니지만, 움직이려고 할 때마다 극심한 통증이 몰려온다. 보통 사람들에게 급성 요통은 그저 꾀병처럼 보인다.

요통 환자에게 도움을 주려는 보통 사람들은 보수파가 되어서 자기도 모르게 환자가 건강을 회복하는 것을 방해한다. 따뜻하게 찜질을 해주는 대신에, 평소처럼 활동을 하라고 사회적 압력을 가하는 것이다. 그런 압력을 받은 환자는 더 활발하게 활동하려고 하며, 그 결과 증상이 더욱 악화된다. 회복을 위해 필요한 변화에 서로 도움이 될 수 있도록 환자들이 모여서 그룹을 만들기 전까지 요통 환자들은 이러한 고통을 오랫동안 여러 차례 겪는 일이 흔하다.

나의 '요통 환자 그룹'은 함께 오랜 세월을 지낸 나의 누이인 셰릴과 대니, 그리고 이메일로 도움을 주고받는(아직까지 직접 만난 적이 없다) 조안나 로스먼Johanna Rothman과 데니스 카데나Dennis Cadena와 같은 사람들로 구성되어 있다. 우리는 의사, 약, 운동에 대한 정보를 서로 교환하기도 하지만, 주로 나누는 도움은 증상이 도졌을 때 주고받는 정서적인 것이다. 우리가 회복할 수 있는 방법은 사회적 압력에 굴하지 않고 '반드시' 해야만 하는 일들을 하지 않고 내버려 두는 것이라는 점을 서로에게 상기시켜 준다. 그리고 다른 사람들이 어떻게 말하더라도, 급성 요통을 앓는다고 자신이 쓸모 없는 인간이 되는 것은 아니라고 서로에게 안심시킨다.

요통이 갑자기 찾아왔을 때 보통 사람들을 피하는 것이 중요하지만, 그 사람들 중 한 명과 결혼한 상태라면 그렇게 쉽지만은 않다. 결혼 후 첫 10년 동안 대니는 그룹의 울타리 건너편에 있었다. 처음으로 대니가 베개를 무릎 아래에 놓고 침대에 누워서 꼼짝할 수 없게 되었을 때, 나는 복잡 미묘한 감정을 느꼈다. 대니가 요통으로 고통 받는 것은 싫었지만, 대니를 요통 환자 그룹에 가입시키고 싶어 견딜 수가 없었다. 드라큘라 백작이 매력적인 아가씨들을 자신을 따르는 좀비로 변신시킬 때 어떤 감정이었는지 알 것 같았다.

대부분의 미국 남자처럼 나도 자신의 문제는 자신이 해결해야 한다고 배워 왔다. 적어도 그 문제가 너무 심각해져서 쓰러지기 전까지는 그렇게 해야 하는 것이다. 그 때문에 나도 갑작스럽게 쓰러진 경우가 있었다. 지금까지 살아오면서 열 번 정도, 말 그대로 멀쩡하게 있다가 병원으로 실려 가야 했다. 아주 남자다운 일이긴 했지만 대단히 어리석은 일이었다. 나의 지원 시스템은 문제가 재앙으로 번지기 전에 그 문제를 논의하는 것을 당연하게 생각한다. 나는 지금도 여전히 이따금 요통을 앓고 있지만, 지난 25년 동안 병원 신세를 지지 않았다.

정서적 도움

요통과 비슷하게 정서적 문제도 우연히 만난 사람에게서 즉시 전폭적인 도움을 받을 수 있는 문제가 아니다. 대부분의 사람들처럼 나도 가끔은 내가 책임지고 있는 일에 잘 대처하지 못할 때가 있다. 내가 지금까지 남자로서 배운 것은 쓰러져서 정신병원에 실려갈 때까지, 그러한 감정을 자신의 마음속에 간직해 두어야 한다는 것이었다.

 항상 투덜대는 사람 주변에 있는 것을 좋아하는 사람은 없겠지만, 나의 지원 시스템에는 어려운 시기에 나를 도와줄 수 있는 사람을 포함하고 있다. 예를 들어, 데니스나 셰릴 또는 워크숍을 통해 나를 직접 알고 있는 많은 사람으로부터 정서적 도움을 얻기 위해 허리에 무리를 할 필요가 없다. 내 성격과 상관없이 내가 기르는 강아지는 항상 나를 좋아한다. 대니와 우리 아이들도 가끔 내가 나쁜 기분을 표현할 때를 제외하면 대부분의 경우 많은 도움을 준다.

 대니와 나는 우리 관계 때문에 스트레스를 받을 때(49년을 함께 살아도 일어나는 일이다) 도움을 줄 수 있는 다른 부부들을 많이 알고 있다. 네 쌍의 부부가 매달 정기적으로 만나는 한 그룹은 다른 부부들이 맞벌이에서 오는 압박감에 대처하는 방법을 도와줄 수 있도록 특별히 구성되어 있다.

영적 도움

신체적 문제와 정서적 문제를 모두 해결한 뒤에도, 나는 배불리 먹고 있는데 수백만 명이 굶주리고 있다거나, 아이들이 학대 받고 있는 세상에 대처하는 방법처럼 여전히 절대로 사라지지 않는 문제들이 남아 있다. 가끔은 이 아름다운 세상이 핵무기 발사 버튼 하나로 파괴될 수 있다는 생각이 떠오를 때, 나를 미치지 않도록 해 주는 특별한 종류의 도움이 필요할 때가 있다. 그런 경우 나는 내면에서 신의 빛을 찾는 퀘이커 교도들의 예배의 침묵 속에서 커다란 위안을 얻는다.

영적 도움을 얻는 방법은 사람마다 다르며, 성당에서 수많은 사람과 노래하면서 도움을 얻는 사람이 있는가 하면 해변에서 파도가 치는 것을 바라보며 도움을 얻는 사람도 있고 경전이나 버트런드 러셀의 책을 읽으면서 도움을 얻는 사람도 있다. 그러나 그 영적 도움이 합리적인지, 신비로운 것인지 아니면 경전에 의한 것인지에 상관없이, 영적 도움 없는 지원 시스템은 큰 가치가 없다.

리더십을 유지하기 위한 도움

신체적 문제, 정서적 문제, 영적 문제 모두에 대해 이렇게 이야기하면, 거의 항상 대다수 사람들이 다른 사람들에게서 특별한 도움을 받지 않고서도 꽤 잘해내고 있다고 생각하기 쉽다. 허리가 편안할 때에는 요통을 신경 쓰지 않으며, 그것이 내가 허리를 방치하기 쉬운 이유이다. 마찬가지로 내가 전속력으로 일을 수행하고 있을 때에는 그 정도 속도를 낼 수 있도록 만들어 준 지원 시스템을 잊고 방치하기 쉽다.

참가자들이 얼마나 다른 사람들의 도움에 의존하는지 보여주기 위해 설계된 워크숍 실습이 한 가지 있다. 이 실습에서는 각 팀이 여러 가지 문자 조합을 컴퓨터에 입력하여 점수를 얻을 수 있으며, 컴퓨터는 그 조합에 대한 점수를 돌려준다. 이 연습이 어려운 것은 참가자들이 채점 방식을 미리 알지 못하기 때문에 다양한 문자 조합을 실험해야만 한다는 점이다. 한 팀이 점수를 얻을 수 있는 방법을 발견하면 다른 팀에 대한 우위를 유지하기 위해 알아낸 방식을 계속 고수할지 아니면 새로운 조합을 시도하는 위험을 감수할지에 대한 선택을 두고 갈등한다. 그 결과 각 팀의 진보파와 보수파가 겉으로 드러나게 된다.

예를 들어, 대부분의 팀은 네 개의 Y 조합이 좋은 점수를 얻는다는 것을 비교적 빨리 찾아낸다. 이 기술 돌파구는 그 팀이 잠시 동안 다른 팀들을 앞서도록 만든다. 다른 팀이 더 높은 점수를 얻을 수 있는 문자 조합을 찾아내어 YYYY를 입력한 팀을 능가한다. 그런 상황이 벌어지면 YYYY를 입력한 팀이 보수파가 된다. 그들은 새로운 입력 조합을 시도하지 않으려는 온갖 구실을 찾으며, 그 자리에 머물러서 서로에게 YYYY를 입력하는 방식을 유지하기 위한 도움을 주고받기 때문에, 다른 팀이 더 나은 조합을 찾아내고 그들을 앞지르게 된다.

YYYY를 입력한 팀이 다른 팀에게 따라잡히는 일은 엄청난 정서적 경험이다. 결과적으로 우리 워크숍 참가자들은 성공에서 오는 자기만족에 대항하기 위한 전 세계적 지원 네트워크를 형성한다. 졸업생 한 명이 일을 하는 데 한 가지 방법만 고집하면 그것이 얼마나 성공적인지와는 관계없이 다른 졸업생이 끼어들어 이렇게 말한다. "너는 또 전부 Y를 입력하고 있어!" 물론 많은 사람이 평생 동안 보수적 전략만으로도 충분히 잘 살아남을 수 있지만, 그들은 문제 해결형 리더가 되려고 하는 것이 아니다. 이 분야에서는 제자리에 머무르려면 전력을 다해 질주해야 한다.

문제 해결형 리더십의 역설은 동일한 상태를 유지하려면 변화해야만 한다는 것이다. 피트의 난수 네트워크와 비슷한 지원 시스템이 만들어 내는 함정에 빠지기는 매우 쉬운 일이다. 사람들은 무의식적으로 자신이 듣고 싶어 하는 대답을 하는 사람들에게서 도움을 찾는다. 그중 최악인 것은 그 일을 스스로 깨닫지 못한다는 점이다. 자신이 무엇을 하고 있는지 모르면 고정된 패턴에 빠져 버린다. 이미 갖고 있는 것에 필사적으로 매달리거나, 변화를 위한 변화에만 집착한다.

오랜 세월 동안 많은 워크숍 참가자들이 내게 경력을 바꾸는 고민에 대해 조언을 요청했다. 그들 중 상당수는 몇 년 후에 당신의 조언대로 했더니 정말 잘되었다고 이야기해 왔다. 이상한 점은 그 문제에 관해서 나는 항상 단지 피트의 네트워크처럼 행동한다는 것이다. 내가 5라는 숫자를 말해 준 것은 아니지만, 그들이 무슨 말을 하든지 항상 똑같은 말만 되풀이했던 것이다. "당신이 정말로 하고 싶은 일을 하세요."

황금률은 자신이 하고 싶다고 생각하는 일을 다른 사람에게도 하라고 가르친다. "당신이 정말로 하고 싶은 일을 하세요."라는 말이 때로는 나를 두렵게 하기도 하지만, 그 말은 내가 원하는 조언이다. 그 조언은 늘 같은 일을 계속하고 싶어 하는 보수파로서의 조언도 아니고, 끊임없이 변화를 원하는 진보파로서의 조언도 아니다. 대신에 그것은 보수파도 진보파도 아닌 도움을 주는 사람이 해 줄 수 있는 최고의 조언이다. 나는 그런 사람을 그냥 친구라고 부른다.

24장 질문

1. 개인 지원 시스템에 속해 있는 사람들을 목록으로 만들어 보자. 자신이 생각하고 있는 변화를 하나 골라서 그 사람들이 변화를 만드는 데 도움을 줄 것 같은지, 아니면 변화하지 않는 것을 원할지 분류해 보자. 만약 두 가지 이상의 변화를 생각하고 있다면 각각 별도로 분류해 보자.
2. 지원 시스템에 속해 있는 사람들의 목록을 보고, 그 목록이 좋은 상태를 유지할 수 있도록 노력하고 있는 일을 설명해 보자. 어딘가 부족한 곳은 없는가? 그러한 부족함을 메울 수 있는 부분을 추가하기 위해 무엇을 하고 있는가?
3. 지난 1년간 지원 시스템이 어떻게 바뀌었는가? 과거 5년간은 어떻게 바뀌었는가? 앞으로 1년간 어떻게 바뀔 것인가?
4. 직장을 그만두었을 경우에 도움을 요청할 수 있는 사람들을 목록으로 만들어 보자. 그들이 각각 어떠한 도움을 줄 것 같은가? 받고 싶은 도움이지만, 목록에 있는 사람들이 줄 수 없을 것 같은 도움에는 어떤 것이 있는가?
5. 새롭고 더 나은 자리를 제안 받았지만, 새로운 환경으로 가야 하는 상황에 대해서 앞의 질문과 동일하게 답변을 해 보자.

에필로그

> 내가 통치해 온 지금까지 50여 년의 승리와 평화의 시대 동안 신하들에게 사랑을 받았고, 적에게는 두려움을 주었으며, 동맹국으로부터는 존경을 받았다. 부와 명예, 권력과 기쁨은 나의 뜻대로였으며, 지상에는 부족함 없는 축복이 넘쳤다. 그렇게 된 지금, 나는 순수하게 내 몫으로 주어졌던 진정으로 행복했던 날들을 헤아려 보았도다. 그 수는 14일이었다.
>
> — 아브드 알라흐만 3세[1]

지금까지 문제 해결형 리더라는 주제로 내가 알고 있는 거의 대부분을 이야기했지만, 내가 이야기하지 않은 한 가지는 여러분이 테크니컬 리더가 되고 싶어 할지 아닐지 모른다는 것이다. 모든 사람이 리더가 되고 싶어 하는 것은 아니지만, 많은 사람들이 그 사실을 뒤늦게 깨닫는다. 그렇게 깨달았을 때에는 이미 이전 상태로 돌아오기 위해 필요한 기술이나 태도, 상상력 등을 잃어버린 경우가 많다. 리더가 되기 위한 행동을 하기 전에 왜 리더가 되고자 하는지 그 동기를 살펴보아야 하지만, 그렇게 하지 않았던 것이다.

나는 수십 년간 리더들에게 컨설팅을 하고 있지만, 그들은 여전히 완벽하게 이해할 수 없는 존재들이다. 지성을 갖춘 인간이 도대체 왜

---

[1] Abd ar-Rāḥman III(891~961, 재위 912~961). 스페인의 아랍 이슬람 왕조인 후우미야드 왕조의 8대 군주. 왕국의 최고 전성기를 이끌었다.

다른 사람들의 인생을 조직화하는 불확실한 기쁨을 위해서 자신의 행복을 잃을 수도 있는 위험을 감수하는 것일까? 그 리더들이 보기와는 달리 행복하지 않기 때문일까? 아니면 똑똑하지 않기 때문일까? 천년의 세월이 지난 지금, 리더가 되고자 하는 사람들이 조금이라도 지성을 갖추고 있다면 아브드 알라흐만 3세의 이야기가 농담이 아니라는 사실을 알고 있을 것이다. 그렇지 않은가?

리더가 되겠다는 생각을 다시 고려해 보라고 조언해도, 역사상 위대한 리더들이 했던 이야기에 귀를 기울이지 않는 사람이라면 분명히 내 말도 별로 신경 쓰지 않을 것이다. 그런 사람들은 내가 아무리 합리적으로 행동하라고 이야기한다고 해도 자신이 내린 결정을 되돌리려고 하지 않을 것이기 때문에, 그렇게 이야기하기보다 두 가지 이야기를 더 들려 주려고 한다. 이것은 리더가 되고자 했던 나의 동기를 깨닫는 데 도움을 주었던 로지와 데이브라는 두 훌륭한 리더에 대한 이야기이다.

로지의 반응

내가 열일곱 살이었을 때, 한 병원에서 로지를 만났다. 로지를 처음 본 순간, 그녀가 왜 '로지'라고 불리는지 알 것 같았다.[2] 나는 수술이 끝난 다음 침대에 누워서 마취로 정신이 혼미한 상태였지만, 내가 살아 있는 것인지 아니면 죽은 것인지 무척 궁금했다. 그때 멀리서 메아리처럼 울리는 목소리가 들렸다. "깨어나셨나요?" 나는 뭐라고 대답해야 할지 몰랐고, 내 대답을 듣고 싶어 하는지도 확실치 않았.

그 소리가 마치 천사의 목소리인 것 같아 몹시 걱정스러웠다. 그러

---

2 로지(Rosy)에는 장밋빛이라는 뜻이 있다.

자 양손이 살며시 내 어깨를 흔들었다. 내 몸은 다시 잠에 빠져들려고 했지만, 꼭 알고 싶었다. 정말로 천사일까? 내가 정말로 천국에 있는 걸까?

　내가 눈을 뜨자 로지의 솜털 같은 산호색 머리카락이 희미한 후광처럼 얼굴을 둘러싸고 있는 것이 보였다. 나는 죽은 상태였고 로지는 나의 천사였던 것이다.

　나는 기뻤다. 그리고 미소 지었다. 로지도 내게 미소를 지으며 체온을 측정했다. 나는 체온계를 보고 내가 아직 살아 있다는 사실을 알게 되었지만 아무래도 상관없었다. 나는 사랑에 빠졌고, 로지는 나를 돌봐 주고 있었다.

　그 후 열흘 동안은 고통과 불편함, 어색함이 가득했지만 나는 그 상태가 영원하기를 바랐다. 로지가 내 침대 곁에서 이마의 열을 식혀 주고, 내 손을 잡아 주고, 모르핀을 놓아 주기를 원했다.

　날이 갈수록 행복은 더해 갔고 더 깊은 사랑에 빠졌다. 열흘째 되던 날, 잠자리에 들 시간에 로지는 셔벗 한 그릇과 수면제를 가지고 병실로 들어왔다. 내가 약을 먹는 것을 지켜본 다음 매일 하던 질문을 했다. "진통제가 더 필요한가요?"

　나는 매일 하던 대답을 했고, 로지는 우리의 짧은 로맨스 중 처음으로 얼굴을 찌푸렸다.

　"정말로 필요하다고 생각해요?"

　"예, 그럼요." 나는 애원했다. "정말로 필요하다고요."

　그녀는 "그렇다면……"이라고 말했고, 천사 같은 목소리는 영원히 사라졌다. "더 이상은 진통제를 투여하지 않는 것이 좋겠네요."

　그다음 나흘간은 고통스러운 악몽이었다. 진통제를 달라고 애원하기도 하고, 졸라대기도 하고, 부탁하기도 했으며, 마구 소리치기도 했다. 나는 벽을 두드렸다. 비명을 질렀다. 대놓고 진통제를 달라고 요구하기도 했다. 빌기도 했다. 흐느껴 울기도 했다. 하지만 로지는 내게서 천국만큼이나 멀리 떨어져 있었다.

인정사정 없는 나흘 동안 영원한 사랑은 완전한 증오로 바뀌었고, 나는 기회가 있을 때마다 모든 방법을 동원해서 그 증오를 드러냈다. 하지만 그 나흘 동안, 로지는 내가 모르핀 초기 중독에서 벗어날 수 있도록 해 주었다. 퇴원하게 되었을 때, 나는 로지를 다시는 보고 싶지 않다고 생각했다. 실제로도 다시 만나지 못했다. 하지만 로지는 나를 모르핀 중독에서 구해 주었고, 그 일에 대해 항상 감사할 것이다.

로지는 나를 구원해 주기만 한 것이 아니었다. 내게 한 가지 원칙을 가르쳐 주었다. 나는 그것을 '로지의 반응'이라고 부른다.

만약 어떤 것을 간절히 원하고 있다면, 차라리 갖지 않는 편이 나을 수도 있다.

로지가 되돌려준 일생 동안 내가 무언가에 사로잡혀 있었을 때, 용기를 가지고 내게 로지의 반응을 보여 준 사람들이 있었다. 하지만 아쉽게도 나는 그 말에 귀를 기울이지 않았다. 만약 내가 몸에 있는 모든 구멍에 튜브를 연결한 채 침대에 묶여 있지 않았더라면 로지가 하는 말도 듣지 않았을 것이다.

데이브의 전환

그것이 로지의 반응이 가진 문제점이다. 그 반응이 필요하지 않은 사람들이나 침대에 묶여 있는 사람에게만 통한다. 강박에 사로잡힌 사람들은 들으려 하지 않는다. 스스로에게 상처를 입히려는 사람들을 도와주려면 데이브의 전환 같은 다른 방식을 찾아야 한다. 데이브의 전환은 내가 스물세 살 때 관리자가 되려는 강박을 극복하는 데 도움을 주었다.

당시 나는 IBM에 근무하고 있었다. 컴퓨터 분야는 넓게 열려 있었고, 2년 내에 초봉의 두 배를 받기로 되어 있었다. 나는 컴퓨터에 대해 모든 것을 알고 있다고 생각했고, 신세계를 정복하고 싶어 몸이 근질거리는 상태였다. 주위를 둘러본 다음 IBM에서 진정으로 출세를 하려면 관리자가 되어야 한다는 결론을 내렸다.

반기 평가 때 상사인 데이브에게 나의 의지를 표현했다. 데이브는 IBM의 계급 구조를 뚫고 올라온 지방 출신 관리자였다. 내가 보기에 그는 멋있고 강인하고 부유한 사람이었다. 나는 그 사람처럼, 아니 그 이상이 되고 싶었다.

"그러면 관리 분야에서 어디까지 가 보고 싶은가?"라고 데이브는 물었다.

"한계는 없다고 생각합니다! 저는 IBM 사장이 되고 싶습니다."

"왜 그렇게 하고 싶은가?"

순간 망설였다. 정말로 왜지? "사실, 이유는 잘 모르겠지만 그렇게 되고 싶다는 것을 잘 알고 있고, 더 이상 개발자로 남아서 비트[bit]에 둘러싸여 시간을 낭비하고 싶지 않습니다. 개발자의 길은 위로 올라가는 길이 아니에요. 막다른 길입니다."

데이브는 내가 말을 끝마칠 때까지 참을성 있게 기다렸다. 그는 강박에 사로잡힌 사람을 가로막는다고 해서 자신이 원하는 대로 할 수는 없다는 것을 잘 알고 있었다. "내가 어떻게 도와줄 수 있을까?"

"관리 분야에서 할 수 있는 일을 찾고 싶습니다. 가능한 한 빨리요!"

"그렇게 해 보지."라고 그가 말했다. "하지만 그 전에 해 줬으면 하는 일이 있는데."

"그게 뭐죠? 뭐든지 하겠습니다."

"자네는 글을 잘 쓰잖아. 자리로 돌아가서 두 가지 목록을 작성해 줬으면 좋겠어. 첫 번째 목록에는 자네가 관리자가 되고 싶은 이유를 전부 써 봐. 두 번째 목록에는 자네가 리더로서 갖고 있는 자산과 부채를 모두 작성해 보게. 그 목록을 내게 가져오면 관리 업무를 어떻게 시작해야 할지 의논해 보자고."

돌이켜봤을 때, 데이브가 내게 로지의 반응을 보여 주었다면 내가 로지에게 했던 것처럼 저항했으리라는 것을 지금은 이해한다. 데이브는 나의 기술적 기여를 진심으로 높게 평가하고 있었다. 그는 나를 잃고 싶지 않았지만, 내가 IBM에서 팀장으로서 직원들을 이끄는 것은 고사하고 보이스카우트 유년반을 이끄는 것도 상상하기 끔찍한 일이었음이 분명하다. 데이브는 나를 침대에 묶지 않았고, IBM을 그만두더라도 더 높은 급여를 받을 수 있는 일자리들이 얼마든지 있었다. 나는 내가 원하는 승진을 약속하는 어리석은 관리자를 찾아낼 수도 있었다.

자산과 부채의 목록

데이브의 전환은 효과가 있었다. 나는 저항하는 대신에 사무실로 달려가서 노트에 마구 목록을 쓰기 시작했다. 우선 이유부터 적기 시작했다. 존경, 권력, 돈. 좋은 시작이었고, 그다음에는 자산과 부채에 대한 목록을 작성하기 시작했다.

나의 자산은 대부분 기술에 대한 내용이었다. 나는 복잡한 아이디어를 재빨리 이해할 수 있었고, 사람들이 그런 아이디어들을 이해할 수 있도록 글을 잘 쓸 줄 알았다. 제대로 동작하는 컴퓨터 프로그램을 작성할 수 있는 능력도 있었다.

나는 종이 위에 나의 부채를 작성하기 전에 오랫동안 망설였다. 물론 부족한 점이 있다는 것을 알고 있었지만, 다른 사람들에게 그 사실을 알리고 싶지 않았기 때문이다. 그중 한 가지는 내가 젊기 때문에 아무도 나를 존경하지 않는다는 것이었고, 또 다른 한 가지는 내 아이디어가 대단히 훌륭해도 아무도 내 방식을 따르지 않으리라는 점이었다. 마지막으로는 내 개인 생활이 업무에 큰 방해가 되고 있었는데, 특히 갓난아기 둘과 함께 집에 묶여 있는 젊은 아내와 끊임없이 말다툼을 하는 것이 그랬다.

종이에 쓰여진 부채를 보고 내가 관리자로 이동해서 성공할 가능성이 그다지 커 보이지 않는다는 사실을 깨달았다. 데이브가 이 목록을 읽게 되면 관리자로서의 내 경력은 시작하지도 못한 채 무산될 것이다. 목록을 다시 잘 작성하면 아마 내 약점을 숨길 수도 있을 것이라고 생각했다.

그래서 다시 목록을 작성하면서 내 약점을 다른 목록, 즉 관리자가 되고 싶은 이유에 대한 목록과 관련 지어 보면 어떨까 하는 생각이 들었다. 그 결과가 바로 다음 목록이다.

1. 나는 관리자가 받아야 할 존경을 받고 싶다. 그렇지 않으면 아무도 나같이 젊고 충동적인 사람을 존경하지 않을 것이기 때문이다.
2. 나는 관리자로서의 권력을 갖고 싶다. 지위가 가진 권위를 통해 명령하는 방법 말고는 사람들이 일을 하도록 만드는 방법을 모르기 때문이다.
3. 나는 돈을 원한다. 그렇게 되면 보모를 고용하거나, 두 번째 차를 구입하거나, 집을 사서 개인 생활을 제대로 관리할 수 있기 때문이다.

마침내 내 뇌리를 강타한 것은 세 번째 항목이었다. 그 문장을 다시 읽었을 때 내면의 목소리가 내게 이렇게 말했다. "자기 일도 제대로 관리하지 못하면서 어떻게 다른 사람들을 관리할 수 있다는 생각을 할 수 있지?"

그 질문이 나의 강박을 깨뜨렸다. 다른 항목들도 다시 생각해 보니 데이브에게 제출하기에는 너무 충격이었다. 나는 이렇게 말해야 할 것이다. "데이브, 리더십의 필수 자질이 전부 부족하기 때문에 관리자가 되고 싶습니다. 무엇보다도 저는 지금 하고 있는 일을 왜 하고 있는지, 다른 사람들에게 어떤 영향을 줄지 전혀 모릅니다."

나는 데이브에게 목록을 제출하지 않았고, 무슨 이유에서인지 데이브도 내게 다시 묻지 않았다. 데이브는 나름의 방식으로 로지가 했던 것 이상으로 나를 도와주었다. 그때 만일 데이브가 내게 로지가 했던 방식대로 했다면 내가 훨씬 크게 화를 냈으리라는 것을 알고 있었던 것이다. 로지는 스스로에게 상처 주는 일을 멈추게 해 주었지만, 데이브는 내가 다른 사람들에게 상처를 주는 방향에서 다른 방향으로 전환하도록 해 주었다. 각자 그 상황에서 가장 효과적인 방법을 사용한 것이다.

자신의 강박을 다루는 방법

나는 로지와 데이브가 내게 전해 준 것을 다시 여러분에게 전달하는 도덕적 의무를 완수해야만 이 책을 마칠 수 있다고 생각한다. 로지에게서는 행복이 모르핀을 통해 외부에서 오는 것이 아니라는 것을 배웠고, 데이브에게서는 리더십이 임명을 통해 외부에서 오는 것이 아니라는 사실을 배웠다. 리더로 임명되는 것은 약물을 복용하는 것과 비슷하다. 리더로 임명되면 시작의 고통은 헤쳐 나갈 수 있겠지만, 꼭 필요한 중요 정보에 대한 감각이 무뎌질 가능성이 커진다.

다른 사람이 당신을 보는 것처럼 스스로를 보는 능력이 부족하다면 훌륭한 리더가 될 수 없다. 약물 중독자는 그렇게 할 수 없다. 리더십에 대한 환상도 나쁜 일이지만, 자신에 대한 환상은 최악의 중독이다. 나는 이 책의 저자로서 리더십에 대한 환상이 겉으로 드러나게 할 수는 있지만, 자신에 대한 환상을 해결할 수 있는 것은 자신뿐이다. 여러분에게 내 이야기에도 귀를 기울여 보라고 이야기하는 것이 내가 할 수 있는 최선이다.

내가 다른 사람들을 이끌어 가고 싶다는 생각에 사로잡혀 있다고 느낄 때마다, 먼저 해야 할 일은 내가 강박에 빠져 있다는 사실을 깨닫는 것이다. 나는 회의에서 기발한 아이디어를 제시할 수도 있고, 다른 사람들에게 인생 경로를 바꾸라고 조언할 수도 있다. 그것은 훌륭한 일이 될 수도 있고 끔찍한 일이 될 수도 있다. 중요한 것은 그런 행동을 하려는 스스로에 대한 감정이며, 나는 모르핀 경험으로 내면의 강박을 알아차릴 수 있었다.

후회할지도 모르는 말이나 행동을 하기 전에, 잠깐이라도 자기를 통제할 수 있는 순간이 생겼다면 나는 스스로에게 다음과 같은 세 가지 질문을 한다.

1. 나는 왜 이 일을 하고 싶어 하는가?
2. 내가 기여할 수 있는 자산은 무엇인가?
3. 내가 가져올 부채는 무엇인가?

내가 이 질문들을 했을 땐 항상 도움이 되었고, 여러분도 그렇게 해 볼 것을 추천한다. 그렇기 때문에 여러분은 내가 왜 이 책을 쓰고 싶어 했는지, 그리고 이 책에 대한 나의 자산과 부채가 무엇인지 내게 당연히 질문할 수 있다.

자산과 부채는 이 책을 읽고 여러분의 경험을 통해 자연스럽게 알아내야 하는 것이고, 내가 이야기해줄 수 있는 것은 나의 동기뿐이다. 이 책이 많이 팔려서 내가 성공한 사람으로 보이고, 사람들이 내 워크숍에 더 많이 참가하고, 컨설팅 업무도 많이 들어오고, 누군가가 나와 함께 일하지 않았던 것을 후회하도록 해 주면 좋겠다고 생각한 적도 많다. 이것이 세상에서 가장 고상한 동기들은 아니며, 단지 그 때문에 내가 이 책을 쓰고 여러분이 수고롭게 이 책을 읽는 것은 아니다.

나는 로지나 데이브, 그리고 나의 리더였던 사람들의 은혜에 보답하려고 이 책을 썼다. 그들이 내게 가르쳐 준 행복을 여러분에게 전해 주었다면, 그리고 여러분이 그 행복을 다시 다른 사람들에게 전해 준다면 그것이 바로 그 은혜에 보답하는 길일 것이다. 그것 이외에 또 어떤 이유가 있을 수 있겠는가?

참고 도서

나는 지금까지 다양한 리더십을 주제로 하는 수많은 책을 읽었지만, 내가 배운 리더십은 대부분 책에서 얻은 것이 아니다. 사람들과의 경험을 책으로 대신할 수는 없기 때문에, 이 책을 읽은 후 다른 책을 읽기 전에 밖으로 나가서 다른 사람들과 직접 상호작용을 해 보기를 추천한다.

리더십에 대한 책을 더 많이 읽을 준비가 되었다면 내가 추천한 책들을 읽어 보고 싶을 수도 있다.

다음 번에 어떤 책을 읽는 것이 좋은지 구체적으로 말하기는 쉽지 않다. 테크니컬 리더에게 필요한 핵심 주제를 다루는 책이 엄청나게 많기 때문이다. 그러나 다음 참고 도서 목록은 우리 워크숍 참가자들에게 도움을 주었던 책들이며, 어떤 내용인지 대략 파악할 수 있도록 각 항목마다 짤막한 설명을 달아 놓았다. 이 책들을 읽는 시간이 아깝지는 않을 것이다.

Bolman, Lee G., Terrence E. Deal.
Modern Approache to Understanding and Managing Oranization. San Francisco: Jossey-Bass, 1984.
리더십의 조직화 측면을 더 깊이 공부해 보고 싶다면 볼먼과 딜이 명쾌하게 쓴 이 책으로 시작하는 것이 좋다. 그들은 중요한 이론 모델을 조사해서, 그것을 전체 그림의 일부분으로서 각각을 균형 잡힌 시각으로 바라본다. 그들은 네 가지 주요 조직 모델을 조합해 냈는데, 아쉽게도 네 가지 모두 혁신의 역할을 적절히 다루고 있지는 않다.

Bolton, Robert.
People Skills: How to Assert Yourself, Listen to Others, and Resolve Conflicts. Englewood Cliffs, N.J.: Printice-Hall, 1979.
『피플 스킬: 마음의 문을 열어주는 인간관계 기술』(씨앗을 뿌리는 사람, 2007)
대인 관계 능력이 부족하면 다른 리더십 자질이 모두 쓸모 없는 것이 된다. 얼마나 능력 있는 리더인지에 상관없이 누구나 기본 자질을 현실적으로 검토하는 것은 유익한 일이다.

Branden, Nathaniel.
The Psychology of Self-Esteem. New York: Bantam Books, 1971.
Honoring the Self. Los Angeles: J.P. Tracher., 1983.
자존감은 리더십의 핵심이다. 브랜든은 이 주제에 대해서 가장 인기 있는 저자 중 한 명이다.

Carnegie, Dale.
How to win Friends and Influence People. New York: Simon and Schuster, 1936.
『카네기 인간관계론』(씨앗을 뿌리는 사람, 2004)
리더십에 대한 일반 원칙은 75년이 지나도 변함이 없으며, 5천 년이 흘러도 마찬가지일 것이다.(이 자기 개발서의 고전에 최신 개정판이 있긴 하지만 그 사실에는 변함없다.) 카네기의 평범한 규칙을 참을 수 없다고 느낀다면 그것은 평범한 사람들을 이끌어 갈 준비가 되어 있지 않다는 의미일 수도 있다.

Doyle, Micheal, and David Straus.
How to make Meetings Work. Chicago: Playboy Press, 1976.
도일과 스트라우스는 각종 회의를 조직하고 진행하는 '상호작용 방법'을 개발했다. 이 책에서 분명하게 설명하고 있는 그 방법으로 많은 사람들이 회의를 최악의 시간에서 최고의 시간으로 바꿀 수 있었다.(전문 기술 분야의 회의에 대해서는 프리드먼과 와인버그의 책을 참고하기 바란다.)

Freadman, Diniel p., and Gerald M. Weinberg
Handbook of Walkthrough, Inspections and Technical Reviews. Boston: Little Brown, 1982.
기술 분야의 회의는 진행 중인 업무를 비판적 시각으로 리뷰하는 경우가 많다. 기술 리뷰는 어떻게 이끌어 가는지에 따라 기술적 성장의 밑바탕이 될 수도 있고, 심각한 분노와 갈등의 근원이 될 수도 있다. 우리가 질문과 답변 형식으로 만든 이 책이 리뷰 회의로 시간을 보내는 모든 사람에게 필수 안내서라고 생각하고 있다.(기술 분야 이외의 회의에 대해서는 도일과 스트라우스의 책을 참고하기 바란다.)

Gause, Donald C., and Gerald M. Weinberg.

Are Your Lights On? : How to Figure out What the Problem Really Is. New York, NY: Dorset House Pub., 1990.
『대체 뭐가 문제야』(인사이트, 2013)
문제 정의에 대한 이 친근한 작은 책은 다음에 어디로 가고 싶은지 그다지 확신이 서지 않는 상황에서 도움이 될 것이다. 또한 테크니컬 리더십에 반드시 필요한 사고방식을 알려준다.

Gordon, Thomas.

Leader Effectiveness Training, L.E.T.: Proven Skills for Leading Today's Business into Tomorrow. 1st Perigee ed. New York, N.Y.: Berkley Pub. Group, 2001.
『리더 역할 훈련』(양철북, 2006)
고든은 매우 인기 있는 저자이며『Parent Effectiveness Training』(『부모 역할 훈련』양철북, 2002)』이라는 유익한 책을 쓰기도 했다. 고든의 '필연적 성공no-lose' 방식은 빅게임에서 벗어나기를 원하는 테크니컬 리더에게 매력적이다.

Gross, Ronald.

The Lifelong Learner. New York: Simon and Schuster, 1979.
자기 학습에 책임을 지고 있는 사람들에게 필수적인 책이다. 자기 혁신을 위한 아이디어, 제안, 구체적 자료들로 가득 차 있다.

Hart, Lois Borland.
Moving Up! Women and Leadership. New York: AMACOM, 1980.
이 책은 여성뿐 아니라 남성에게도 흥미로운 내용으로 이루어져 있는데 비판적인 내용은 아니다. 자기 평가를 위한 차트가 많다는 점이 이 책의 특징이다.

Hollander, Edwin P.
Leadership Dynamics. New York: Free Press, 1978.
『리더십 다이내믹』(가톨릭출판사, 2004)
이 책은 리더십에 대한 이론 및 실험 결과에 대한 좋은 출발 지점을 제공한다. 참조가 매우 충실하게 되어 있지만, 먼저 내용을 읽고 원하는 경우에만 출처를 찾아보는 것이 좋을 것이다.

Josefowitz, Natasha.
Paths to Power: A Woman's Guide from First Job to Top Executive. Reading, Mass.: Addison-Wesley, 1980.
여성의 전반적 경력을 권력이라는 측면에서 다루고 있다. 비록 리더십보다 그 문제를 더 많이 다루고 있긴 하지만, 이 책을 읽어 본 사람들은 하트의 책보다 많은 정보, 특히 여성 리더들에게 유익한 정보를 많이 담고 있다고 말한다.

Kennedy, Eugene.
On Becoming a Counselor : A Basic Guide for Nonprofessional Counselors and Other Helpers. New expanded and rev. 3rd ed. New York: Crossroad Pub. Co., 2001.

리더는 도움을 요청받았을 때 상담가 역할을 해야 하는 경우가 많다. 케네디의 책은 전문 상담가는 아니지만 상담가 역할을 하는 경우가 많아서, 최소한 상대방에게 피해를 주지 않는 방법을 알고 싶어 하는 사람들을 위한 책이다.

Oshry, Barry.
Seeing Systems : Unlocking the Mysteries of Organizational Life. 2nd ed. San Francisco: Berrett-Koehler Publishers, 2007.
『당신이 회사에서 보지 못하는 90%의 진실』(엘도라도, 2009)
조직에서 권력의 시스템 측면을 이해하고자 한다면 배리 오쉬리가 최고의 권위자이다.

NTL Institute for Applied Behavioral Science.
Reading Book for Human Relations Training. 8th ed. Alexandria, Va.: NTL Institute for Applied Behavioral Science, 1999.
내 워크숍에 참가했던 많은 이들은 다른 사람들과 상호작용하는 방법에 대해 더 많이 알고 싶어 한다. 그들에게 NTL연구소[NTL Institute]를 추천하며, 이 책은 그 연구소에서 발행한 것이다.

Progoff, Ira.
At a Journal Workshop : Writing to Access the Power of the Unconscious and Evoke Creative Ability. 1st ed, (Inner Workbook Series). Los Angeles: J.P. Tarcher, 1992.
만약 일기를 꾸준히 쓰는 방법을 더 알고 싶다면 이 책이 바로 그 주제를 다루고 있다.

Reps, Paul.
Zen Flesh, Zen Bones : A Collection of Zen & Pre-Zen Writings. Rutland, Vt.: Charles E. Tuttle Co., 1998.
『나를 찾아가는 101가지 선 이야기』(화남출판사, 2005)
내 책에 '선과 테크니컬 리더십의 예술'이라는 제목을 붙여야 한다고 말하는 사람들도 있었지만, 선은 이야기의 일부분일 뿐이다. 그러나 자신을 테크니컬 리더로 변화시키고 싶은 사람들은 선의 방식을 알고 있어야 하며, 폴 렙스는 아마 서구에서 선을 대중화시킨 최초의 작가일 것이다. 이 책은 선의 가르침에 대한 이야기를 모은 것이다.

Rogers, Carl.
On Personal Power: Inner Strength and Its Revolutionary Impact, Trans-Atlantic Publications, 1978.
만약 권력과 리더십에 흥미가 있다면 무엇보다 먼저 이 책을 먼저 읽어 보는 것이 좋다. 칼 로저스의 다른 책들도 훌륭한 리더십을 향한 발걸음에 도움이 될 것이다.

On Becoming a Person: A Therapist's View of Psychotherapy, Constable, 2004.
『진정한 사람되기』(학지사, 2009)
A Way of Being. Boston: Mariner Books, 1995.
『사람 중심 상담』(학지사, 2007)

Russell, Bertrand.
The Conquest of Happiness. 1st ed, Routledge Classics. London ;

New York: Routledge, 2006.

『행복의 정복』(사회평론, 2005)

불행한 사람은 리더가 될 수 없다. 노벨상 수상자인 철학자 버트런드 러셀은 행복해지는 방법과 성공하는 방법이라는 아주 고전적인 질문을 다룬다.

Satir, Virginia.

Conjoint Family Therapy, 3rd ed. Palo Alto, Calif.: Science and Behavior Books, 1983.

『아름다운 가족』(창조문화, 2003)

Self-Esteem. Millbrae, Calif.: Celestial Arts, 1975.

Making Contact. Millbrae, Calif.: Celestial Arts, 1976.

Your Many Faces : The First Step to Being Loved. New ed. New York: Celestial Arts, 2009.

두말할 필요도 없이, 나는 버지니아 사티어의 업적에서 깊은 영향을 받았다. 인생에 대한 사티어의 획기적 방식을 내가 처음으로 만난 것은 『Peoplemaking(『사람 만들기』홍익재, 1991)』을 통해서였고, 그 책은 어떻게 다른 사람들과 상호작용하는 방법을 배울 수 있는지에 대한 내용을 담고 있다. 『Conjoint Family Therapy』는 치료 전문가들을 대상으로 한 종합 교과서 그 이상이며, 사티어의 다른 모든 책과 마찬가지로 학문적 가식 없이 쓰여졌다. 리더에게 중요한 구체적 주제에 대한 좀 더 가벼운 입문서를 원한다면 Celestial Arts 출판사에서 나온 사티어의 책들을 읽어 보자.

Shah, Idries.

The Subtlefies of the Inimitable Malla Nasrudin. London: Octagon Press, 1973.

리더십과 교육에 대한 나의 방식은 여러 가지 면에서 수피즘[1]의 개념으로부터 큰 영향을 받았다. 나는 리더가 되고자 하는 모든 사람이 수피즘 방식에 친숙해져야 한다고 생각한다. 수피즘에 대해서 영어권 대중에게 알려진 대부분의 책은 이드리스 샤가 쓴 것이다. 이 책은 수피즘의 가르침에 대한 그의 책들 중 하나일 뿐이며, 다른 책들도 좋은 출발 지점이 될 수 있다.

Weinberg, Gerald M.

Understanding the Professional Programmer. New York: Dorset House, 1988.

더 중요하고 더 나은 방향으로 나아가기 전에, 자신이 어디에서 왔으며 지금 어디에 있는지 이해하는 것이 좋다. 만약 프로그래머 출신이라면 이 책이 도움이 될 것이다. 또한 아래의 책도 추천한다.

The Secrets of Consulting: A Guide to Giving & Getting Advice Successfully. New York: Dorset House Publishing, 1985.
『컨설팅의 비밀』(인사이트, 2004)
이 참고 도서 목록을 만들면서 나는 내가 이미 오랫동안 문제 해결형 리더를 주제로 책을 써 왔다는 사실을 깨달았다. 이 책이 리더십이라는 주제를 본격적으로 다룬 첫 번째 책이긴 하지만, 다른 책들도 문제

---

[1] 신비주의를 신봉하는 이슬람교의 분파.

해결형 리더의 세 가지 주요 측면을 다루고 있다.

도널드 고즈와 함께 쓴 『Are Your Lights On?』 (『대체 뭐가 문제야』 인사이트, 2013)는 문제의 이해라는 주제를 다루고 있다. 대니얼 프리드먼과 함께 쓴 『The Handbook of Walkthroughs, Inspections, and Technical Reviews』는 품질 제어라는 주제를 다루고 있으며, 같은 주제로 쓴 『Perfect Software and Other Illusions About Testing』도 있다. 『The Secrets of Consulting』은 아이디어의 흐름 관리라는 세 번째 영역을 다루고 있다. '조언을 성공적으로 주고받기 위한 안내(A Guide to Giving and Getting Advice Successfully)'라는 이 책의 부제가 내용의 모든 것을 말하고 있다. 『Quality Software Management: Systems Thinking』은 사고 방법을 다루고 있는데, 소프트웨어라는 범위를 벗어나는 영역에도 그 방법을 적용할 수 있으며, 『An Introduction to General Systems Thinking』이라는 나의 책을 기반으로 하고 있다.

부록

Experiential Learning

제리 M. 와인버그는 1986년에 이 책을 출간한 이후에도 자신의 이론을 꾸준히 발전시켜 왔으며, 특히 MBTI를 바탕으로 한 데이비드 커지David W. Kiersey의 기질Temperament 이론과 MOI 모델의 관계를 연구하면서 자신이 한 가지 구성 요소를 간과하고 있다는 사실을 깨달았다. 다음은 네 가지 기질과 MOI 모델을 확장한 MOI(J) 모델의 연관 관계이다.

- NF (이상가적 기질) - M (동기부여)
- SJ (보호자적 기질) - O (조직화)
- NT (합리적 기질) - I (혁신/정보/아이디어)
- SP (장인/예술가 기질) - J (흔들기)

NF는 다른 사람들에게 도움을 주고 격려하며 평온한 상태를 유지하는 일에 집중하고, SJ는 절차를 만들거나 물리적 환경을 조성하는 일 그리고 시간을 지켜야 하는 일을 선호하며, NT는 새로운 아이디어를 제시하거나 기존 아이디어를 더욱 다듬어서 분명하고 정교하게 만드는 일에 재능이 있다. SP의 리더십은 '흔들기Jiggling'이다. 규칙이나 문화의 경계 바깥으로 나가서 문제를 해결하고, 놀이와 재미를 통해 긴장을 줄여주는 역할을 한다. 와인버그는 PSLProblem Solving Leadership 워크숍과 AYEAmplifying Your Effectiveness 컨퍼런스[1] 등을 진행하면서 얻은 자신의 경험을 토대로, 최근에 『Expriential

---

1 국내에는 이와 비슷한 성격의 교육 프로그램으로 애자일 컨설팅에서 진행하는 AC2(Agile Coach Squared)가 있다. (http://www.ac2.kr/)

Learning』이라는 세 권의 책을 전자책으로 공개했다. 이 부록은 독자들에게 MOI 모델의 현재 모습을 소개하고자, 저자의 승인 하에 『Experiential Learning』의 일부를 발췌한 것이다. MOI(J) 모델을 조직 측면에서 어떻게 활용할 수 있는지를 다루고 있다.

출처 - Experiential Learning(http://leanpub.com/u/jerryweinberg/)

옮긴이

조직화 교육

이 장에서는 경험적 방법의 유연함을 보여주고자 한다. 교육적 발견[2]을 목적으로 카드 탑 쌓기[3] 같은 실습이나 이와 유사한 방식을 이용하면, 참가자들은 완전히 새로운 학습을 경험할 수 있다.

이러한 발견 방식은 『테크니컬 리더』에서 가져온 리더십 정의를 기반으로 한다.

리더십이란 모든 사람이 직면한 문제 해결에 기여할 수 있도록, 개개인의 능력을 발휘할 수 있는 환경을 만들어 내는 과정이다.

각각 다른 스타일의 리더십 및 능력을 발휘할 수 있는 환경을 만들어 내는 다양한 방법에 대해서 모델을 만들어 보는 것이 실습을 통한 발견의 목적이다. 실습 도중에 모든 참가자가 각자 한 번 이상 리더십

---

2 탐색(Exploration) - 발견(Invention) - 응용(Application) 단계로 구성되어 있는 학습 사이클 중 두 번째 단계.
3 The House of Cards, 저자가 워크숍에서 진행하는 카드를 이용한 실습.

발휘를 시도한다고 가정한다. 이 가정이 모든 사람들에게 유효하지 않을 수도 있지만, 우리 PSL 워크숍 참가자들에게는 분명히 유효한 가정이었다.

참가자는 시뮬레이션 도중에 자신이 시도했던 '모든 사람이 직면한 문제 해결에 기여할 수 있도록, 개개인의 능력을 발휘할 수 있는 환경을 만들어 낸' 행동을 카드에 한 가지씩 기록한다.

우리는 참가자들에게 성공한 행동이 아니라 시도한 행동을 기록하라고 강조한다. 이렇게 관찰한 행동들을 수집하고 분류해서, 참가자들이 스스로 리더십 시도를 성공하게 만든 원인과 실패하게 만든 원인이 무엇인지에 대한 학습을 발견하기를 원한다.

MOI(J) 매트릭스

그 학습을 발견하기 위한 일반적이고 효과적 방법 중 한 가지는 관찰한 것을 1차원이나 2차원 배열로 분류하는 것이다. 차원을 더 높여서 배열을 만드는 것이 가능하다면, 쉬운 일은 아니겠지만 그것도 괜찮은 방법이다. 세 번째 차원으로 시간을 사용할 수도 있지만 이 시점에서 다룰 내용은 아니다.

MOI(J) 매트릭스는 다음 페이지에 나오는 그림처럼 리더십 행동을 표현하는 방법이다. 매트릭스의 맨 위 행에는 네 가지 스타일의 리더십 행동이 있고, 왼쪽 열은 리더십이 필요하다고 관찰한 상황이다. 매트릭스의 각 칸마다 그 행동이 무엇인지(열), 그 행동을 이끌어낸 관찰이 무엇이었는지(행)에 따라 행동을 분류할 수 있다. 이 방식을 통해 사람들이 시도한 행동으로 팀이나 개인의 현재 리더십 스타일의 특징을 알 수 있다.

	행동				
관찰	동기부여	조직화	정보	흔들기
동기부여 (사기가 낮은 상태 / 과잉 흥분 상태)	모두가 슬퍼했기 때문에, 기운을 북돋아 주려고 쿠키를 나누어 주었다.		나는 기운이 없는 모습을 보았고, 그래서 사람들에게 점수를 세 배로 올릴 수 있는 방법을 보여주었다.	
조직화 (혼잡하고 어수선한 상태 / 조직이 경직된 상태)	아무도 시간을 지키지 않고 있었기 때문에, 잭이 시간을 지키도록 격려했다.	아무도 시간을 지키지 않는 것을 보고, 내가 시간을 확인하는 역할을 맡았다.	아무도 시간을 지키지 않고 있었기 때문에, 시간 제한을 정하는 방법을 알려주었다.	아무도 시간을 지키지 않고 있었기 때문에, 나는 "이 일은 내일 끝냅시다."라고 말했다.
정보 (아이디어 부족 상태 / 아이디어 과잉 상태)		우리에게는 더 많은 아이디어가 필요했기 때문에, 브레인스토밍 시간을 마련했다.	아무도 일이 어떻게 되어가는지 모르는 것처럼 보였고, 그래서 모두에게 큰 소리로 규칙을 읽어주었다.	
흔들기 (막다른 길에 다다른 상태 / 열기가 과도한 상태)		우리는 결론을 내리지 못하고 있었고, 그래서 시간 제한을 정하자고 제안했다.		점점 카드 탑의 층을 높이는 시간이 오래 걸렸기 때문에, 나는 탑을 쳐서 무너뜨려 버렸다.
관찰한 것 없음	나는 언제나 치어리더 역할을 해왔기 때문에, 사람들의 기운을 북돋아주었다.	시간 제한이 효과가 있다고 믿기 때문에, 나는 시간 제한을 정했다.	나는 그냥 모든 사람들에게 이야기하고 싶은 좋은 아이디어가 있었다.	점심 시간에 농담을 들었기 때문에, 사람들에게 그 농담을 했다.

행동은 환경을 바꾸기 위해 시도한 것 → **관찰**은 그 행동을 이끌어낸 상황

그림 MOI(J) 매트릭스

리더십 시도
아인슈타인의 일의 법칙

- 복잡함 속에서 단순함을 찾아라.
- 불화 속에서 조화를 찾아라.
- 어려움 속에서 기회를 찾아라.

문제 해결은 환경을 확장하는 능력에 따라 달라지며, MOI(J) 모델은 '환경 확장'의 의미를 설명하는 한 가지 방법이다. 이 모델은 팀이 효과적으로 그리고 효율적으로 문제를 해결하려면, 세 가지 환경적 측면을 고려해야 한다고 말한다.

동기부여: 불화 속에서 조화를 찾아라.
사람들이 문제를 해결하고 싶어 하는가? 사람들이 함께 일하기를 원하는가? 문제를 훌륭하게 해결할 것이라고 너무 들떠 있지는 않은가?

조직화: 복잡함 속에서 단순함을 찾아라.
일이 정리되어 있어서 모든 것을 끝낼 수 있고, 모든 사람이 그 일을 할 수 있도록 유용한 자원을 갖추고 있는가? 정리가 너무 지나쳐서 사람들이 숨막혀 하지는 않는가? 가까이에 충분한 자원이 있는가?

정보: 어려움 속에서 기회를 찾아라.
문제를 해결하기 위한 정보가 가까이에 있는가? 문제를 해결하는 데 기존 아이디어로 충분한가, 아니면 새로운 아이디어가 필요한가? 팀이 지나치게 많은 정보에 파묻혀 있지는 않은가?

흔들기: MOI 모델이 작동하지 않을 때 해야 할 일

MOI(J) 모델에서는 동기부여, 조직화, 정보가 필요하다고 말하지만 그것 만으로는 충분하지 않다. 이 세 가지가 지나치게 많거나 부족하지 않아도 문제를 해결할 수 없는 경우가 있다. 그런 경우라면 사람들이 그 상황에서 빠져나올 수 있도록, '흔들기Jiggling'라고 부르는 일종의 충격 요법이 필요하다. 그러나 흔들기도 사람들에게 충격을 준다면 굉장히 곤란한 상태를 일으킬 수 있다. 이상적인 흔들기는 작고 미묘하며 조심스럽지만, 팀이 문제를 해결하는 능력에 큰 영향을 준다.

매트릭스 발견

워크숍 참가자들은 다 같이 모여서 드래프팅 테이프(제거하기 쉽고, 바닥이나 벽, 천장에 자국을 남기지 않는다)로 바닥에 정사각형 모양의 표를 그린 다음, 리더십 시도를 기록한 카드를 한 장씩 설명하면서 그 표에 배치한다. 열과 행에는 아직 이름이 붙어 있지 않은데, 그 이름들을 찾아 보는 것이 이 발견 과정의 주요 목적이기 때문이며, 그것이 바로 조직화 행동에 대한 MOI(J) 모델이다.

시도에 대한 설명

참가자들은 차례대로 리더십 시도가 적혀 있는 카드 한 장을 모든 사람에게 소리 내어 읽는다. 예를 들어 베시가 다음과 같이 말했다고 가정하자.

> 나는 실습이 끝날 때까지 남아 있는 시간을 사람들에게 상기시켜 주려고 했어요.

학습 리더는 이 카드를 매트릭스의 어느 위치에 배치해야 할지 사람들에게 질문한다. 물론 처음에는 아무도 정확한 위치를 모르기 때문에, 일단 리더가 카드를 배치해야 한다. 적절한 위치에 하려면 사람들에게는 더 많은 정보가 필요하기 때문에, 베시에게 보충 질문을 한다. "정확히 어떻게 상기시켜 주려고 했나요?"

앞에서 보여준 매트릭스에는 '사람들에게 시간을 상기시켜 주기'로 볼 수 있는 행동이 네 가지 있다. 이 행동들은 MOI(J) 모델에서 이야기하는 네 가지 행동 스타일과 일치한다.

- M: 잭이 시간을 시킬 수 있도록 격려하기
- O: 시간을 확인하는 역할 담당하기
- I: 시간제한을 정하는 방법을 알려주기
- J: 휴식을 제안하기

시도의 이유 파악

베시의 카드가 올바른 행에 놓이면, 우리는 베시에게 왜 그런 행동을 했는지 질문한다. 예를 들어 베시가 이렇게 답변했다고 하자.

나는 사람들에게 상기시켜 주려고 했어요. 왜냐하면 사람들이 시간 가는 줄 모르고 있었고, 시간이 얼마나 남았는지 알고 있다면 남은 시간을 더 잘 활용할 수 있을 거라고 생각했어요.

MOI(J) 모델 관점에서 보면, 베시는 팀이 시간을 지키는 방법을 조직화하고 있지 않았다고 보았기 때문에 그런 행동을 했다. 그것은 베시의 행동이 O 행의 어딘가에 놓여져야 한다는 것을 의미한다.

베시가 스스로 시간을 확인하는 역할을 맡았다고 설명하면, 리더는 카드를 O 관찰 행과 O 행동 열에 놓는다.

모델 발견

베시의 카드를 적절한 칸에 배치하고 나면, 다른 참가자들의 카드도 동일한 절차를 반복해서 앞에서 본 매트릭스처럼 만든다. 적절한 시점에서 카드를 배치하는 과정을 잠시 멈추고, 참가자들에게 열과 행이 무엇을 의미하는지 추측해 보라고 질문한다. 약간의 코칭 및 유도 질문을 하고 몇 장의 카드를 더 배치하면서 참가자들은 전체 모델을 얻게 된다.

조직 발견의 적용

참가자들이 MOI(J) 모델을 발견하고 나면, 실습은 응용 단계로 넘어간다. MOI(J) 같이 풍부한 모델은 다양하게 응용할 수 있기 때문에, 참가자들이 지금까지 얼마나 다양한 발견을 얻었는지에 따라 학습 리더는 융통성 있게 응용 단계를 진행할 수 있으며, 거기에 참가자들의 특별한 요구사항을 덧붙일 수도 있다. 그다음으로는 카드 탑 쌓기 실습에서 사용했던 몇 가지 간단한 예를 든다.

리더십 스타일

MOI(J)에 대한 발견을 끝내고 나면, 리더십 시도를 설명하는 데 사용했던 카드들이 남아 있을 것이다. 우리는 참가자들에게 개별적으로 카드를 제출해 달라고 요청해서, 그 사람들이 각자 자신이 선호하는 리더십 스타일을 추론할 수 있는지 연구하기도 한다. 이렇게 할 수 있는 다양한 방법이 있으며, 그중 몇 가지 방법을 설명한다.

골디락스 모델

문제 해결형 리더십의 역할은 필수 변수[MOI]들을 너무 작지도 너무 크지도 않은 범위 안에서 딱 적당하게 유지할 수 있도록 환경을 조정하는 것이다. 우리는 이러한 관점을 동화 '골디락스와 곰 세 마리'[4]에서 따온 '골디락스 모델 Goldilocks Model'이라고 부른다. 이야기 속에는 너무 뜨거운 수프, 너무 차가운 수프, 딱 적당한 수프가 있고, 너무 큰 의자, 너무 작은 의자, 딱 적당한 크기의 의자가 있다. 침대는 너무 딱딱한 것과, 너무 부드러운 것, 그리고 딱 적당하게 푹신한 것이 있다.

이와 마찬가지로 시스템의 각 속성도 다른 방향을 향해 목표를 벗어날 수도 있고, 반대 방향을 향할 수도 있으며, 목표에 딱 맞을 수도 있다. 이 모델에서 리더의 역할은 더 움직이거나 덜 움직이는 것이 아니라 항상 각 속성을 중간 정도, 즉 최적의 위치에 맞추는 것이다. 예를 들면 다음과 같다.

- 동기부여가 부족하다면, 동기부여의 수준을 끌어올리기 위한 행동을 한다.
- 아이디어가 너무 많다면, 고려할 아이디어의 수를 줄이기 위한 행동을 한다.
- 팀이 적절히 조직화되어 있다면, 더욱 조직화하려는 노력을 억제하거나 기존 조직화의 해체를 위한 행동을 한다.
- 팀이 무엇을 해야 할지 모르는 막힌 상태라면, 리더십은 약간의 혼

---

4 영국의 전래 동화. 골디락스라는 용어는 다양한 분야에서 활용하고 있는데, 높은 성장을 이루고 있더라도 물가 상승이 없는 경제 상황을 골디락스 경제라고 부르며, 비싼 상품과 싼 상품, 그리고 중간 가격의 상품을 함께 진열하여 소비자가 중간 가격 상품을 선택하도록 유도하는 전략을 골디락스 가격이라고 한다. 또한, 천문학에서는 너무 춥지도 덥지도 않은 지역에 위치해 있어서 생명체가 탄생하기에 적당한 행성을 골디락스 행성이라고 부른다.

들기를 포함한다. 그러나 막힌 상태가 아니라면, 가만 놓아두는 것이 리더십이다.

참가자들은 각자 들고 있는 카드를 가지고 다음과 같은 내용을 논의한다.

- 자신이 가장 선호하는 스타일은 어떤 것인가?
- 자신이 놓치기 쉬운 스타일은 어떤 것인가?
- 어느 부분에서 리더십의 개선을 이룰 수 있을까?

망치의 법칙

네 살짜리 꼬마에게 망치를 주면, 그 꼬마는 금세 세상에 존재하는 모든 사물에 망치질을 하면서 돌아다닐 것이다. 마찬가지로, 리더가 되고자 하는 많은 사람들은 MOI(J) 모델에서 오직 한 부분만 사용하려고 하며, 망치질이 필요한 상황이든 아니든 자신이 선호하는 부분만을 사용한다. 예를 들면 다음과 같다.

- 조직화를 선호하는 사람은 언제나 세상을 조직화의 대상으로 바라보는 경향이 있으며, 이를 억제하지 않으면 팀이 과도한 조직화로 인해 억눌리게 된다.
- 동기부여를 선호하는 사람은 항상 팀을 흥분 상태로 끌어올리고자 한다. 팀원들이 명확하게 생각하거나 조직화된 상태를 유지할 수 없을 정도로 이미 흥분 상태여도 마찬가지이다.
- 혁신을 선호하는 사람은 팀이 다루지 못할 정도로 많은 아이디어가 있는 상태라도, 항상 더 많은 아이디어를 제시한다.

- 흔들기를 선호하는 사람은 직면한 문제를 해결하기 위한 효과적 해결책에 집중해야 하는 상황에서도, 주변에서 생기는 모든 기회를 놓치지 않으려고 한다.

각 참가자들은 다음과 같이 다른 사람들에게 자신을 설명한다.

- 스트레스 상황에서, 나는 [조직화, 동기부여, 혁신, 흔들기]를 하는 경향이 있습니다.
- 향후 팀이 제대로 움직이지 않을 때, 나는 [위와는 다른 방식 중 한 가지]를 하려고 생각하고 있습니다.

참가자들에게 '망치' 측면에서 자신의 팀원을 설명해 보라고 요청해 볼 수도 있다. 다른 사람을 설명하는 일은 비판적 관점을 포함할 수도 있다는 위험성이 있어서 어려울 수도 있지만.

조정 피드백 모델

훌륭한 팀은 적절한 타이밍에 M, O, I, J의 균형을 갖출 수 있어야 한다. 이 균형은 팀 구성원 각자의 선호가 혼합된 것일 수도 있고, 망치의 법칙을 초월해서 상황에 어울리는 다양한 도구를 사용할 수 있는 팀원이 있기 때문일 수도 있다. 그런 사람들은 망치를 휘두르지 않는다. 그들은 끌로 페인트 통 뚜껑을 비틀어 열지 않으며, 광택이 나는 표면에 사포질을 하지 않는다. 그리고, 어떤 도구가 필요한 상황에서 자신에게 그 도구가 없다면, 팀에서 그 일을 할 수 있는 다른 사람을 찾는다.

이러한 방식을 '조정 피드백 모델'이라고 부른다. 리더십은 현재 상황에 대한 관찰에서 출발하며, 그런 다음 리더가 되고자 하는 사람의 맹목적 선호나 습관, 팀의 문화에 의한 선택이 아니라 정말로 변화가 필요하다고 판단한 행동을 선택한다.

학습 리더는 MOI(J) 모델을 응용해서 참가자들에게 관찰한 상황을 설명해 달라고 요청하거나, 그 상황을 성공적으로 다루기 위해 필요한 행동이 무엇인지 질문하여 참가자들의 도전 의식을 북돋울 수 있다.

리더십 수준

시간이 흐르면서 경험을 통해 리더는 더욱 효과적으로 MOI(J) 모델을 사용하는 방법을 배운다. 그러면, 적어도 세 가지의 리더십 수준을 알 수 있게 된다.

- 시도하지 않음
- 맹목적 시도
- 선택 관찰
- 완전한 기능

물론 '시도하지 않음'은 자발적으로 또는 아무 생각 없이 의식적인 리더십 행동을 시도하지 않는 사람의 수준이다. 이 수준에 대해서는 별로 논의할 것이 없지만, 그런 경험을 공유하는 것이 가치 있는 일인 경우도 많다.

팀에 아무런 영향도 주지 않으려고 했을 때 무슨 일이 일어났는가?

맹목적 시도

초보 리더, 즉 특별한 기술이 없는 리더는 리더십에서 관찰 부분을 빠뜨리기 쉽다. 무슨 일이 일어나고 있는지 상관 없이, 항상 동일한 유형의 MOI(J)를 사용하여 상황에 개입한다. 그것은 눈을 감고 공을 잡으려고 하는 것과 마찬가지다. 손이 올바른 위치에 있어서 공을 잡을 수도 있지만, 때로는 머리를 세게 얻어맞는 경우도 있다. 눈을 감는다고 해서 아무것도 할 수 없는 것은 아니지만, 실패하는 경우가 더 많을 것이다. 사실 눈을 감고 공을 잡으려는 사람은 상황을 더욱 악화시키기도 한다. 예를 들면 다음과 같은 일이 일어날 수 있다.

- 나는 언제나 치어리더 역할을 해왔기 때문에, 사람들의 기운을 북돋아주었다.(그러나 그들은 이미 비생산적 아이디어에 공을 들이면서 과도하게 활발해진 상태였다.)
- 시간 제한이 효과가 있다고 믿기 때문에, 나는 시간 제한을 정했다.(그러나 그들은 이미 너무 심한 압박을 받은 나머지 지쳐 있었다.)
- 나는 그냥 모든 사람들에게 이야기하고 싶은 좋은 아이디어가 있었다.(그러나 그들은 체계적이지 못한 상태였기 때문에 나의 아이디어를 활용할 수 있는 방법이 없었다.)
- 점심 시간 때 농담을 들었기 때문에, 사람들에게 그 농담을 했다.(그러나 그들은 이미 문제를 심각하게 받아들이지 않는 상태였고, 그래서 나는 히스테리만 생겨났다.)

각 참가자들에게 자신의 행동이 사실상 상황을 더 나쁘게 만들 수도 있다는 인식 없이 행동했던 사례를 들어 달라고 요청해 보자. 학습 리더가 자신의 사례를 제시하면서 이 응용 과정을 시작하는 것도 좋은 아이디어다.

선택 관찰

자신의 리더십 스타일을 개발해 가면서, 행동하기 전에 관찰하는 단계에 도달할 수 있다. 그러나 그 관찰은 선택적이다. 실제로는 자신이 선호하는 스타일에 적합한 상황만을 관찰하고 있는 것이다.

예를 들어, 불완전하게 발달한 동기부여자는 다른 상황을 구별할 수도 있겠지만, 여전히 동기부여와 관련이 있는 행동을 하기 쉽다. 예를 들어, 그런 사람이 팀에 아이디어가 부족하다는 것을 알아차렸을 때, 이렇게 말할 수도 있다. "이봐, 친구들! 정말로 새로운 것을 찾아보자고!" 팀이 이미 새로운 아이디어를 찾기 위해 충분히 동기부여가 되어 있는 상태라면, 이 행동은 도움을 주기보다 해가 될 것이다.

다른 예를 들어보면, 숙련된 혁신가는 팀에 아이디어가 부족하다면 다른 아이디어를 찾아서 팀에 던져 주는 행동을 할 수도 있다. 그러나 같은 사람이 팀에 체계가 부족하다는 것을 인식했을 때 이렇게 말할 수 있다. "우리가 훌륭하게 조직화할 수 있는 다른 방법이 여기 있어." 제시할 아이디어가 없다면 그냥 입을 꾹 다물고 아무 말이나 행동도 하지 않을 것이다.

MOI(J) 모델의 측면에서, 그러한 스타일이라면 모든 행동이 매트릭스의 단일 행에 위치하는 것을 볼 수 있다. 모델을 적용하기 위해 학습 리더는 참가자들에게 개인 MOI(J) 매트릭스를 작성해 보라고 요청할 수 있다. 사람들에게 매트릭스를 보여준 다음 자신의 수준이 무엇인지 논의하고, 그 논의 후에 리더십 스타일의 모든 열과 행을 채워보는 순서로 과정을 진행한다.

팀 스타일 분석

리더가 되고자 하는 사람들 중에서 망치의 법칙을 따르는 사람은 매트릭스의 왼쪽을 사용하지 않는데, 그것은 맨 아래 행(관찰한 것 없음)만 사용하여, 팀에서 일어나고 있는 일과 독립적으로 행동한다는 의미이다. 그 망치가 현재 환경에 적합하다면 리더십 시도가 효과적일 수도 있다. 그들의 행동은 특정 '망치'의 아래에 있는 매트릭스의 한 행에 집중되기 쉽다.

또 다른 종류의 불완전한 리더십 스타일은 매트릭스의 한 열로 나타날 수 있다. 이런 현상은 그 사람(또는 팀)이 다양한 행동을 하는 방법은 알지만, 무슨 일이 일어나고 있는지 관찰하는 방법을 모르는 것이다. 그러면 적절한 행동을 할 수 없게 된다.

가장 효과적인 팀은 조정 피드백 모델을 사용하며, 관찰한 상황에 적절한 행동이 매트릭스 전체에 골고루 분포한다.

물론 이 관찰과 행동은 전체적으로 서로 적절한 관계에 있어야 하며, 단순히 무작위적이어서는 안 된다. 그리고 이러한 수준 높은 팀은 관찰한 상황에 가치가 없는 어떤 행동도 하지 않는다는 점에 주목하자.

찾아보기

ㄱ
강단 심리학계의 정설 37-38, 118-119, 136-137
고바야시 고지(小林宏治) 332-333
고양이와 쥐 이야기 185-195
고원-협곡 모델 74-85, 179, 342
규칙
    규칙을 지침으로 바꾸기 220-226, 250-252
    리더 평가 규칙 318-328
    메타 규칙 219-228, 250-252
    문제 해결 규칙 298
    백금률 213
    생존 규칙 173-174, 185-186, 217-229, 251
    완벽함에 대한 규칙 224, 253
    의사소통 규칙 174-175
    황금률 209-211, 381
기계적 문제 199
    냄새 나는 프로그래머 245-250
    미소 227, 249-252
기술
    리더십과 기술 60-71, 94-95, 103, 198-199, 323-324
    힘과 기술 233-236
기술 환경 37, 43, 327
기술력 94-95
기술력 유지 346-354

ㄴ
나다니엘 브랜든(Nathaniel Branden) 228, 394
나타샤 조세포위츠(Natasha Josefowitz) 397
나폴레옹(Napoleon) 231, 232
난수 네트워크 370-372, 375, 380-381

냄새 나는 프로그래머 사례 245-250
노자(老子) 31

ㄷ
단 하나의 해결책만이 존재한다는 믿음 116-119
대니 와인버그(Daniela Weinberg) 21-22, 54, 106-108, 307-309, 318-328, 374, 377-378
대니얼 프리드먼(Daniel P. Freedman) 22, 395, 401
데이브의 전환 386-392
데이빗 스트라우스(David Strause) 395
데일 카네기(Dale Carnegie) 215, 216-230, 395
도널드 고즈(Donald C. Gause) 21-22, 396, 402
도움을 줄 수 있는 능력에 대한 오해 198-199
도움이 되는 환경 199
    도움이 되는 환경에 대한 교훈 205-211
    도움이 되는 환경을 만들기 위한 실습 199-204
동기부여 48-54, 92-94, 124, 161-
    개인적 접근 방식 339
    동기부여의 장애물 164-179, 184-195
    일기와 동기부여 124-132
자기 테스트 124-132, 164-166
    학습 215- , 353
디저트와 다이어트 사례 106-110

ㄹ
러디어드 키플링(Rudyard Kipling) 331, 332, 360

레베카 웨스트(Rebecca West) 87
로널드 그로스(Ronald Gross) 354, 396
로버트 번스(Robert Burns) 163, 189-190
로버트 볼튼(Robert Bolton) 394
로지의 반응 384-386, 390
롤러코스터 인생선 151
루이스 캐롤(Lewis Carroll) 59
루이스 하트(Lois Borland Hart) 397
루즈벨트(Theodore Roosevelt)의 이미지 92-94
리 볼먼(Lee G. Bolman) 394
리더 (문제 해결형 리더 참조)
강력한 리더 형태의 조직 276, 279, 282
   리더로서 평가받기 318-328, 332-342
   사람으로서의 리더 193-194
의사 결정자 290-296
   임명된 리더 88-92, 272, 276, 279, 290-292, 390
   테크니컬 리더 54-56, 60-71, 186, 198-199, 236-238, 323-324
리더 평가 시스템 318-328
리더십 35-43
   기술력과 리더십 54-56, 94-95, 103, 198-199, 236-238, 322-324, 346-354
   리더십 대처 방식 339-340
   리더십 모델 35-42, 52-57, 74-85, 166-177
   리더십 스타일 54-56, 60-71, 164-166
리더십의 정의 43
   변화와 리더십 41-42, 52-54, 74
   비전과 리더십 56-57, 153-158, 161, 164-165
상호작용166-179
워크숍과 리더십 130
의사 결정 290-296
자존감과 리더십 177, 209-211, 227, 232, 292, 324
힘과 리더십 97-98, 232-240
리더십 교육 계획 346-354, 365-367

리더십 능력에 대한 오해 323-324
리더십 모델 35-42
   고원-협곡 모델 74-85, 179, 342
   리더십 모델 개발 74-85
   상호작용 166-177
   선형 리더십 모델 37-42
   심리학자의 모델 35-37
   씨앗 모델 42, 244, 253
   위협과 보상 모델 38-42, 56-57, 88-89, 98, 137, 194-195, 253
   유기적 모델 38-44, 48, 89, 198, 244, 253, 297-298
   혁신과 리더십 모델 44
   MOI 모델 48, 52-56, 95, 124
리더십 워크숍 130, 268-
   테스트와 리더십 워크숍 332-342
리더십 테스트
   개인 리더십 테스트 318-328, 332-342
   멘사 IQ 테스트 116-118
   사람 중심과 업무 중심 테스트 183-
   성격 테스트 289
   아놀드 대 레이먼 335-341
   와인버그의 목표 189
   자신에 대한 무지 164
   직원의 임금 지급 이야기 136
   최고경영자 테스트 332-333
   침입자 테스트 335-341
   평가받기 318-328

ㅁ

마리 퀴리(Marie Curie) 263
마이클 도일(Michael Doyle) 395
마이클 맥코비(Michael Maccoby) 88
마크 트웨인(Mark Twain) 345, 352
말과 사람 문제 117-118
메타 규칙 219-228, 250-252
메타 사이클 83-85
멘사 IQ 테스트 문제116-118

문제 없어요 증후군 110-116, 119-120, 138-140
문제 해결 규칙 298
문제 해결 환경
　문제 해결 환경 만들기 55-56, 61-62, 249,
　284-285, 296-298
　품질과 문제 해결 환경 69-71
문제 해결형 리더 54-56, 60-71
　기술력과 문제 해결형 리더 94-95, 103,
　198-199, 236-238, 323-324
　동기부여 48-56, 92-94, 124, 161-
　메타 규칙 219-228, 250-252
　문제 없어요 증후군 110-116, 119-120,
　138-140
　문제 해결형 리더의 정설 37-38, 118-119,
　136-137
　문제 해결형 리더의 정의 54-56
　문제 해결형 리더의 테스트 164-166, 332-
　342
　문제 해결형 리더의 평가 318-328
　변화의 필요성 380-381
　비전과 문제 해결형 리더 56-57, 153-158
　빅게임 290-298, 396
　사람 중심/업무 중심 184-195
　생존 규칙 217-220
　이이디어 63, 136-144
　워크숍 130, 268-, 332-342
　자신에 대한 무지 109-110, 119-120, 124-
　132,143-144
　장애물 106-120
　조직화와 문제 해결형 리더 51-56, 92-94,
　124, 261-, 275-285, 305-307, 311-312,
　339
　첨단 기술 환경 92-98
　힘과 문제 해결형 리더 97-98, 232-240,
　244-258, 264-272
문제 해결형 팀
　문제 해결형 팀의 조직화 275-285, 290-
　298

문제 해결형 팀의 생산성 89-92
문제에 대한 이해 54, 60-63, 284, 306
미셀 볼드윈(Michele Baldwin) 194
미소 규칙 227, 249-252

ㅂ

배리 오쉬리(Barry Oshry) 301, 303, 398
버지니아 사티어(Virginia Satir) 227, 243, 400
　빅게임 290-298
　사티어 상호작용 모델 166-177
　인간으로서의 리더 193-194
　성숙한 행동 247-248
　비일치 의사소통 이론 176-177, 248-254
버트런드 러셀(Bertrand Russell) 56, 399
베르타 폰 주트너(Bertha Von Suttner) 369
변화 네트워크 370-381
　YYYY 379-381
　보수파 대 진보파 375-376, 379-381
변화
　리더와 변화 41-42, 52-54, 74, 315-
　모델과 변화 41-42, 74-
　변화 계획 346-354
　변화를 위한 도움 370-381
　변화를 위한 시간 358-367
　변화를 위한 환경 52-57
　변화에 저항하기 위한 구실 88-98
　보수파 전략과 진보파 전략 375-376, 379-
　381
　성공과 변화 311-312
　MOI 모델과 변화 52-54
비서 문제 117
비전의 역할 56-57, 153-158, 161, 164-165
빅게임 290-298, 396
빅토르 위고(Victor Hugo) 236
빌 홀컴(Bill Holcombe) 348

ㅅ

사람 중심 스타일 187-195

생존 규칙 173-174, 185-186, 217-229, 251
선형 리더십 모델, 37-42
    위협과 보상 모델 37-42, 56-57
성격 테스트 289
성장 81-85
성장 이론 74-85
    성장을 위한 도움 374-376
성장을 회피하는 방법 88-98
세계기록 실습 275-
세계기록 실습 정답 286
스위스 시간 관리 이야기 358-360
스위스 창조 이야기 362-363
스탠 그로스(Stan Gross) 306
시간 관리 358-367

ㅇ
아브드 알라흐만 3세(Ab dar-Rāḥman III) 383-384
아이디어 50-56, 63
    아이디어 개발 전략 136-144
    아이디어 관리 54-55, 60-69, 93, 219, 284, 307
안개 지수 187
앨버트 아인슈타인(Albert Einstein) 357, 358
엄지손가락 실험 346-348
업무 대 사람 스타일 테스트 183, 184, 191-193
업무 중심 스타일 185-195
에드나 퍼버(Edna Ferber) 105
에드윈 홀랜더(Edwin P. Hollander) 397
예타와 샘의 상호작용 166-176
올리버 웬들 홈스(Oliver Wendell Holmes) 73
와인버그 앤 와인버그 워크숍 130, 268-, 332-342
와인버그의 목표 189
위협과 보상 모델 39-42, 98, 253
    익명 검토 194-195
    임명된 리더 88
위협과 보상 모델과 힘 41

유기적 리더십 모델 38-44, 48, 198, 297-298
    임명된 리더와 유기적 리더십 모델 88-89
    씨앗 모델 42, 244, 253
유진 케네디(Eugene Kennedy) 197, 199, 212, 397
의견 일치 형태의 조직 276, 279-281
의사결정
    MBTI 309-311 314
의사소통
    의사소통 방법 295, 305-306
    의사소통 이론 166-179
    일치적 의사소통 248-254
    팅커토이 의사소통 실습 199-204
의사소통 규칙 174-175
이드리스 샤(Idries Shah) 401
이라 프로고프(Ira Progoff) 398
이력선 148-152, 157
일기 124-132
임명된 리더에 대한 오해 88-91
    임명된 리더와 유기적 리더십 모델 88-89

ㅈ
자기 인식과 리더십 124-132, 136-137
자신에 대한 무지 109-110, 119-120, 143-144, 164
자신에 대한 무지 극복 도구 124-132
자존감 177, 209-211, 227, 232, 292, 324
    위협과 보상 모델 39-40
잠언 147
전기담요 이야기 307-309
전문성
    전문성 유지 346-354
    힘과 전문성 236-238
정설
    강단 심리학계의 정설 37-38, 118-120, 136-137
    문제 해결형 리더의 정설 136-137
제럴드 와인버그(Gerald M. Weinberg) 395, 401

문제 없어요 증후군 110-116, 119-120, 138-140
핀볼 경험 48-52, 74-81
미소 규칙 227, 249-252
조직화 51-56, 92-94, 124, 261-, 339
문제 해결형 팀의 형태 275-285
조직 형태의 비일치성 305-307, 311-312
관리자와 조직화 290-298
조직화 학습 방법 302-312
조직화의 장애물 290-298
개인의 효율성과 조직화 290-298
계획적 접근 방식 339
힘과 조직화 264-272
중국 속담 116, 317
지원 시스템 370-381

ㅊ
차량 번호판 문제 111-114
첨단 기술 환경 92-98
침입자 테스트 334-341

ㅋ
칼 로저스(Carl Rogers) 135, 399
케네스 볼딩(Kenneth Boulding) 188
켄 오어(Ken Orr) 24
　추천의 글 25-27

ㅌ
타비스톡 워크숍(Tavistock Workshop) 303
테렌스 딜(Terrence E. Deal) 394
테크니컬 리더 54-56, 60-71, 186, 198-199, 236-238, 323-324
토마스 고든(Thomas Gordon) 396
투표 형태의 조직 276-278, 282-285
팅커토이 실습 199-204

ㅍ
폴 렙스(Paul Reps) 21, 399

품질 유지 54, 60, 284, 307
품질과 문제 해결 환경 69-71
프랭크 로이드 라이트(Frank Lloyd Wright) 284
프로세스 관찰자 287
피드백 다이어그램 168
피트 워타치(Pete Woitach) 370
핀볼 사례 48-52, 74-81

ㅎ
하워드 가드너(Howard Gardner) 47
학습 215-, 353
해럴드 브릿저(Harold Bridger) 303
해킹 60-61, 69
혁신 50-56, 92-94, 103-
　힘과 혁신 264
　리더십에서 혁신의 역할 44, 54-55, 60-69
　비전과 혁신 153-158
힘 97-98, 232-240
　힘의 전환 264-272
　조직화의 힘 261, 264-272
　개인의 힘 244-258, 272, 311-312
　위협과 보상 모델과 힘 41

E.T. 234-240
MBTI 309-311 314
MOI 리더십 모델 48, 52-56, 95, 124
MOI 모델과 변화 52-54
Power and Systems Laboratory 301, 303
YYYY 전략 379-381